Criminalidade Financeira

CONTRIBUIÇÃO À COMPREENSÃO DA GESTÃO FRAUDULENTA

R934c Ruivo, Marcelo Almeida.
   Criminalidade financeira: contribuição à compreensão da gestão fraudulenta / Marcelo Almeida Ruivo. – Porto Alegre: Livraria do Advogado Editora, 2011.
   192 p. ; 23 cm.
   Inclui bibliografia.
   ISBN 978-85-7348-749-7

   1. Direito penal. 2. Direito penal econômico. 3. Sistema Financeiro Nacional - Crime 4. Fraude (Direito penal). 5. Ilícito. Antijuridicidade (Direito). 6. Ofensa ao bem jurídico (Direito). I. Título.

CDU 343.37
CDD 341.5572

Índice para catálogo sistemático:
1. Direito penal   343.2
2. Infrações contra a economia nacional   343.37

(Bibliotecária responsável: Sabrina Leal Araujo – CRB 10/1507)

MARCELO ALMEIDA RUIVO

Criminalidade Financeira

CONTRIBUIÇÃO À COMPREENSÃO DA GESTÃO FRAUDULENTA

Porto Alegre, 2011

© Marcelo Almeida Ruivo, 2011

Capa, projeto gráfico e diagramação
Livraria do Advogado Editora

Revisão
Rosane Marques Borba

Direitos desta edição reservados por
Livraria do Advogado Editora Ltda.
Rua Riachuelo, 1338
90010-273 Porto Alegre RS
Fone/fax: 0800-51-7522
editora@livrariadoadvogado.com.br
www.doadvogado.com.br

Impresso no Brasil / Printed in Brazil

Ao meu Professor
Dr. Fabio Roberto D'Avila

À minha família,
com a mais profunda gratidão

"(…) ganhei muito dinheiro por fim.

Não olhei o processo – confesso-lhe, meu amigo, que não olhei o processo; empreguei tudo quanto há – o açambarcamento, o sofisma financeiro, a própria concorrência desleal. O quê?! Eu combatia as ficções sociais, imorais e antinaturais por excelência, e havia de olhar a processos?! Eu trabalhava pela liberdade, e havia de olhar as armas com que combatia a tirania?! O anarquista estúpido, que atira bombas e dá tiros, bem sabe que mata, e bem sabe que as suas doutrinas não incluem a pena de morte."

(Fernando Pessoa – *O banqueiro anarquista*)

Prefácio

A obra que ora se apresenta ao leitor é fruto da dissertação de mestrado defendida pelo autor em 2007 no Programa de Pós-Graduação em Ciências Criminais da Pontifícia Universidade Católica do Rio Grande do Sul (PUCRS), ocasião em que tive o privilégio e a honra de participar como membro da banca examinadora.

Trata-se de um excepcional trabalho que analisa com profundidade o crime de gestão fraudulenta financeira, previsto no art. 4º da Lei 7.492/1986, a partir de uma perspectiva dogmática diferenciada, baseada na ideia de ofensividade. Após delinear com muita propriedade a respeito do sistema financeiro nacional, demonstrando sua relevância constitucional, assim como identificar o bem jurídico-penal econômico tutelado pelo crime em tela e explicitar sua concretude, o livro de Marcelo Almeida Ruivo inova ao resgatar a técnica de tutela do crime de resultado cortado, todavia ajustada ao princípio da ofensividade (*nullum crimen sine iniuria*), merecendo todos os aplausos pela excelente sistematização e forma de abordagem, além da qualidade e embasamento teórico exigidos em escritos dessa natureza. Ademais, o autor ilustra com mestria o âmbito de proteção do bem jurídico identificado no crime de gestão fraudulenta, enriquecendo a reflexão sobre o tema ao apresentar proposta compreensiva de tal técnica de tutela e considerações político-criminais *de lege ferenda* interessantes e originais.

Conheci Marcelo Almeida Ruivo quando este ainda concluía a Graduação em Ciências Jurídicas e Sociais na PUCRS ao também (com muito gosto...) participar da banca examinadora do seu trabalho de conclusão de curso. Desde aquela época o autor já manifestava interesse em se aperfeiçoar e direcionar sua investigação à área do direito penal econômico, motivo pelo qual posteriormente deu sequência a seus estudos, realizando duas especializações: uma no Brasil (Especialização em Ciências Penais na PUCRS) e outra no exterior (Especialização em Direito Penal Econômico e Europeu na Universidade de Coimbra) antes de concluir o mestrado. Aliás, atualmente, o autor encontra-se realizando o doutoramento em direito (ciências jurídico-criminais) na prestigiosa Faculdade de Direito da Universidade de Coimbra, o que demonstra, por si, não só a seriedade e dedicação do autor em relação à sua pesquisa, como também o grau de maturidade com que a obra é agora lançada, já que passou pelos caminhos de aprimoramento e de maturação necessários ao seu acabamento de excelência.

Fica, enfim, a gratidão e os cumprimentos ao autor por relevante contribuição à literatura jurídica brasileira, em especial ao direito penal (econômico). Certamente, a qualificada obra de Marcelo Almeida Ruivo abrilhantará a doutrina jurídico-penal de nosso país, sendo de consulta obrigatória para os interessados no tema.

Porto Alegre, verão de 2011.

Paulo Vinicius Sporleder de Souza
Professor Titular do Programa de Pós-Graduação
em Ciências Criminais da PUCRS

Sumário

Nota de apresentação da publicação 13

1. Sobre a configuração da questão financeira: a potencialização do risco imanente à atividade econômica 15

2. A relevâcia constitucional e a tutela penal do Sistema Financeiro Nacional: pontos de contato em uma unidade de sentido 25

    2.1. As diretrizes da constituição econômica e a relevância axiológica e estratégica do Sistema Financeiro Nacional na Constituição da República Federativa do Brasil 25

    2.2. A dignidade penal dos valores do Sistema Financeiro Nacional: uma aproximação entre as categorias dogmático-penais e o dever de proporcionalidade 37

    2.3. Aproximações de caráter metodológico sobre a inter-relação da Constituição com o Direito Penal 54

    2.4. A definição do conteúdo tutelado nos crimes contra o Sistema Financeiro: função essencial à vida econômica ou bem jurídico-penal com relevância constitucional? 61

        2.4.1. A efervescência de discursos político-criminais alternativos à matriz de garantia do Direito Penal no que diz respeito ao conteúdo de tutela 61

        2.4.2. Os princípios constitucionais da materialidade e da ofensividade 70

3. Explicitação da concretude do bem jurídico-penal econômico nos crimes contra o Sistema Financeiro Nacional 77

    3.1. A Lei dos Crimes contra o Sistema Financeiro Nacional (7.492/86): o desvelamento dos sentidos reitores do universo financeiro 77

        3.1.1. A disciplina legal do Sistema Financeiro Nacional e a estrutura administrativo-burocrática 79

        3.1.2. Delimitação antropológica dos valores conformadores e da dinâmica social financeira 83

    3.2. O bem jurídico-penal econômico tutelado no art. 4º, *caput*, da Lei 7.492/86. Análise das hipóteses apresentadas pela doutrina 90

        3.2.1. Entendimento liberal-individualista a partir da teoria monista pessoal ... 91

            3.2.1.1. Elemento comparativo e exemplificativo: as particularidades da legislação espanhola 92

            3.2.1.2. Enfrentamento das propriedades do bem jurídico individual patrimônio 94

3.2.2. Entendimento aparentemente supraindividual com titularidade do Estado-Administração 95
3.2.3. Proposta de tutela penal de elementos insuficientemente precisos 97
3.2.4. Compreensão da lealdade informacional como valor tutelado 103
3.3. Proposta de identificação da concretude dos bens jurídicos supraindividuais tutelados no crime de gestão fraudulenta 105

4. Contribuição à compreensão da gestão fraudulenta mediante a recuperação da técnica de tutela do crime de resultado cortado 111
4.1. Variações das compreensões doutrinárias a respeito da técnica de tutela do crime de resultado cortado 113
    4.1.1. As origens da nomenclatura "crime de resultado cortado" 113
    4.1.2. A classificação de Edmund Mezger sobre os tipos subjetivos dos crimes 119
    4.1.3. Definição e diferenciação categorial e apresentação dos principais problemas dos crimes de resultado cortado 123
    4.1.4. Enfrentamento das divergências teóricas apresentadas 126
4.2. O crime de resultado cortado e a exigência constitucional de ofensividade ao bem jurídico 128
    4.2.1. Concentrado aclaramento da distinção entre os motivos e a intenção do crime 131
    4.2.2. A distinção entre dolo e a intenção ou finalidade da prática do crime ... 133
    4.2.3. Exemplos pontuais de acertamento dos crimes de resultado cortado no direito português 135
    4.2.4. Sobre a identificação da intenção do agente na redação do ilícito de resultado cortado 137
    4.2.5. Proposta final de acertamento da técnica de tutela a partir da ofensividade ao bem jurídico 140

5. Âmbito de proteção do bem jurídico no crime de gestão fraudulenta 145
5.1. Elementos normativos do ilícito-típico objetivo da gestão fraudulenta 147
5.2. Hipóteses ofensivas legitimamente proibidas pelo crime de gestão fraudulenta 159
    5.2.1. Concepções doutrinárias sobre a técnica de tutela do artigo 4º, *caput*, da Lei 7492/86 164
    5.2.2. Proposta compreensiva do ilícito e considerações político-criminais *de lege ferenda* 171
5.3. Esclarecimentos finais em relação ao atual ilícito-típico subjetivo 176

Conclusões 179

Bibliografia 183

Nota de apresentação da publicação

O texto que ora vem a público é resultado de pontuais reescritas e desenvolvimentos, que vieram a corrigir e se somar à dissertação de mestrado, aprovada com nota máxima pela banca avaliadora do Mestrado em Ciências Criminais da Pontifícia Universidade Católica do Rio Grande do Sul (PUCRS), no ano de 2007. Identifica-se, no cotejo com o texto original, o esforço no detalhamento dos capítulos e dos subtópicos, perceptíveis na especificação do sumário, e o esclarecimento da expressão dos argumentos sustentados, de modo a tornar a redação mais atrativa ao estudioso e de fácil pesquisa ao profissional do Direito Penal. Restam diversos temas, entretanto, doutrinariamente inconclusos, na melhor das hipóteses, a inspirar o eventual interesse dos estudiosos do Direito Penal. Gostaria de manifestar um profundo agradecimento aos professores do Programa de Pós-Graduação em Ciências Criminais por todo ensinamento oferecido, aos colegas da turma de mestrado do ano letivo de 2006 – em especial, ao meu companheiro de seminário Inezil Penna Marinho Junior –, aos amigos Pedro Adamy e Tomás Grings pela atenção e aos meus alunos pelo incentivo ofertado. Agradeço à Universidade de Coimbra que, em conjunto com o Banco Totta, apoiou financeiramente a investigação nos acervos da sua Faculdade de Direito, no período compreendido entre o final do ano de 2006 e o início de 2007. Agradeço a sempre gentil atenção acadêmica – sobretudo, durante a investigação para o aprontamento da dissertação de mestrado – recebida do Sr. Dr. Manoel da Costa Andrade e do Sr. Dr. José de Faria Costa. Minha gratidão ao Max-Planck-Institut für ausländisches und internationales Strafrecht (MPI) pela recepção no breve período de investigação no mês de janeiro de 2009. Uma merecida nota de agradecimento, por fim, destina-se à Editora Livraria do Advogado, na pessoa do seu editor, pela publicação desta obra.

Freiburg, 2011.

Marcelo Almeida Ruivo

1. Sobre a configuração da questão financeira: a potencialização do risco imanente à atividade econômica

> "Em terra de cego quem tem um olho
> vê menos que os que nada enxergam"
> (Mia Couto – *O outro pé da Serei*a)

A vida contemporânea é marcada por profundas transformações sociais, percebidas sobre diferentes matizes, relativas a uma pluralidade de ordens e de dimensões do existir humano. O atual momento histórico recebe distintas conceituações – sustentadas em variadas premissas, fundamentos e perspectivas compreensivas[1] –, o que permite uma série de leituras significativamente diversas sobre a vida, a sociedade e, porque não também, sobre a compreensão contemporaneamente recuperada, a comunidade.

---

[1] Em uma abordagem *en passant*, colacionam-se algumas impressões sobre os dias de hoje, que para além da preocupação com a exata denominação para o que aqui se desenvolve, importa, sobretudo, é se ter presente a radicalidade de um período nitidamente marcado pela coexistência de diversas ordens num mesmo espaço. Nesse sentido, segundo Rui Cunha Martins, o momento atual "é a coexistência de elementos antigos com elementos recentes e não tanto a substituição gradual de uns por outros" (MARTINS, Rui Cunha. Das fronteiras da Europa às fronteiras da ideia de Europa (o argumento paradigmático e o argumento integrador). *Idéias de Europa: que fronteiras?* Coimbra: Quarteto, 2004, p. 36). No mesmo sentido, em um trabalho marcado pela religiosidade, David Lyon enfatiza posição contrária a uma leitura pessimista da contemporaneidade como degradação da modernidade (LYON, David. *Pós-modernidade*. São Paulo: Paulus, 1998, p. 10 e 12). De forma diversa, defendendo a existência de um período de transição que culminaria na superação do paradigma moderno por um modelo pós-moderno (SANTOS, Boaventura de Sousa. *Um discurso sobre as ciências*. 13ª ed. Porto: Afrontamento, 2002, p. 36-37 e SANTOS, Boaventura de Sousa, *Introdução a uma ciência pós-moderna*. Rio de Janeiro: Graal, 1989, p. 11 e ss.). Também, trabalhando com a nomenclatura pós-moderna, contudo discordando a respeito de uma simples sucessão sequencial de períodos, tendo em vista que uma "cronologia linear é perfeitamente 'moderna'", de modo que tal proceder seria mais adequado para um pensamento voltado ao passado que uma forma de tentar lidar com a insegurança de novas tecnologias e os riscos a elas atinentes (LYOTARD, Jean-François. *La posmodernidad explicada a los niños*. Barcelona: Gedisa, 1996, p. 90 e 92). Por fim, uma abordagem, não menos interessante e ilustrativa a respeito do desenvolvimento do movimento de planificação ou horizontalização da vertical lógica operatória da realidade empresarial (FRIEDMAN, Thomas. *O mundo é plano: uma breve história do século XXI*. Rio de Janeiro: Objetiva, 2005, p. 309-310).

A leitura de um tema econômico – ou, propriamente, financeiro – não descuida do fato de que o *homo economicus* é apenas uma das dimensões práticas do homem, cuja ação, inegavelmente, vem, ao longo dos séculos, senão inexoravelmente vinculando, ao menos, influenciando ou, em determinados pontos, condicionando o desenvolvimento e a concepção de outras dimensões do humano.[2] São exatamente essas dimensões e carências do humano, enquanto criação e reconhecimento cultural, que dizem respeito ao Direito e à realização da justiça. O Direito que, em razão do seu fundamento e finalidade, não pode se eximir da tarefa de buscar e ressaltar as razões e as linhas de força que se entrecruzam, formando pontos de mínima concordância comunitária.

Para isso, é preciso perceber a possibilidade de identificar, com alguma segurança, a incapacidade dos modelos universalistas, característicos do pensamento moderno,[3] na elucidação dos deslocamentos ocorridos na contemporaneidade. Entre esses deslocamentos ou mudanças, enfatizar-se-ão apenas aqueles entendidos como de maior importância contextual ou de maior refração no desenvolvimento do objeto de estudo, nomeadamente: a globalização e o incremento do risco social.

A intensificação do comércio global – oportunizada pelas inovações tecnológicas surgidas com a reconstrução da economia mundial do pós-guerra – encurtou distâncias, assim como acelerou os processos de troca.[4] O notável crescimento do comércio somente se tornou possível em razão do uso civil de novos meios de comunicação e de transporte, no plano tecnológico, e da desregulamentação dos mercados e da redução dos ônus alfandegários, no aspecto jurídico-econômico.[5] A mundialização, todavia, não diz respeito "apenas às atividades dos grupos empresariais e aos fluxos comerciais" em geral, inclui também a "globalização financeira", que exige novas posturas adaptativas dos países economicamente mais fracos.[6]

---

[2] NEVES, Antonio Castanheira. A imagem do homem no universo prático. *Digesta. Escritos acerca do direito, do pensamento jurídico, da sua metodologia e outros*. Coimbra: Coimbra Editora, 1995. v. 1, p. 311 e ss.

[3] Para a compreensão das transformações do pensamento moderno (BAUMER, Franklin. *O Pensamento Europeu Moderno. Séculos XVII e XVIII*. Lisboa: edições 70, 1977. v. 1, p. 139 e ss). Sobre a marca do ideal de progresso, na modernidade, tanto nos defensores do modelo econômico como nos seus críticos (WALLERSTEIN, Immanuel. *Capitalismo histórico e civilização capitalista*. Trad. Renato Aguiar. Rio de Janeiro: Contraponto, 2001, p. 83). E, ainda, entre nós, com especial atenção para a mudança histórica das ideias no pensamento jurídico (GAUER, Ruth Maria Chittó. *A Modernidade Portuguesa e a Reforma Pombalina de 1772*. Porto Alegre: Edipucrs, 1996, p. 15 e ss).

[4] ALTVATER, Elmar. Uma nova Arquitetura Financeira ou o Bem-público Global da Estabilidade Financeira. *Globalização e justiça II*. Porto Alegre: Edipucrs, 2005, p. 87.

[5] CHESNAIS, François. *A mundialização do Capital*. Tradução Silvana Finzi Foá. São Paulo: Xamã Editora, 1996, p. 27.

[6] Idem, p. 29.

Descreve-se o crescimento financeiro desse período como sendo duas vezes maior que os índices relacionados ao aumento da efetiva produção de bens e de serviços,[7] o que significa a impossibilidade de conceber o desenvolvimento da produtividade global como a motivação ou propulsão do movimento contemporâneo de superação das fronteiras dos Estados. Ou ainda de outra maneira, quando se fala no crescimento do comércio mundial, a ideia de produção real não permanece direta e absolutamente vinculada a esse crescimento da mesma forma a qual estivera em outras épocas. Cada vez mais, o mundo das finanças tem ocupado o papel preponderante – antes reservado ao parque produtivo dos países – na viabilização e incentivo dos processos internacionais de troca. Conforme destaca Chesnais, "a esfera financeira representa o posto avançado do movimento de uma mundialização do capital, onde as operações atingem o mais alto grau de mobilidade, onde é mais gritante a defasagem entre prioridades de operadores e as necessidades mundiais".[8] Propostas como a desregulamentação do sistema financeiro surgem com a finalidade de viabilizar uma efetiva concretização dos negócios, em uma rede de comércio mundial com sensíveis reduções em termos de regramentos jurídicos.[9]

Trata-se de uma nova fase do capitalismo decorrente da monetarização das relações,[10] na qual o sistema financeiro recebe uma posição de destaque, tendo em vista que as transações as quais possibilita apresentam tendência de autonomização ou de incongruência com a "economia real".[11] Mesmo assim, a autonomia do setor financeiro não pode ser concebida para além de uma autonomia relativa, pois "os capitais que se valorizam na esfera financeira nasceram – e continuam nascendo – no setor produtivo".[12] O destaque dado à financeirização econômica, em grande medida, decorre da sua alta capacidade destrutiva caracterizada pela dinâmica de condução dos efeitos em cascata – capaz de trazer apreensão à

---

[7] ALTVATER, Elmar. *Op. cit.*, p. 88.

[8] CHESNAIS, François. *Op. cit.*, p. 239.

[9] ALTVATER, Elmar. *Op. cit.*, p. 88; CERVINI, Raúl; OLIVEIRA, William Terra de; GOMES, Luiz Flávio. *Lei de Lavagem de Capitais*. São Paulo: Revista dos Tribunais, 1998, p. 43.

[10] DUPONT, Yves. *Dictionnaire des risques*. Paris: Armand Colin, 2003, p. 267.

[11] A título de exemplo das notáveis condições de produção de riqueza no mundo financeiro, destaca-se que para alguns autores o panorama econômico atual indicaria que, aproximadamente, as operações especulativas de curto prazo dominariam 98% do mercado, sendo de apenas 2% a contribuição das operações financeiras relativas à produção e ao comércio (ALTVATER, Elmar. Op. cit., p. 92-93). Ressaltando a falta de correspondência entre as operações financeiras e a estrutura econômica material, assim em DUPONT, Yves. *Op. cit.*, p. 325; ALTVATER, Elmar. *Op. cit.*, p. 89 e 101; CERVINI, Raúl; OLIVEIRA, William Terra de; GOMES, Luiz Flávio. *Lei de Lavagem de Capitais*. São Paulo: Revista dos Tribunais, 1998, p. 44.

[12] CHESNAIS, François. *Op. cit.*, p. 241.

economia tanto local, quanto global –, uma vez que as crises ocorridas no setor de produção, na maioria das vezes, reduzem os postos de trabalhos, propagando-se para outras áreas.[13] Isso é o que se tem denominado como risco financeiro, proporcionado pela arquitetura internacional de alta volatilidade e inerente à vida contemporânea, que, por sua vez, demanda dos agentes públicos atentas ações capazes de conformar e de gerenciar a nova ordem.

Os fenômenos do desenvolvimento econômico e da produção de riqueza, nos últimos séculos, aconteceram acompanhados pelo surpreendente incremento do risco social,[14] de modo a forçar a regressão da expectativa social de construção de uma realidade melhor para a marcadamente preocupante condição de evitar a ocorrência de um mal ainda pior.[15] Mesmo que a consciência do risco seja um elemento considerado desde os primórdios da sociedade moderna – o que pode ser identificado nos ideais da filosofia contratualista –, atualmente, sente-se a insegurança de uma maneira intensificada.[16] Consciência essa que acabou por alterar a forma de conceber e fundamentar o Estado com o passar dos anos. No século XIX, por exemplo, o Estado tinha como preocupação propiciar as condições mínimas para a sobrevivência do cidadão (Estado Liberal). No século XX, o enfoque passou para a qualidade de vida (Estado Providência). Já o século XXI iniciou uma nova fase orientada pela proteção e o resguardo contra os maiores riscos de nossa época (Estado Segurança).[17]

Se, por um lado, o avanço tecnológico e industrial da sociedade ocidental europeia permite a cômoda posição em relação à eventual falta de alimento (risco de fome), por outro, é aproximada a possibilidade de autodestruição em razão do mau uso da técnica (risco de medo).[18] Explique-se que não se trata de uma ameaça que venha diretamente das máquinas ou equipamentos técnicos "cuja ação pode ser eventualmente mortífera",

---

[13] DUPONT, Yves. *Op. cit.*, p. 178.

[14] BECK, Ulrich. *La Sociedad del Riesgo*. Barcelona: Paidós, 1998, p. 25 e ss.

[15] OST, François. *O Tempo do Direito*. Lisboa: Instituto Piaget, 1999, p. 340. Sobre a derrocada do projeto moderno de absoluta previsão e controle dos fenômenos relativos à vida e ao homem pela ciência, ver GAUER, Ruth Maria Chittó, *O Reino da Estupidez e o Reino da Razão*, Lumen Juris: Rio de Janeiro, 2006, p. 85 e ss.

[16] OST, François. *Op. cit.*, p. 336.

[17] Odem, ibidem.

[18] BECK, Ulrich. *La Sociedad del Riesgo*. Barcelona: Paidós, 1998, p. 114; GIDDENS, Anthony; BECK, Ulrich; LASH, Scott. *Modernização reflexiva. Política, tradição e estética na Ordem Social Moderna*. São Paulo: UNESP, 1997, p. 12. Em específico, sobre a interessante relação entre a criminalidade e o sentimento de insegurança, lapidar é a passagem "o medo não é uma posição preexistente, que as narrativas inseguras veiculam, mas antes uma posição produzida à medida que as pessoas utilizam os seus recursos linguísticos para elaborar significado sobre o objeto do crime" (MACHADO, Carla; AGRA, Cândido. *Insegurança e medo do crime: da ruptura da sociabilidade à reprodução da ordem social*. Coimbra: Coimbra Editora, 2002. a.12. f.1, p. 98).

mas, sim, da permissiva concepção descuidada a qual as concebe e, principalmente, as utiliza.[19]

Países em desenvolvimento, a exemplo do Brasil, apresentam características incapazes de uma subsunção conceitual perfeita, o que intencionalmente reivindica uma categorização digna de um *tertiuns genus*.[20] Ao passo que se vislumbra o avançado desenvolvimento econômico-financeiro nas grandes cidades ("sobre-eficiência"), simultaneamente, as regiões mais afastadas continuam a ser hostilizadas por problemas já superados nas primeiras, ou seja, a constante presença do risco de "subeficiência" tecnológica.[21] Situação, aliás, responsável, no mais das vezes, pelo curioso fenômeno: a maior dificuldade apresentada pelas autoridades públicas para o trato com os riscos mais próximos e perigosos.[22] Isso, sem dúvida alguma, atua como um reforço ao sentimento social de insegurança.

No cenário de insegurança, o prejuízo ocasionado em razão do desconhecimento da configuração estrutural e dos valores conformadores do mundo das finanças é avassalador. Podem-se perceber, em termos de política econômica, dois grandes movimentos oscilatórios, ora de organização estatal e regramento das atividades financeiras, ora de desregulamentação das operações. Segundo os especialistas, tal variabilidade teria como motivo fundamental a condição de carência econômica vivida pelos países e, por isso, a pretensão de constituir-se um polo atrativo a captação de recursos monetários.[23] É, portanto, nos períodos de menor liquidez

---

[19] HEIDEGGER, Martin. Questão da técnica. *Ensaios e conferências*. Rio de Janeiro: Vozes, 2001, p. 30 e ss.

[20] RUIVO, Marcelo Almeida. Criminalidade fiscal e Colarinho Branco: a fuga ao Fisco é uma exclusividade do *White-collar*? *Direito Penal Especial, Processo Penal e Direitos Fundamentais: Visão Luso-brasileira*. São Paulo: Quartier Latin, 2006, p. 1778. Antes disso, BINATO JÚNIOR, Otávio. *O fim das certezas? O Direito Penal na sociedade do risco*. Monografia de conclusão de curso de graduação na Faculdade de Direito da PUCRS, 2004, p. 51-54. (inédito)

[21] George Soros descreve, no panorama financeiro internacional, a tendência das crises econômicas atingirem com maior intensidade países com economias em desenvolvimento. (SOROS, George. *Globalização*. Rio de Janeiro: Campus, 2003, p. 47). Isso, de fato, é apenas uma tendência e, portanto, medidas interventivas governamentais podem minorar ou, até mesmo, reverter a situação como bem demonstra o recente exemplo da crise financeira mundial do segundo semestre de 2008.

[22] GOLDBLATT, David. *Teoria Social e Ambiente*. Lisboa: Instituto Piaget, 1996, p. 242. Silva Sánchez ressalta que, muitas vezes, o Estado propõe ações em um contexto no qual se tem informes muito precários, em "quase total obscuridade" quanto ao objeto (SILVA SÁNCHEZ, Jesús-María. *A expansão do Direito Penal: aspectos de Política Criminal nas sociedades pós-industriais*. São Paulo: Revista dos Tribunais, 2002, p. 31).

[23] A exemplo da liberalização financeira, implementada no Brasil na década de 1990, com notável contribuição para o retorno dos investimentos externos (REIS, Eustáquio. A economia brasileira no século XX. *Retratos do Brasil*. Porto Alegre: Edipucrs, 2004, p. 21). Sobre o grau de dependência de alguns países ao financiamento estrangeiro e a estratégia adotada de flexibilização de regulamentações ver CERVINI, Raúl; OLIVEIRA, William Terra de; GOMES, Luiz Flávio. *Lei de Lavagem de Capitais*. São Paulo: Revista dos Tribunais, 1998, p. 41-42.

monetária que o poder dos conglomerados financeiros se apresenta com mais nitidez, os países, a exemplo do que ocorre com as empresas, quando em situação de alto endividamento, necessitam se resignar às condições e aos constrangimentos impostos pelo mercado para a renovação de seus créditos.[24]

Desse modo, a tendência de aproximação entre a liberalização financeira e o crescimento econômico não pode ocorrer de maneira absoluta e inquestionável, mas, pelo contrário, exige cautela.[25] Nem sempre as mudanças jurídico-estruturais idealizadas pelas instituições financeiras são desejadas comunitariamente, uma vez que o seu invulgar pendor para correr riscos, ínsito a própria atividade financeira que desempenham, permite-lhes uma condição mais maleável. Enquanto os bancos concebem as finanças como um ponto de chegada – isto é, o mercado onde desempenham sua atividade-fim, nomeadamente a obtenção de lucro em operações de risco –, a sociedade como um todo espera do sistema financeiro um ponto de partida – ou seja, um meio instrumental apto e seguro para suprir as necessidades econômicas da vida –, de tal sorte que a associação entre a liberalização e o crescimento econômico não se mostra necessariamente correta. Por isso, é aconselhado que o processo de desregulamentação ocorra gradualmente, sem a possibilidade de acentuação desmedida, pois a ausência de prescrições seguras, para conduzir as medidas a serem tomadas, obriga a adoção do modelo *learning-by-doing*.[26] Propostas inovadoras – desprovidas de um cuidado com a regulamentação e a fiscalização efetiva das operações – ao invés da obtenção de ganhos socioeconômicos, podem resultar na fragilização da economia, com especial prejuízo para as instituições financeiras, que, dramaticamente, passariam a uma situação mais vulnerável que a apresentada antes de iniciar o procedimento.

A pretensão de pensar o melhor modelo de política pública financeira somente é razoável caso se reconheça a condição de artificialidade do mercado e, assim, a possibilidade de correção de distorções e de incentivo

---

[24] MINELLA, Ary César. Globalização e as associações de bancos na América Latina. *Civitas: Revista de Ciências Sociais*. Porto Alegre: Edipucrs, 2003. v. 3, n. 2, p. 249.

[25] A ausência de estudos científicos associando a liberalização e a fragilização financeira transmite a falsa impressão de que tal procedimento seria sempre vantajoso para a economia das nações. Contrário a isso, um estudo econométrico, analisando a liberalização financeira em países desenvolvidos e em desenvolvimento, encontra-se em DERMIGÜÇ-KUNT, Ash; DETRAGIACHE, Enrica. Financial liberalization and financial fragility. *Financial Liberalization: how far? How fast?* Cambridge: Cambridge University Press, 2001. Principalmente, p. 96-99 e 113-117.

[26] Idem, p. 96.

à tomada de posturas economicamente salutares.[27] Sem dúvida alguma, a forma e a concepção pela qual o mercado se apresenta na atualidade decorre muito da intensa ação criadora e dirigente implementada pelo Estado,[28] razão pela qual não causa surpresa a posição dos analistas sobre a imprescindibilidade das políticas públicas para o desenvolvimento financeiro, tendo em vista o seu potencial transformador da realidade.[29]

Se, por um lado, é pouco provável a existência do mercado absolutamente independente da ordem jurídica – capaz de correções *per se* na totalidade dos casos –, por outro, o esforço externo para solucionar os defeitos deve se guiar pelo caminho de coordenação estratégica entre a liberalização financeira e a proteção dos pontos de especial importância.[30] Propostas que sustentam exclusivamente auto-organização, autorregulação e autolimitação dos mercados pelos próprios agentes econômicos inclinam-se ao idealismo, uma vez que se pretende encontrar, no mercado, o remédio para curar o mal que ele próprio gerou.[31]

Simultaneamente, por outro lado, se é verdade que nem mesmo os contemporâneos adeptos ao liberalismo econômico acreditam no surgimento natural dos mercados e na absoluta prescindibilidade do ativismo governamental para a criação de infraestrutura,[32] também não se duvida o quanto desaconselhável seria uma intervenção estatal em demasiada amplitude e intensidade. Portanto, fala-se num poder central direcionado à fiscalização, persecução e penalização – na intensidade e amplitude que somente o Estado possui legitimação – como elemento indispensável para a manutenção da seriedade e da confiabilidade, tão caras para o harmônico desenvolvimento dos mercados.[33] Admite-se um contributo do

---

[27] Em específico e detalhado estudo, Polanyi descreve o longo processo de criação dos mercados na Europa continental, assim ver POLANYI, Karl. *A Grande Transformação. As origens da nossa época.* 5ª ed. Rio de Janeiro: Campus, 2000, p. 73 e ss. Sobre as mudanças sociais necessárias para a legitimação das práticas de mercados ver MÜLLER, Lucia Helena Alves. *Mercado exemplar: um estudo antropológico sobre a bolsa de valores.* Porto Alegre: Zouk, 2006, p. 52-53 assim como diversos autores ali citados.

[28] Nesse sentido, Polanyi, novamente, destaca a absoluta intervenção do Estado na economia a fim de tornar possível a criação dos mercados (POLANYI, Karl. *Op. cit.*, p. 79).

[29] RAJAN, Raghuran. *Salvando o capitalismo dos capitalistas: acreditando no poder do livre-mercado para criar mais riqueza e ampliar as oportunidades.* Rio de Janeiro: Elsevier, 2004, p. 187.

[30] THEMAAT, Pieter ver Loren van. Algumas reflexões sobre as implicações da queda do muro de Berlin, dois séculos após a Declaração dos Direitos do Homem e do Cidadão de 1789, para o Sistema do Direito Econômico. *Filosofia do Direito e Direito Econômico. Que diálogo?* Lisboa: Instituto Piaget, 1999, p. 595.

[31] DIAS, Jorge de Figueiredo. O papel do Direito Penal na proteção das gerações futuras. *Boletim da Faculdade de Direito.* Coimbra: Coimbra Editora, 2003. n. LXXV, p. 1125-1126.

[32] Meramente, a título de exemplo, RAJAN, Raghuran. *Op. cit.*, p. 171 e 175-178; SOROS, George. *Globalização.* Rio de Janeiro: Campus, 2003, p. 47.

[33] RAJAN, Raghuran. *Op. cit.*, p. 176.

Direito Penal para que os riscos globais se mantenham dentro dos limites ainda comunitariamente suportáveis e, em definitivo, não ponham em causa os "fundamentos naturais da vida".[34]

No mundo globalizado, a saúde financeira não pode ficar exposta em razão do emprego de métodos obsoletos no tratamento de questões atualmente de outra relevância e proporção.[35] A invulgar condição da situação carece da ação de especialistas, a fim de oferecer a tutela necessária para o desenvolvimento econômico sustentável, bem como afastar bolhas de crescimentos, suscetíveis à derrocada por meio de fugas comuns de capital. A regulação jurídica da forma e dos limites para a concessão e gestão do crédito apresenta importância político-econômica fundamental, percebida com maior nitidez nos períodos de crise financeira. O interesse público na gestão do crédito se dá em razão da sua inafastabilidade para o desenvolvimento econômico sustentável dos países, o que não pode ser reduzido a uma leitura restrita ao interesse dos bancos públicos e as linhas de crédito disponibilizadas pelo Estado.

Também por isso a simples integração negativa entre mercados (liberalização de trocas e de operações) não é suficiente no contexto atual: os princípios fundamentais da nova ordem demandam uma intervenção de caráter positivo (criação de políticas comuns e coordenação de atividades).[36] Intervenção preventiva estatal, na ordem democrática, deve receber legítima conformação no Direito Administrativo Sancionador, e não – de maneira alheia e descompromissada com os propósitos e fundamentos constitutivos e distintivos das diversas áreas do Direito – propriamente no Direito Penal.[37] Não faz sentido utilizar o rigor ínsito a repressão penal de uma conduta enquanto, sem qualquer correlação, a inexistência de regulação jurídico-administrativa da matéria cria um fecundo ambien-

---

[34] DIAS, Jorge de Figueiredo. O papel do Direito Penal na proteção das gerações futuras. *Boletim da Faculdade de Direito*. Coimbra: Coimbra Editora, 2003. n. LXXV, p. 1125-1126 e 1128.

[35] Sobre a dinâmica atual do risco e a insuficiência do instrumental existente ver GOLDBLATT, David. *Teoria Social e Ambiente*. Lisboa: Instituto Piaget, 1996, p. 244.

[36] THEMAAT, Pieter ver Loren Van. Algumas reflexões sobre as implicações da queda do muro de Berlin, dois séculos após a Declaração dos Direitos do Homem e do Cidadão de 1789, para o Sistema do Direito Econômico. *Filosofia do Direito e Direito Econômico. Que diálogo?* Lisboa: Instituto Piaget, 1999, p. 594. Para alguns, a exemplo de Edward Chancellor, o período contemporâneo indicaria a necessidade de criação de um Banco Central Mundial (CHANCELLOR, Edward. *Salve-se quem puder: uma história da especulação financeira*. Trad. Laura Teixeira da Mota. São Paulo: Companhia das Letras, 2001, p. 408).

[37] A propósito, a correta avaliação da ação das instâncias de contole estatal como irrestrita aos limites do direito penal encontra-se em MACHADO, Maíra Rocha. Crimes financeiros nos tribunais brasileiros. *Revista brasileira de ciências criminais*. São Paulo: Revista dos Tribunais, 2009. v. 77, p. 75.

te permissivo para a realização da conduta a ser reprimida, apenas posteriormente, pelo Direito Penal.[38]

Consciente de que a realidade empresarial no sistema financeiro apresenta variadas formas de manifestação e de relacionamento com os riscos de mercado, o esforço aqui empreendido teve como finalidade apenas destacar alguns elementos, capazes de qualificar a compreensão do espaço socioeconômico no qual se desenvolve o fenômeno jurídico. Elementos que fundam a própria compreensão dos limites e dos benefícios que podem advir de uma intervenção penal nesse cenário, mas que, sobretudo, pressupõem a impossibilidade de prescindir do Estado na consecução da política-criminal em tempos de globalização.[39] Não se descuida da dificuldade inerente à missão de normativização com adequação para o futuro, nem direcionada somente ao macro, sob pena de desconsiderar as necessidades e destruir as especificidades, nem enclausurada no perímetro do micro, o que deixaria de acompanhar e fazer frente aos desafios mundiais contemporâneos.[40]

E, assim, chega-se a um ponto de ancoragem, segundo o qual todo interesse político-criminal de tutela do sistema financeiro não pode se afastar dos limites intrínsecos às múltiplas relações existentes entre a Constituição e o Direito Penal. Isto é, os limites constitutivos do Direito Penal que nos servem como uma "imagem-guia" – capaz de oposição precisa aos mais diversos e variados interesses de tutela – de que "a nobreza do Direito Penal está, não só em punir os culpados, mas também em absolver os inocentes".[41]

---

[38] COSTA, José de Faria. A criminalidade de um mundo globalizado: ou *plaidoyer* por um direito penal não-securitário. *Direito Penal Especial, Processo Penal e Direitos Fundamentais: Visão Luso-brasileira*. São Paulo: Quartier Latin, 2006, p. 94.

[39] COSTA, José de Faria. A globalização e o direito penal (ou o tributo da consonância ao elogio da incompletude). *Revista de Estudos Criminais*. Sapucaia do Sul: Notadez, 2002. a. 2. n. 6, p. 33.

[40] COSTA, José de Faria. Em redor do *nomos*. Ou a procura de um novo *nomos* para o nosso tempo. *Linhas de Direito Penal e de Filosofia. Alguns cruzamentos reflexivos*. Coimbra: Coimbra Editora, 2005, p. 196-197 e 202-203.

[41] COSTA, José de Faria. A globalização e o direito penal (ou o tributo da consonância ao elogio da incompletude). *Revista de Estudos Criminais*. Sapucaia do Sul: Notadez, 2002. a. 2. n. 6, p. 33-34.

2. A relevâcia constitucional e a tutela penal do Sistema Financeiro Nacional: pontos de contato em uma unidade de sentido

> "(...) as idéias de economistas e filósofos políticos,
> quando certas e também quando erradas,
> são mais poderosas do que comumente se julga.
> De fato, o mundo não é governado por muito mais.
> Homens práticos, que se acreditam absolutamente
> isentos de todo tipo de influência intelectual, são,
> em geral, escravos de algum economista já falecido."
>
> (John Maynard Keynes –
> *A teoria geral do emprego, do interesse e do dinheiro* – 1936)

2.1. As diretrizes da Constituição Econômica e a relevância axiológica e estratégica do Sistema Financeiro Nacional na Constituição da República Federativa do Brasil

A constitucionalidade controvertida do crime de gestão fraudulenta das instituições financeiras obriga um olhar cauteloso para os referenciais fundantes do ordenamento. Assim, antes de uma delimitação em termos de dogmática jurídico-penal, faz-se mister investigar a previsão constitucional do Sistema Financeiro Nacional, bem como identificar qual a relação guardada entre essa parte do ordenamento e o resto do corpo constitucional (1). A propósito, será imprescindível o esclarecimento da natureza tipológica do preceito do artigo 192 da Constituição da República e de quais os efeitos jurídicos são produzidos por tais determinações (2) e, ademais, a elucidação do conteúdo dos vetores constitucionais estruturantes dessa parte do ordenamento (3).

(1) A Constituição República de 1988 inovou ao trazer um capítulo específico para o tratamento do Sistema Financeiro Nacional, pois, até então, a regulação jurídica da matéria estava restrita ao direito privado.[42]

---

[42] WALD, Arnoldo. A Constituição de 1988 e o Sistema Financeiro Nacional. *Revista de Informação Legislativa*. Brasília: Senado Federal, 1990. a. 27. n. 107, p. 43.

No Brasil, a preocupação com a "estruturação racional adequada às necessidades e carências da sociedade como um todo" passa a ter destaque a partir das edições de leis, destinadas a ordenar o mercado financeiro, no ano de 1964 em diante.[43] As razões da positivação constitucional remetem à sensibilidade dos constituintes em relação a dois pontos: (a) a relevância dos problemas monetários, em âmbitos interno e externo, (b) assim como o papel desempenhado pelas finanças no equilíbrio e no desenvolvimento econômico da sociedade.

A atual disposição do artigo 192, "o sistema financeiro nacional, estruturado de forma a promover o desenvolvimento equilibrado do País e a servir aos interesses da coletividade, em todas as partes que o compõem, abrangendo as cooperativas de crédito, será regulado por leis complementares que disporão, inclusive, sobre a participação do capital estrangeiro nas instituições que o integram", pertence a um catálogo composto por normas e princípios fundamentais que "regem juridicamente a organização e o funcionamento econômico"[44] da comunidade política brasileira. A redação dada pela Emenda Constitucional nº 40 de 2003, comparada com a originária, não apresenta alteração substancial, houve apenas a desconstitucionalização da minuciosa disciplina da matéria.[45] E isso em nada mudou as diretrizes materiais do sistema financeiro, tendo em vista que a alteração não teve como objeto o significado axiológico do dispositivo, e, sim, apenas o reconhecimento de melhores propriedades das leis para o tratamento adequado e específico do dinamismo e da flexibilidade com que se adaptam os interesses econômicos às variações do mercado. Ou seja, está-se diante do quadrante mais geral, abstrato e abrangente do ordenamento jurídico da economiafinanceira, no qual se tem positivado valores fundantes, que acabam por irradiar comandos normativos para todo o ordenamento jurídico brasileiro – como expressão da vida social ou como extensão do fenômeno político.

Pode-se afirmar que o conjunto denominado Constituição Econômica remonta suas origens ao período histórico – vivido na etapa posterior à 1ª Guerra Mundial, em que movimentos ideológicos de diferentes matrizes[46] convergiam interesses a respeito da necessidade de intervenção

---

[43] FORTUNA, Eduardo. *Mercado Financeiro: produtos e serviços*. 11ª ed. Rio de Janeiro: Qualitymark, 1999, p. 15.

[44] MARTINS, Guilherme d'Oliveira. A Constituição Económica Portuguesa – novas perspectivas. *Estudos em homenagem a Cunha Rodrigues*. Coimbra: Coimbra Editora, 2001, p. 326.

[45] MORAES, Alexandre de. *Constituição do Brasil interpretada e Legislação Constitucional*. 4ª ed. São Paulo: Atlas, 2004, p. 1937.

[46] Sobre a importância legitimadora das teorias keynesianas e neomarxistas, bem como as doutrinas socialistas e as social-cristãs tratam SANTOS, Antonio Carlos dos; GONÇALVES, Maria Eduarda; MARQUES, Maria Manuel Leitão. *Direito Económico*. 5ª ed. Coimbra: Almedina, 2004, p. 17.

pública –, no qual se deu a passagem do modelo capitalista concorrencial ao "capitalismo organizado".[47] No Brasil, em específico, a previsão de uma seção especializada no enquadramento da vida econômica, ainda que não propriamente o Sistema Financeiro, deu-se na Constituição de 1934 na mesma linha da inovação trazida – expressamente – na Alemanha: *Constituição de Weimar* (1919). Entretanto, algumas variáveis, atinentes aos objetivos a serem implementados pelo Estado, permanecem sendo identificadas como decorrentes da composição e das finalidades determinadas pela configuração estatal de cada país.[48] Se, no Estado Liberal, a dúvida diz respeito à possibilidade legítima de a Constituição adotar um caráter programático da vida econômica, já no Estado Democrático de Direito o questionamento reduz sua amplitude, mantendo-se estritamente afeito aos limites da eficácia do controle jurídico. Portanto, é daqui que arranca grande parte do que será desenvolvido.

(2) Uma vez realizadas as considerações iniciais, deve-se partir para a identificação da natureza jurídica da normatividade presente no artigo 192. Ou, de outra maneira, classificar o conteúdo material contido na diretriz constitucional. Em geral, as normas da Constituição Econômica conferem direitos ao exercício de atividades nessa área, assim como colocam à disposição do Estado um instrumental qualificado capaz de regular o processo econômico e de definir os objetivos segundo os quais a regulação deve se pautar.[49] A passagem do artigo 192 parece não fugir dessa linha compreensiva, contudo apenas reconhecer isso não é o suficiente para o aclaramento da questão, o que leva a indagar se a norma possuiria carga axiológica para além do perceptível à primeira e rápida aparência. E a resposta é positiva, pois, embora não esteja previsto de forma destacada, está-se diante de um princípio da ordem financeira que veicula valor constitucional indispensável para a concretização da dignidade da pessoa humana.[50] Assim, ainda que de forma peremptória não possa ser

---

[47] Sobre os precedentes anteriores na Constituição Mexicana (1917), de modo implícito, e, expressamente, na Constituição Soviética (1918), ver *Idem*, p. 16-17 e 33-34.

[48] MONCADA, Luís S. Cabral de. *Direito Econômico*. Coimbra: Coimbra Editora, 2003, p. 105. Na Espanha, embora haja difusão e a aceitação majoritária do conceito de constituição econômica, paira controvérsia doutrinária a respeito do seu alcance e conteúdo (PRIETO DEL PINO, Ana Maria. Una contribuición al Estudio de la Delincuencia: el Sistema Economico diseñado por la Constitución Española. *Revista de Derecho Penal y Criminologia*. Madrid: Marcial Pons, 2003. 2° época. n° 12, p. 104--105). Com mais detalhes ARIÑO ORTIZ, Gaspar. *Principios de Derecho Publico Economico*. Granada: Comares, 1999, p. 127-139.

[49] SANTOS, Antonio Carlos dos; GONÇALVES, Maria Eduarda; MARQUES, Maria Manuel Leitão. *Direito Econômico*. 5ª ed. Coimbra: Almedina, 2004, p. 32.

[50] SARLET, Ingo Wolfgang. *A eficácia dos Direitos Fundamentais*. 6ª ed. Porto Alegre: Livraria do Advogado, 2006, p. 127-130; SARLET, Ingo Wolfgang. *Dignidade da Pessoa Humana e Direitos Fundamentais na Constituição Federal de 1988*. 3ª ed. Porto Alegre: Livraria do Advogado, 2004, p. 84 e ss. Em sentido contrário, salientando que nem todos os Direitos Fundamentais têm alguma ligação com a dignidade

afirmado que o acesso ao equilibrado Sistema Financeiro Nacional se trata de um direito fundamental social, por certo, consistiria em tarefa extremamente árdua desconstruir a relevância sociojurídico-econômica que esse desempenha na contemporaneidade.

Tem-se reconhecido aos direitos fundamentais sociais – nessa hipótese específica, direitos econômicos – força jurídica especial em face da relação imediata de seu conteúdo nuclear com a dignidade da pessoa humana.[51] A adoção de tal posição facilitaria muito os desdobramentos da presente argumentação, bem como não encontraria dificuldade de colacionar entendimentos nesse sentido.[52] Dir-se-ia, nessa linha de raciocínio, como direito econômico de segunda dimensão de direitos fundamentais, cuja lógica operatória supera a simples liberdade perante o Estado para assumir a feição de uma "liberdade por intermédio do Estado".[53] Ainda que, no caso específico, não se trate propriamente de uma obrigação que reconhece como sujeito passivo apenas o ente público, mas, também, a própria sociedade, que, na medida da juridicidade, também assume a responsabilidade de contribuir para o equilíbrio do sistema financeiro. Por outro lado, o titular do direito continua sendo o homem – ainda que em uma condição na qual é impossível a demonstração da cota parte individual –, tendo em vista o desempenho de um papel sistemático de "complementaridade, na perspectiva *ex parte populi*, entre os direitos de primeira e segunda geração, pois estes últimos buscam assegurar as condições para o pleno exercício dos primeiros".[54]

É notório que a impossibilidade de acesso ao sistema financeiro – na condição de intermediário e de possibilitador de grande parte das relações econômicas – impede a consecução dos objetivos fundamentais da República.[55] Ao mesmo tempo que obstaculiza a realização, formal e materialmente, de vários outros direitos de caráter fundamental, como se pode perceber na sensível redução do espectro de manifestação do direito

---

da pessoa humana ver, por exemplo, MIRANDA, Jorge. *Manual de Direito Constitucional*. Coimbra: Coimbra Editora, 2000. v. IV, p. 10.

[51] ANDRADE, José Carlos Vieira de. *Os Direitos Fundamentais na Constituição Portuguesa de 1976*. 3ª ed. Coimbra: Almedina, 2006, p. 385.

[52] Explicando a existência de um catálogo aberto de direitos fundamentais na Constituição brasileira a partir do artigo 5º §2º, SARLET, Ingo Wolfgang. *A eficácia dos Direitos Fundamentais*. 6ª ed. Porto Alegre: Livraria do Advogado, 2006, p. 92 e ss.

[53] SARLET, Ingo Wolfgang. *A eficácia dos Direitos Fundamentais*. 6ª ed. Porto Alegre: Livraria do Advogado, 2006, p. 57.

[54] LAFER, Celso. *A reconstrução histórica dos Direitos Humanos: um diálogo com o pensamento de Hannah Arendt*. São Paulo: Companhia das Letras, 1988, p. 127.

[55] Objetivos contidos nos incisos I, II e III do artigo 3º da Constituição da República Federativa do Brasil de 1988.

de liberdade, principalmente, nas perspectivas atinentes à disposição da propriedade e da livre-iniciativa.

Desde já, antecipa-se que a presente linha argumentativa tem como respaldo constitucional a expressão, "servir aos interesses da coletividade", que será objeto de pormenorização posterior. No momento, a identificação do conceito de "interesse econômico", bem como a compreensão do seu sentido específico, aqui desempenhado, permite entender satisfatoriamente a questão. O significado da categoria "interesse", própria ao Direito Econômico, guarda proximidade imediata com a ideia de necessidade. Ou seja, designa a relação de complementaridade estabelecida entre um sujeito (determinado ou não) e um objeto específico, segundo a qual poderia se afirmar que "uma necessidade que se estabelece entre (*inter*) estes seres (*esse*) recebe o nome de interesse".[56] Portanto, a relevância estratégica desempenhada pelo sistema financeiro acentua não só sua necessidade econômica, como também o interesse na gama de possibilidades realizáveis a partir desse objetivo.

Em relação à descrição normativa, o conteúdo axiológico constitucional está contido em uma norma de cariz programático, impositiva de atividade legiferante,[57] como se pode perceber na locução "será regulado por leis complementares". A programaticidade diz respeito aos temas que conformam e estruturam do sistema financeiro e, portanto, devem receber tratamento específico pela lei, isto é: "inclusive, sobre a participação do capital estrangeiro nas instituições que o integram", mas, acima de tudo, as diretrizes sobre "o desenvolvimento equilibrado do País e a servir aos interesses da coletividade".

Desse modo, o dispositivo não confere aos seus titulares possibilidades imediatas e individualizadas de exigência prestacional (direitos subjetivos), ao mesmo tempo, também não pode ser entendido apenas como simples norma proclamatória ou, na preferência de parte da doutrina especializada, uma "situação jurídica recomendada".[58] Não é nem a absoluta vinculação do legislador, nem a liberdade de total de conformação da

---

[56] Para uma maior profundidade nos conceitos de necessidade e de interesse no Direito Econômico, ver CAMARGO, Ricardo Antônio Lucas. *Direito Econômico: aplicação e eficácia*. Porto Alegre: Fabris Editor, 2001, p. 31-33. Ademais, ensina Ricardo Camargo que "inexiste interesse sem sujeito, porquanto o interesse sempre tem por fundamento uma necessidade, e esta somente é concebível desde que referida a um sujeito" (*Idem*, p. 33).

[57] A respeito das diversas tipologias teóricas sobre direitos fundamentais prestacionais, ver ANDRADE, José Carlos Vieira de. *Os Direitos Fundamentais na Constituição Portuguesa de 1976*. 3ª ed. Coimbra: Almedina, 2006, p. 387-391. No Brasil, a respeito das diversas categorias de direitos fundamentais ver SARLET, Ingo Wolfgang. *A Eficácia dos Direitos Fundamentais*. 6ª ed. Porto Alegre: Livraria do Advogado, 2006, p. 196 e ss e 215 e ss.

[58] ANDRADE, José Carlos Vieira de. *Op. cit.*, p. 389.

política,[59] como também, no que toca a hermenêutica-aplicativa realizadora do Direito em concreto, diante da ausência de criação da legislação, a interpretação do dispositivo não pode ocorrer de forma a ser "imputado conteúdo normativo mais vasto".[60] É uma norma que tem força jurídica suficiente para vincular "efectivamente os poderes públicos, impondo-lhes autênticos deveres de legislação", portanto, é criadora de expectativas jurídico-sociais, ainda que dependente de imediação legislativa.[61]

Impressiva é a própria denominação do capítulo I do título VII "dos princípios gerais da atividade econômica" indicativo do seu aspecto organizatório,[62] no sentido de estabelecer objetivos ou finalidades a serem atendidas pelo Sistema Financeiro Nacional brasileiro no capítulo IV. Não muito distintas são as intenções do artigo 104 da Constituição da República Portuguesa, segundo o qual "o sistema financeiro é estruturado por lei, de modo a garantir a formação, a captação e a segurança das poupanças, bem como a aplicação dos meios financeiros necessários ao desenvolvimento econômico e social". E, a partir do qual, a doutrina destaca a necessidade de controle estatal e regulação pública da matéria, determinando duas vertentes de disciplina: de um lado, a garantia da formação, captação e segurança da poupança, de outro, o dever de aplicação dos meios financeiros disponíveis no sentido do desenvolvimento econômico e social.[63]

As finalidades do artigo 192 da Constituição brasileira, para alguns, remeteriam à função social do Sistema Financeiro Nacional, cujo âmbito de vinculação abrangeria a atuação de instituições públicas e privadas.[64] Função social que decorreria ou imediatamente das diretrizes de promoção do desenvolvimento equilibrado do país e promoção do desenvolvimento a serviço da coletividade, ou de um princípio implícito "inferido como resultado da análise de um ou mais preceitos constitucionais".[65] O que não há dúvidas é que dessas finalidades emanam determinações ju-

---

[59] NOVAIS, Jorge Reis. *As restrições aos Direitos Fundamentais não expressamente autorizadas pela Constituição*. Coimbra: Coimbra Editora, 2003, p. 92.

[60] ANDRADE, José Carlos Vieira de. *Os Direitos Fundamentais na Constituição Portuguesa de 1976*. 3ª ed. Coimbra: Almedina, 2006, p. 392 e 400.

[61] Idem, p. 395.

[62] CANOTILHO, José Joaquim Gomes. Tomemos a sério os direitos económicos, sociais e culturais. *Estudos sobre Direitos Fundamentais*. Coimbra: Coimbra Editora, 2004, p. 37.

[63] CANOTILHO, José Joaquim Gomes; MOREIRA, Vital. *Constituição da República Portuguesa Anotada*. Coimbra: Coimbra Editora, 1993, p. 453-454.

[64] BASTOS, Celso Ribeiro. *Comentários à Constituição do Brasil*. 2ª ed. São Paulo: Saraiva, 2000. v. 7, p. 349; SILVA, José Afonso da. *Curso de Direito Constitucional Positivo*. 18ª ed. São Paulo: Malheiros, 2000, p. 802; do mesmo autor, *Comentário Contextual à Constituição*. São Paulo: Malheiros, 2005, p. 752-755.

[65] GRAU, Eros Roberto. *A Ordem Econômica na Constituição de 1988*. 8ª ed. São Paulo: Malheiros, 2003, p. 136.

rídicas de diferentes vertentes, de um lado, a obrigação de o Estado, na sua atuação como agente financeiro, promover o desenvolvimento equilibrado do país e a serviço dos interesses coletivos e, de outro, possibilitar a heterorregulação – orientação, fiscalização e, excepcionalmente, repressão de condutas perigosas ao sistema financeiro.

(3) O dever de promoção do "desenvolvimento equilibrado do país" precisa ser perquirido se é sinônimo ou idêntico ao designado pela expressão – amplamente difundida em outras disciplinas científicas –[66] "desenvolvimento sustentável". Por desenvolvimento econômico, entende-se algo qualitativamente distinto do crescimento econômico, pois enquanto este designa nada mais que "o aumento da capacidade produtiva da economia", aquele tem agregado a esse elemento a repercussão social desse aumento, no que diz respeito à "melhoria de vida dos padrões da população".[67] Portanto, o que em abordagem rápida e superficial poderia aparentar se referir apenas ao equilíbrio econômico – entre os meios ofertados e aqueles demandados pelo mercado, ou, ainda, o equilíbrio monetário com fins de evitar a desvalorização da moeda em movimentos inflacionários – não se exaure apenas nisso.[68] O sentido possibilitado pelo corpo do texto constitucional em conjunto com a realidade social indica que a percepção deve ir mais longe. Somam-se as acepções de equilíbrio já mencionadas, a necessidade de um desenvolvimento, de matiz igualitário, ligado ao equilíbrio na distribuição de renda tanto em relação às desigualdades sociais, quanto entre as regiões do país.

Diante disso, defronta-se, mais uma vez, com a questão proposta, que leva a afirmar, ao fim e ao cabo, a aproximação das ideias de equilíbrio e de sustentabilidade no contexto do sistema financeiro. E é daí que decorre o dever de cuidado-de-perigo[69] com a manutenção do equilíbrio do sistema financeiro, o que, em outras palavras, pode ser entendido como sustentabilidade.

---

[66] A estratégia de desenvolvimento econômico sustentável, pensada em relação ao meio ambiente, tem destaque para dois enfoques: a melhora do bem-estar da população e a manutenção da vitalidade e biodiversidade dos recursos disponíveis (MOLINA, Sergio. *Turismo y ecologia*. 6ª ed. Cidade do Mexico: Trillas, 1998, p.157-158).

[67] GIANSANTI, Roberto. *O desafio do Desenvolvimento Sustentável*. São Paulo: Atual, 1998, p.11.

[68] MONCADA, Luís S. Cabral de. *Direito Econômico*. Coimbra: Coimbra Editora, 2003, p. 306.

[69] Expressão de Faria Costa, nesse sentido, em várias oportunidades, COSTA, José de Faria. *O perigo em Direito Penal*. Coimbra: Coimbra Editora, 1992, especialmente, p. 174, 190-191, 243, 248-251. No Brasil, D'AVILA, Fabio Roberto. *Ofensividade e Crimes Omissivos Próprios. Contributo à compreensão do crime como ofensa ao bem jurídico*, Studia Iuridica n.85. Coimbra: Coimbra Editora, 2005. *passim*; ainda, em trabalho de notável didática, do mesmo autor. O inimigo no Direito Penal contemporâneo. Algumas reflexões sobre o contributo crítico de um Direito Penal de base onto-antropológica. *Sistema Penal e Violência*. Rio de Janeiro: Lumen Juris, 2006, p. 99-103. Sobre a inspiração filosófica do ideal de cuidado na analítica existencial de Heidegger, ver STEIN, Ernildo. A Dramaturgia da Existência e a Dramaturgia da Pulsão. *Seis estudos sobre "Ser e Tempo" (Martin Heidegger)*. Petrópolis: Vozes, 1988, p. 83-89.

Isso quer dizer que pressuposto a ideia de equilíbrio, como uma finalidade, trabalha-se com um projeto constitucional de uma situação dinâmica a ser atingida e preservada ao longo do tempo. Projeto preocupado com a conservação das condições necessárias para a ocorrência do processo de aprimoramento econômico, ainda que em ritmo não tão acelerado como, eventualmente, uma atuação liberalizante e desregulamentadora, em sentido inverso, poderia propiciar num primeiro momento. Muito breve: é a preocupação com o desenvolvimento econômico e a sua sustentabilidade. É a intervenção subsidiária e excepcional do Estado na vida econômica, a fim de evitar a ocorrência de práticas destrutivas aos valores do espaço que pretende desenvolver e preservar.[70] Aqui se encontra o fundamento jurídico da regulação estatal do mercado financeiro.

Para adensar pontualmente a compreensão sobre os fundamentos do sentido jurídico-regulatório da intervenção penal, destacam-se e se explicam algumas questões metodológicas de base. O reconhecimento antropológico da relação de cuidado-de-perigo estabelecida socialmente – a partir da constatação de ressonância axiológica de determinados valores – está presente na forma de entender e conduzir este trabalho. A concepção onto-antropológica do Direito Penal, embora pouco difundida no Brasil, representa um diferenciado arranjo sobre fundamentos e alicerces já conhecidos e de ampla aceitação doutrinária.

O Direito, em razão da sua natural e inerente limitação técnica, é fragmentário em relação à pluralidade e à complexidade da vida social, visto que não são todos os campos da vida que demandam e recebem tutela jurídica. Sendo assim, o Direito não pode ser um criador autônomo de valores, uma vez que esses são apenas reconhecidos por meio do processo de reivindicação social que lhes confere qualidade ontológica. O Direito não se funda – e parece ser incapaz de se fundar – em si próprio (normatividade pura), na condição de algo desligado e distinto da vida social. Muito pelo contrário. Ressalta-se a atualidade da máxima romana *ubi societatis, ubi ius*. Se o Direito como um todo se fundamenta socialmente na constatação antropológica da necessidade de regulação, o campo penal, especificamente, não deve ser terreno para a construção de uma exceção.

A determinação do Direito Penal está diretamente ligada à necessidade de imposição de limites às práticas desvaliosa, o que, em outras palavras, poder-se-ia tratar como cuidado-de-perigo. Aqui, ao mesmo tempo, encontram-se as descrições antropológicas sobre o "não" interdi-

---

[70] MARTINS, Guilherme d'Oliveira. A Constituição Econômica Portuguesa – novas perspectivas. *Estudos em homenagem a Cunha Rodrigues*. Coimbra: Coimbra Editora, 2001, p. 333. Sobre o desenvolvimento equilibrado do país como parâmetro de orientação do legislador comenta CRETELLA JUNIOR, José. *Comentários à Constituição brasileira de 1988*. Rio de Janeiro: Forense, 1993. v. VIII, p. 4285.

tivo como elemento constituinte do nosso modo de ser comunitário, também é momento de recordar a antiga lição que identifica o Direito Penal como *hominum causa constitum*.[71] É por isso que não se deve ao acaso o fato de a legitimidade jurídico-axiológica, em muito, repousar suas bases no verdadeiro reconhecimento dos valores comunitários, haja vista a melhor qualidade da narrativa crítica ao Direito Positivo, normalmente, arrancar da constatação da inadequação do ordenamento à realidade vivida comunitariamente.

Deste modo, é no reconhecimento dos valores sociais e na necessidade de tutela da relação que se mantém com esses valores que a ordem jurídico-penal tem fundamento, estrutura metodológica e categorial demarcada. A determinação do Direito Penal está diretamente ligada à necessidade de imposição de limites às práticas desvaliosas, o que, em outras palavras, se poderia tratar como cuidado-de-perigo. Cuidado esse desenvolvido pela própria ontologia social – e, jamais, heterônomo, de criação externa à sociedade –, que, assim sendo, se revelaria "quer na própria definição dos comportamentos proibidos, quer no evitar 'cuidadoso' desses próprios comportamentos".[72] Destaque-se o fato de tratar-se de uma noção que ganha adensamento quando se aproxima da ideia de responsabilidade. Portanto, "aquele que se cura, que se cuida, é necessariamente responsável perante o cuidar-se de si mesmo, como também o é perante o cuidar dos outros e o cuidar-se para com os outros".[73]

Em retorno à orientação do sistema financeiro a serviço do interesse coletivo, categoricamente, afirma-se que a intervenção protetiva e cuidadosa do Estado não se pode vê-la como uma norma econômica de cunho socialista, ou mesmo, que conduzisse a transição para esse modelo econômico.[74] De modo semelhante, não se está diante de uma passagem constitucional de somenos importância, o que se poderia deixar crer, caso, eventualmente, se partisse de uma abordagem equivocada do que representa a locução "a serviço da sociedade". Uma concepção superficial nesse sentido levaria em consideração que um sistema financeiro meramente operatório estaria sempre – e, de alguma forma, ainda que minimamente – servindo à sociedade. Para clarear: a teleologia do artigo indica uma

---

[71] CADOPPI, Alberto; VENEZIANI, Paolo. *Elementi di Diritto Penale. Parte Generale*. 2ª ed. Milano: Cedam, 2004, p. VI.

[72] COSTA, José de Faria. *O perigo em Direito Penal*. Coimbra: Coimbra Editora, 1992, especialmente, p. 251.

[73] Idem, ibidem.

[74] A respeito da discussão teórica sobre as linhas de interpretação da constituição econômica portuguesa e as eventuais normas de transição para o socialismo ver MIRANDA, Jorge. A interpretação da Constituição Econômica. *Estudos em homenagem ao professor doutor Afonso Rodrigues Queiró*. Coimbra: Coimbra Editora, 1984, p. 282 e ss.

segunda relevante diretriz, que – além de possibilitar a satisfatória compreensão dos objetivos da primeira – indica a necessidade de satisfação do interesse coletivo. Interesse coletivo que, embora incapaz de descrição exaustiva dos seus conteúdos e limites em abstrato, não pode deixar der ser um valor no caso concreto.

Enfatize-se a posição. Não se defende a autoritária sobreposição do interesse do Estado administração sobre a vontade dos particulares, ou, ainda, não se endossa o abrandamento como os modernos publicistas prelecionam a supremacia do interesse público sobre o privado. Isto é, a doutrina tradicional vislumbra tal enunciado como sendo um princípio, na forma de um "verdadeiro axioma reconhecível no moderno Direito Público".[75] Todavia, segundo as diretrizes da teoria geral do direito, nem o reconhecimento da qualidade de axioma, nem o da feição de princípio se coadunam com as funções desempenhadas pela supremacia do interesse público no ordenamento jurídico brasileiro.

A proposta da supremacia somente pode receber concreção no caso prático, assim não é possível sustentar a existência de determinação prévia para a situação específica. Além do mais, a particular preocupação da Constituição da República com a proteção da esfera individual impede o reconhecimento *ex ante* de uma norma de prevalência, relativa ou absoluta, do interesse público sobre o particular. Deve haver igualdade de condições, ou, ainda, em hipótese de dúvida, a prioridade deve ser dos direitos individuais (interesses privados). Também como, a composição do interesse público por interesses particulares impede uma descrição autônoma ou contraposta de ambos.[76]

A pretensão aqui exposta é distinta. Ressalta-se a magnitude dos valores socioeconômicos essenciais diante de um eventual interesse particular ilegítimo, especificamente, atentatório a existência dos primeiros, bem como do interesse privado de outros empresários e investidores.[77] Se, por um lado, não se pode inverter a escala de densidade axiológica, alcançando ao valor individual estatuto prévio de superioridade absoluta e eterna sobre o interesse coletivo, e vale dizer, principalmente, quando se concebe que o interesse coletivo nada mais é que a tutela ou o desenvolvimento de um valor jurídico-constitucional de titularidade supraindividual. Por

---

[75] MELLO, Celso Antonio Bandeira de. *Curso de Direito Administrativo*. 13ª ed. São Paulo: Malheiros, 2000, p. 30.

[76] ÁVILA, Humberto. Repensando o "Princípio da Supremacia do Interesse Público sobre o Particular". *Revista Trimestral de Direito Público*. São Paulo: Malheiros, 1998. n° 24, p. 168-170 e 179-180.

[77] Por exemplo, a própria figura do tipo penal representa, em si mesmo, um juízo de ponderação realizado pelo legislador, no qual determinados valores, quando passíveis de uma modalidade específica de ofensa, justificam a limitação da liberdade do indivíduo, a título de pena criminal, responsável pela prática da conduta ofensiva.

outro lado, também não se podem admitir restrições ilegítimas dos direitos e liberdades fundamentais desvinculadas de necessidades concretas, pois dessa forma o interesse coletivo (composto pelas individualidades) também não estaria sendo atendido. A restrição dos direitos fundamentais não pode ocorrer de forma a ultrapassar o seu "conteúdo essencial",[78] entendido como o espaço mínimo para a satisfação do interesse do seu titular. Portanto, trata-se de finalidade do sistema financeiro, mas também de postulado normativo, capaz de indicar a exata configuração do espaço de manifestação dos direitos fundamentais e, por consequência, sugerir caminhos para solução de eventuais colisões neste âmbito.

Para isso, ressalta-se a força normativa própria da Constituição[79] na determinação do sistema financeiro, bem como as suas implicações na amplitude de exercício dos direitos fundamentais da livre-iniciativa e de propriedade. A realização da atividade empresarial está baseada em dois pilares: no direito de propriedade de uma forma ampla (*ius utendi, fruendi et dispoendi*) e no conjunto de liberdades, sem as quais a tentativa de empreendimento resultaria reduzida à estrita organização burocrática.[80] A livre-iniciativa, por sua vez, possui caráter fundamental na República Federativa do Brasil conforme consta nos artigos 1º, IV, e 170 da Constituição,[81] pois – além de princípio de organização da ordem econômica – representa elemento imprescindível no modelo de economia de mer-

---

[78] ANDRADE, José Carlos Vieira de. *Os Direitos Fundamentais na Constituição Portuguesa de 1976*. 3ª ed. Coimbra: Almedina, 2006, p. 296.

[79] Nesse caso, reconhece-se que a "Constituição contém, ainda que de forma limitada, uma força própria, motivadora e ordenadora da vida do Estado", em sentido contrário à linha argumentativa da mera folha de papel (*ein Stück Papier*) de Ferdinand Lassale, segundo a qual as questões constitucionais não seriam jurídico-normativas, mas, sim, simplesmente políticas. Insustentáveis são os desdobramentos dessa forma de ver as coisas, pois acabaria por distorcer o objeto da ciência jurídico-constitucional, passando de instrumento de normação da vida social para estrito valor narrativo e legitimador das reais forças de poder (HESSE, Konrad. *A força normativa da Constituição*. Porto Alegre: Fabris, 1991. p 11).

[80] Na condição de antecedente histórico, destaca-se a afirmação do direito de escolha da profissão e de ofício ocorrida na Revolução Francesa, na qual a liberdade de decisão da atividade representava algo similar ao que o empreendedorismo significa na economia nos dias de hoje (ARIÑO ORTIZ, Gaspar. *Principios de Derecho Publico Economico*. Granada: Comares, 1999, p. 212). Nesse sentido, também entende Eros Grau a medida que reforça que a livre-iniciativa se refere tanto à empresa, quanto ao trabalho (GRAU, Eros Roberto. *A Ordem Econômica na Constituição de 1988*. 8ª ed. São Paulo: Malheiros, 2003, p. 186).

[81] "Art. 1º. A República Federativa do Brasil, formada pela união indissolúvel dos Estados e Municípios e do Distrito Federal, constitui-se em Estado Democrático de Direito e tem como fundamentos: (...) IV – os valores sociais do trabalho e da *livre-iniciativa*; (...)" Assim como também, no título VII, reservado à "Ordem Econômica e Financeira", especificamente no capítulo I denominado "Dos Princípios Gerais da Atividade Econômica" no *caput* do "Art. 170. A ordem econômica, fundada na valorização do trabalho humano e na *livre-iniciativa*, tem por fim assegurar a todos existência digna, conforme os ditames da justiça social, observados os seguintes princípios: (...)". (Grifo nosso)

cado.⁸² O que indica a natureza jurídica dúplice do enunciado, capaz de possibilitar normatividade em duas perspectivas distintas. Por um lado, uma garantia do cidadão contra o abuso dos poderes do Estado, de forma a evitar que o setor privado não se torne mero prolongamento da vontade estatal. Nesse sentido, sustentam alguns "a renúncia da proteção penal dos bens coletivos, que de diversas formas são afetados pela criminalidade de empresa", sob a alegação de que a intervenção penal nesta área violaria o exercício da própria liberdade de empresa.⁸³

Por outro, direito de conteúdo múltiplo contemplando diversas liberdades reunidas, nomeadamente: de acesso ao mercado, criação e organização de grupos econômicos, gestão empresarial, negociação, contratação e oferta, de modo que, para a sua efetiva implementação, a dimensão subjetiva representa ponto essencial na concretização do direito, a ponto de concebê-lo exequível por si próprio, sem a necessidade de mediação legislativa.⁸⁴

Afirma-se todavia, na linha da teoria geral dos direitos fundamentais, que não existe direito de caráter absoluto ou livre de regulamentações,⁸⁵ de modo que a livre-iniciativa não consiste caso insigne capaz de justificar a criação de uma exceção. Todas as liberdades, componentes do seu conteúdo múltiplo apresentam, portanto, regulamentações e delimitações para o seu exercício pleno. No contexto do Sistema Financeiro Nacional, encontra-se o direito de acesso a um ambiente negocial equilibrado, criação e gestão de empresas subordinado às determinações tanto do Banco Central (BACEN), quanto da Comissão de Valores Mobiliários (CVM). Do mesmo modo, a oferta de produtos e oportunidades de negócios aos investidores deve ocorrer nos limites do regramento emitido pelo BACEN, assim como das normas específicas de direito civil e de direito consumeirista, no atinente às cláusulas contratuais. Toda atividade não contrária à ordem jurídica poderá ser desempenhada livremente desde

---

⁸² Não é diferente a condição que desempenha na ordem jurídica portuguesa, onde a Constituição Portuguesa – depois da revisão constitucional de 1982 – passou a reconhecer a livre-iniciativa "entre os direitos e deveres económicos, sociais e culturais (art. 61°, n° 1), deixando, assim de constar apenas da parte relativa à organização económica" (MARTINS, Guilherme d'Oliveira. A Constituição Económica Portuguesa – novas perspectivas. *Estudos em homenagem a Cunha Rodrigues*. Coimbra: Coimbra Editora, 2001, p. 343).

⁸³ Com maior detalhamento em sentido crítico, na Itália, MARINUCCI, Giorgio; DOLCINI, Emilio. Derecho Penal "mínimo" y nuevas formas de criminalidad. *Revista de Derecho Penal y Criminología*. Madrid: Marcial Pons, 2002. n. 9, p. 163.

⁸⁴ MONCADA, Luís S. Cabral de. *Direito Económico*. Coimbra: Coimbra Editora, 2003, p. 119.

⁸⁵ Idem, p. 118.

que contido entre os limites máximos dos caminhos assinalados pela poliédrica Constituição Econômica.[86]

Em termos técnico-jurídicos, pode-se afirmar que tal consequência advém, mesmo que com alguma distância, da ideia de dignidade da pessoa humana,[87] cuja possibilidade de materialização, no caso em concreto, pressupõe a nítida delimitação do âmbito legítimo de manifestação de direitos de diversas ordens. É a consagração filosófica da repetida fórmula kantiana da "limitação da liberdade por causa da proteção da liberdade".[88] Ou dito ainda de outro modo: pouco ou nada adiantaria a declaração em abstrato do direito à livre-iniciativa privada, se as oportunidades não existissem na concretude do mundo dos fatos. Assim, a regulamentação do exercício do direito em áreas prioritárias é resultado da compreensão dos desdobramentos do Estado Democrático de Direito material, preocupado, sobretudo, com as condições reais do "homem [vir a] ser", em um estágio muito para além do simples reconhecimento de "liberdades para ser" do Estado de Direito Formal.[89]

2.2. A dignidade penal dos valores do Sistema Financeiro Nacional: uma aproximação entre as categorias dogmático-penais e o dever de proporcionalidade

Uma vez realizadas as considerações acerca do conteúdo do art. 192 e das suas relações com o modelo de Estado, retorna-se à questão de fundo

---

[86] ARIÑO ORTIZ, Gaspar. *Principios de Derecho Publico Economico*. Granada: Comares, 1999, p. 131. Sobre o caráter poliédrico da Constituição econômica MARTINS, Guilherme d'Oliveira. A Constituição Econômica Portuguesa – novas perspectivas. *Estudos em homenagem a Cunha Rodrigues*. Coimbra: Coimbra Editora, 2001, p. 325.

[87] Fundamento estruturante da República brasileira conforme consta no art.1, III da Constituição Federal. Na doutrina sobre a relação entre dignidade da pessoa humana e os direitos fundamentais ver SARLET, Ingo Wolfgang. *Dignidade da Pessoa Humana e Direitos Fundamentais na Constituição Federal de 1988*. 3ª ed. Porto Alegre: Livraria do Advogado, 2004, p. 77-84. No direito constitucional positivo comparado, a Constituição Italiana dispõe expressamente sobre a matéria no art. 41 "*L'iniziativa econômica privata è libera. Non può svolgersi in contrasto con l'utilita sociale o in modo da recare danno alla sicurezza, alla libertà, alla dignita umana*".

[88] CUNHA, Maria da Conceição Ferreira da. *Constituição e crime. Uma perspectiva da criminalização e da descriminalização*. Porto: Universidade Católica Portuguesa, 1995, p. 131. Em específica atenção aos regramentos de proteção da liberdade econômica, nesse sentido advertem Riveiro e Moutouh "o exercício de uma liberdade pode redundar em sua destruição, seja para a maioria, seja até para todos: a liberdade econômica, nas condições atuais de concorrência, pode resultar na concentração, que a monopoliza em proveito de alguns e a suprime para a maioria" (RIVERO, Jean; MOUTOUH, Hughes. *Liberdades Públicas*. Trad. Maria Ermantina Prado Galvão. São Paulo: Martins Fontes, 2006, p. 209).

[89] DIAS, Jorge de Figueiredo. Para uma dogmática do Direito Penal Secundário. Um contributo para a reforma do Direito Penal Econômico e Social português. *Temas de Direito Penal Econômico*. São Paulo: Revista dos Tribunais, 2000, p. 37.

que acompanha o desenvolvimento do presente trabalho, todavia, agora, com o adensamento necessário para colocá-la de outra maneira. A busca tem como objeto não somente os pontos de coerência sistemática entre as diversas partes do ordenamento jurídico, mas, sobretudo, os critérios que são utilizados para consideração de determinado valor digno ou não de tutela pelo Direito Penal.

E, portanto, uma vez afirmado o fundamento de legitimação da intervenção estatal na economia, pergunta-se: há, no sistema financeiro nacional, valores com relevância constitucional dignos de tutela jurídica da especial qualidade interventiva do Direito Penal?

Está-se a enfocar, primeiramente, a força orientadora da Constituição em relação ao espaço de conformação do direito criminal,[90] que pode se manifestar de diferentes formas: (a) imposição de criminalização, a minoria dos casos; (b) impedimento expresso de tutela penal; (c) declaração da relevância constitucional do bem jurídico e (c) silêncio da positividade constitucional acerca do bem com vinculação à própria principiologia estrutural do Direito Penal democrático.[91] Não se pode esquecer que, no processo de juridicização da vida, o recurso ao método de tutela penal, muitas vezes, acentua problemáticas comuns a outras áreas do ordenamento jurídico. Pois, na ponderação do âmbito de legitimidade para a intervenção penal, tem-se uma situação de especial delicadeza na qual "o dever de proteção da liberdade de uns facilmente se transmuta em fundamento de restrição da liberdade de outros".[92] Se, por um lado, existe um patamar mínimo de proteção (*Untermassverbot*) a ser atingido, por outro, a amplitude e a intensidade da tutela não pode extrapolar os parâmetros do razoável, de modo a colocar em perigo o exercício dos direitos fundamentais daqueles que os têm restritos em nome da proteção jurídica.[93] A legislação deve se manter em um espaço que cumpra o papel indispensável (vedação de proteção insuficiente), mas sem o cometimento de exageros no grau e na amplitude da limitação do direito fundamental (vedação de proteção em excesso).[94]

---

[90] CUNHA, Maria da Conceição Ferreira da. *Constituição e crime. Uma perspectiva da criminalização e da descriminalização*. Porto: Universidade Católica Portuguesa, 1995, p. 18.

[91] DOLCINI, Emilio; MARINUCCI, Giorgio. Constituição e escolha dos bens jurídicos. *Revista Portuguesa de Ciência Criminal*. Coimbra: Coimbra Editora, 1994. a. 4. fasc. 2, p.191.

[92] NOVAIS, Jorge Reis. *As restrições aos Direitos Fundamentais não expressamente autorizadas pela Constituição*. Coimbra: Coimbra Editora, 2003, p. 90.

[93] Idem, p. 89.

[94] SARLET, Ingo Wolfgang. Constituição e proporcionalidade: o Direito Penal e os Direitos Fundamentais entre proibição de excesso e de insuficiência. *Revista Brasileira de Ciências Criminais*. São Paulo: Revista dos Tribunais, 2004. n. 47. a. 12, p. 82.

Essa concepção decorre da própria forma de ver o Estado como tutor das liberdades, o que oportuniza reflexão teórica capaz de assegurar eficácia objetiva aos direitos fundamentais, isto é, a observância das valorações da Constituição não obriga apenas algumas atividades da vida pública, e, sim, as diretrizes impõem finalidades e limite às atividades dos três Poderes. Em outras palavras, é o reconhecimento da unidade do ordenamento – reafirmado pela força irradiante dos direitos fundamentais – que supera as antigas dicotomias entre o plano constitucional e o legislativo ordinário. Assim, toda norma jurídica deve ser interpretada em relação aos direitos constitucionais, bem como os direitos fundamentais desempenham papel de orientação e fundamentação para eventual criação de novas normas.[95]

Logo, a proteção penal deve ser a medida adotada somente quando for a única via de tutela indispensável e proporcional, uma vez que é imperiosa a observância do ideal penal de intervenção fragmentária e subsidiária (*ultima ratio legis*).[96] Bem observa Faria Costa que a ideia de subsidiariedade representa o modo-de-ser do Direito Penal, pois "por mais concentracionário e absolutista que o poder de qualquer comunidade se apresente, é impossível não conceber áreas onde não interfere o direito e, de forma mais patente áreas onde o direito penal não pode penetrar".[97] A esse propósito, alguns critérios, sugeridos pela dogmática constitucional, podem auxiliar na orientação da atividade de criação de leis penais, nomeadamente (a) a relevância constitucional do bem objeto de proteção, (b) o desvalor social da ofensa, (c) a probabilidade do ataque

---

[95] SARLET, Ingo Wolfgang. Constituição e proporcionalidade: o Direito Penal e os Direitos Fundamentais entre proibição de excesso e de insuficiência. *Revista Brasileira de Ciências Criminais*. São Paulo: Revista dos Tribunais, 2004. n. 47. a. 12, p. 82 e 92-93. Assim também, FELDENS, Luciano. *A Constituição Penal. A dupla face da proporcionalidade no controle de normas penais*. Porto Alegre: Livraria do Advogado, 2005, p. 105 e 191; STRECK, Lenio Luiz. Da proibição de excesso (*Übermassverbot*) à proibição de proteção deficiente (*Untermassverbot*): de como não há blindagem contra normas penais inconstitucionais. *Revista do Instituto de Hermenêutica Jurídica*. Porto Alegre: Instituto de Hermenêutica Jurídica, 2004. v.1, a. 2, p. 249; OLIVEIRA, José Roberto Pimenta. *Os princípios da Razoabilidade e da Proporcionalidade no Direito Administrativo Brasileiro*. São Paulo: Malheiros, 2006, p. 45.

[96] A respeito da utilização do recurso penal somente quando não houver outro meio suficientemente eficaz, em Portugal, ver DIAS, Jorge de Figueiredo. *Direito Penal. Parte Geral. Questões fundamentais da doutrina geral do crime*. Coimbra: Coimbra Editora, 2004, p. 19; CUNHA, Maria da Conceição Ferreira da. *Constituição e crime. Uma perspectiva da criminalização e da descriminalização*. Porto: Universidade Católica Portuguesa, 1995, p. 127. Na Itália, MARINUCCI, Giorgio; DOLCINI, Emilio. *Manuale di Diritto Penale. Parte Generale*. 2ª ed. Milano: Giuffrè, 2006, p. 8-9. Ainda, sobre as dificuldades do Direito Penal manter-se como *ultima ratio* na atualidade, consultar PRITTWITZ, Cornelius. El Derecho Penal Alemán: fragmentario? subsidiario? ultima ratio? Reflexiones sobre la razón y límites de los principios limitadores del Derecho Penal. *La insostenible situacón del Derecho Penal*. Granada: Universidad Pompeo de Fabra, 2000, p. 427-445; TORRÃO, Fernando. Os novos campos de aplicação do Direito Penal e o paradigma da mínima intervenção (perspectiva pluridisciplinar). *Lieber discipulorum para Jorge de Figueiredo Dias*. Coimbra: Coimbra Editora, 2003, p. 331- 362.

[97] COSTA, José de Faria. *O perigo em Direito Penal*. Coimbra: Coimbra Editora, 1992, p. 310, nota 71.

ao bem e (d) as consequências que a incriminação acarreta na autonomia privada.[98]

Critérios dotados inegavelmente de sentido e valor argumentativo próprios, que teriam sua manifestação em um espaço normativo bipolar, ora pendente para a propriedade da tutela penal, ora referente aos custos restritivos da liberdade inerentes à intervenção. E, assim, ciente de que a controvérsia doutrinária acerca da teoria da dignidade penal tem acarretado a inexistência de mínimo consenso acerca da compreensão, significação, extensão, função e inter-relação dos termos a ela adstritos,[99] esboça-se uma construção sistemática que busque aproximar os conceitos da teoria da legislação penal com uma construção teórica consolidada nos domínios do Direito Público em geral – diga-se – a análise trifásica da proporcionalidade.[100] E, nesse caso, não apenas a sua pontual convocação, como em geral ocorre, quando se fala especificamente do merecimento da tutela penal.

Apesar de se tratar de algo em construção e longe de estar acabado, justificativa não é para o abandono da proposição de melhor compreensão analítica dos momentos de enfrentamento do problema da criminalização de condutas sociais e da sua ponderação com as alternativas negativas à juridicidade, existente em cada um dos estágios. Com isso se pretende enfatizar e conferir outro posicionamento sistemático a critérios próprios da dogmática do Direito Penal e, ao mesmo tempo, reafirmar a importância de seguir um avançar escalonado, incapaz de unificação apenas numa única categoria, ou seja, na ideia de dignidade de tutela penal (*Strafwürdigkeit*). E, aliás, reafirmar a necessidade de superação duma perspectiva bipolar, na qual as categorias seriam radicalmente dissociadas em núcleos, tendo cada um desses a regência segundo uma lógica operatória específica e independente, isto é, enquanto a carência de tutela penal diria respeito a uma racionalidade finalística ou pensada para o cumprimento de finalidades (*Zweckrationalität*), a racionalidade axiológi-

---

[98] NOVAIS, Jorge Reis. *Op. cit.*, p. 90.

[99] ANDRADE, Manuel da Costa. A "dignidade penal" e a "carência de tutela penal" como referências de uma doutrina teleológico-racional do crime. *Revista Portuguesa de Ciência Criminal*. Lisboa: Editorial Aequitas, 1992. a. 2, f. 2, p. 175.

[100] Inegável é a importância da proporcionalidade no estágio atual da doutrina da legislação penal como se percebe, mesmo que de modo não consesual, entre os penalistas. Apenas a título de exemplo, ver TIEDEMANN, Klaus. Constitución y Derecho Penal. *Revista Española de Derecho Constitucional*. Madrid, 1991. a. 11. n. 3, p. 168; ANDRADE, Manuel da Costa. A "dignidade penal" e a "carência de tutela penal" como referências de uma doutrina teleológico-racional do crime. *Revista Portuguesa de Ciência Criminal*. Lisboa: Editorial Aequitas, 1992. a. 2, f. 2, p. 185; COSTA, José de Faria. *Noções fundamentais de direito penal. Frgmenta iuris poenalis. Introdução*. Coimbra: Coimbra editora, 2007, p. 127. A partir da perspectiva do Direito Constitucional, MIRANDA, Jorge. Os direitos fundamentais e o terrorismo: os fins nunca justificam os meios, nem para um lado, nem para outro. *Direito Penal Especial, Processo Penal e Direitos Fundamentais: Visão Luso-brasileira*. São Paulo: Quartier Latin, 2006, p. 177.

ca ou pensada a partir do valor (*Wertrationalität*) guiaria a assunção da dignidade penal.[101]

Se efetivamente é seguida uma concepção do Direito – sobretudo, como um autônomo espaço de ajuizamento acerca da validade dos comportamentos humanos – não é legítimo entregar um dos polos a racionalidade utilitária que "tem o seu fundamento no benefício ou no prejuízo", e o sujeito opta "eu quero porque isto me é útil".[102] É necessário avançar, em todos os momentos de análise, na conjugação dos interesses finais com um juízo ético sobre a conduta a ser proibida, de maneira a recorrer a racionalidade axiológica que encontra "o seu fundamento em princípios ou normas" e o sujeito, portanto, ajuíza "eu quero porque tenho isto por recto, por bem".[103]

Nessa linha, o juízo possibilitado pela estrutura analítica do dever de proporcionalidade[104] – ou, como tem sido reconhecido majoritariamente, princípio da proporcionalidade – permite aprofundar a elucidação da questão. Para evitar uma discussão que demandaria a confrontação de ampla e variada bibliografia especializada contemporânea, utlizar-se-á a denominação de dever de proporcionalidade, tendo em vista que a preocupação, neste momento, é menos de precisamento semântico-metodológico e mais de elucidação prático-problemático oferecida pela aproximação que se segue.

O dever de proporcionalidade é concebido como de observância obrigatória pelo poder público em todas as oportunidades, sobretudo naquelas em que houver uma relação entre meios e fins devidamente

---

[101] OTTO, Haro. *Strafwürdigkeit und Strafbedürftikeit als eingeständige Deliktskategorien?* Schoröder-GS. München: Beck Verlag, 1978, p. 57 apud ANDRADE, Manuel da Costa. A "dignidade penal" e a "carência de tutela penal" como referências de uma doutrina teleológico-racional do crime. *Revista Portuguesa de Ciência Criminal*. Lisboa: Editorial Aequitas, 1992. a. 2, f. 2, p. 176, nota 10.

[102] NEVES, Antonio Castanheira. *Metodologia jurídica. Problemas fundamentais. Studia Iuridica 1.* Coimbra: Coimbra Editora, 1993, p. 38.

[103] Idem, ibidem.

[104] Entendidido por alguns como postulado normativo-aplicativo (sobre postulado ver BOBBIO, Norberto. *Teoria do Ordenamento Jurídico*. 10ª ed. Brasília: Unb, 1999, p. 62) uma vez que a dimensão imediata das regras seria comportamental (descritiva) e a dos princípios, por sua vez, projetiva ou finalística (estado ideal de coisas), os postulados remeteriam a uma concepção metodológica. Tarefa que se desvela na estruturação do procedimento da concretização ou realização do dever de promoção de um fim, razão pela qual preveem modo de argumentação e de raciocínio em relação a normas prescritivas de comportamento (ÁVILA, Humberto. *Teoria dos Princípios: da definição a aplicação dos princípios jurídicos*. São Paulo: Malheiros, 2003, p. 80-82,105-106). Sobre o caráter normativo, Luciano Feldens conceitua como uma metanorma, "entendida como ferramenta hermenêutica incorporada ao processo decisório com aptidão bastante para sindicar uma determinada medida assumida para a consecução de um fim específico" (FELDENS, Luciano. *A Constituição Penal. A dupla face da proporcionalidade no controle de Normas Penais*. Porto Alegre: Livraria do Advogado, 2005, p. 159, nota 252 e p. 160-161, nota 255). De maneira distinta, na doutrina alemã, Robert Alexy sugere a classificação como regra (ALEXY, Robert. *Teoria de los Derechos Fundamentales*. Madrid: Centro de Estudios Constitucionales, 1997, p. 112, nota 84).

estruturada. A eventual imprecisão técnica dos critérios ou o espaço de discricionariedade existente no juízo da proporcionalidade não pode ser justificativa para contentamento com uma aplicação apenas parcial ou, até mesmo, descrédito no instrumental do dever de proporcionalidade. Mesmo nos casos em que ocorre a sua violação, acontece por um modo diferenciado, pois, a rigor, o atacado não seria propriamente a proporcionalidade em si e, sim, as normas comportamentais ou as finalísticas, que deixariam de ser corretamente – ou para usar uma expressão do direito constitucional, dignamente – compreendidas no caso concreto. Em termos de justiça criminal, a efetiva observância da proporcionalidade permite a permanência, por menor que seja, do espaço de conformação do legislador, o que dificulta e enobrece a tarefa do Direito Penal em desenvolver conceitos e critérios capazes de satisfatoriamente orientar o seu juízo.

A proporcionalidade possui estatuto constitucional, integrado, implicitamente, a carta magna dos países cuja diretriz política é o modelo do Estado Democrático de Direito[105] ou, de outro modo, poderia ser dito que é inerente às formações estatais que contemplem a proteção de direitos fundamentais.[106] Se a Constituição de *Weimar* denotava a primazia da legalidade, na ordem atual – na qual o Estado possui a obrigação de tomar medidas positivas de proteção efetiva do exercício dos direitos fundamentais – é a proporcionalidade quem desempenha papel especial na vida jurídica.[107] Em matéria penal, especificamente, sua atuação tem o direcionamento crítico tanto na análise dos crimes já previstos na legislação, quanto na avaliação da legitimidade de eventuais novas criminalizações. Entretanto, não propriamente a fundamentação legal do dever de proporcionalidade, mas sim a sua forma de inteligir o fenômeno jurí-

---

[105] BONAVIDES, Paulo. O Princípio Constitucional da Proporcionalidade e o respeito aos Direitos Fundamentais. *Revista da Faculdade de Direito da Universidade de Belo Horizonte*. Belo Horizonte, 1994. nº 34, p. 281; FELDENS, Luciano. *Op. cit.*, p. 159. nota 252.

[106] Ainda, em atenção à jurisprudência do Tribunal Constitucional alemão, Alexy declara que a máxima da proporcionalidade "resulta no fundo da própria essência dos direitos fundamentais" (ALEXY, Robert. *Teoria de los Derechos Fundamentales*. Madrid: Centro de Estudios Constitucionales, 1997, p. 112). No mesmo sentido de Alexy, no Brasil, SILVA, Virgílio Afonso. O proporcional e o razoável. *Revista dos Tribunais*. São Paulo: Revista dos Tribunais, 2002. v. 798, p. 43-44.

[107] SARLET, Ingo Wolfgang. Constituição e proporcionalidade: o Direito Penal e os Direitos Fundamentais entre proibição de excesso e de insuficiência. *Revista Brasileira de Ciências Criminais*. São Paulo: Revista dos Tribunais, 2004. n. 47. a. 12, p. 93. Merece se destacar a inegável maior receptividade e maior disseminação do princípio da legalidade se comparado ao princípio da proporcionalidade, devido à ausência da límpida narrativa histórica da afirmação jurídica deste (URQIZO OLAECHEA, José. Principio de Proporcionalidad Penal. *La ciencia del Derecho Penal ante el nuevo siglo. Libro en homenaje al profesor doctor Don Jose Cerezo Mir*. Madrid: Editorial Tecnos, 2002, p. 193-210). Sublinha-se, por fim, a expansão do potencial prático do dever de proporcionalidade vivido nos últimos tempos, a exemplo das decisões do Tribunal Europeu de Direitos Humanos e dos Tribunais Constitucionais de países da Europa Continental (FELDENS, Luciano. *Op. cit.*, p. 155).

dico-criminal e as consequências metodológicas que daí advêm seguem, ainda, insuficientemente trabalhadas no campo penal.[108]

O esforço de aproximação do dever de proporcionalidade deverá ocorrer por meio do caminho deixado pelas categorias normativas penais, historicamente constituídas ao longo das décadas, de um lado, e os valores comunitários bem como os interesses político-criminais que ao redor deles orbitam só que orientados, sopesados e harmonizados pelos desdobramentos instrumentais do princípio da proporcionalidade de outro. E não, propriamente, o que significaria o distorcer – ou, até mesmo, em alguns casos, o aniquilar – da proposta de limitação do poder punitivo por meio das categorias dogmáticas penais, que poderia ser provocado pelo preponderar da força discursiva sedutora apresentada pela política-criminal. Fala-se em aproximação dos elementos, e não em superação ou suplantação. Aproximação no sentido de um *topos* ou lugar-comum argumentativo "onde se cruzam finalidades político-criminais; lugares onde se exerce o domínio da configuração jurídico-penal através dos axiomas desenvolvidos pela dogmática; e ainda lugares cujo sentido vivificador provem de um constante apelo crítico aos valores essenciais da comunidade historicamente situada".[109]

A dignidade penal, em vista disso, é compreendida como a última barreira ou ponto de clivagem a ser transposto pelo anseio político-criminal no percurso em busca de positivação, que, anteriormente, deve passar por duas outras etapas de filtragem: merecimento de tutela penal (reconhecimento constitucional para fins penais) e carência ou necessidade de tutela penal.[110] As razões de assim entender são: (a) dignidade penal é uma análise, acima de tudo, do equilíbrio da positivação a ser dada pela legislação ou, em outras palavras, o reconhecimento do grau de dignidade conferido pela lei penal; (b) a dignidade de tutela penal do valor, quando pensada no início do percurso investigativo, parece resultar com a capacidade de rendimento categorial diminuída ou, ao menos, com sentido diverso daquele propiciado uma vez que pensada no último estágio.

---

[108] RUIVO, Marcelo Almeida e BRAGA, Vinicius Gil. O Princípio Constitucional da Proporcionalidade: um instrumento de resistência à expansão do Direito Penal. *Revista Transdisciplinar de Ciências Penitenciárias*. Pelotas: Educat, 2003. v.2. n. 1, p. 179 e ss.

[109] COSTA, José de Faria. A responsabilidade jurídico-penal da empresa e dos seus órgãos (ou uma reflexão sobre a alteridade nas pessoas colectivas, à luz do direito penal). *Direito penal económico e europeu. Textos doutrinários*. Coimbra: Coimbra Editora, 1998. v.1, p. 512.

[110] Em sentido diverso, no Brasil, SOUZA, Paulo Vinicius Sporleder de. *Bem jurídico-penal e engenharia genética humana. Contributo para a compreensão dos bens jurídicos supra-individuais*. São Paulo: Revista dos Tribunais, 2004, p. 137-162 e, em Portugal, a respeito da distinção entre a dignidade penal e a carência de tutela penal, ver ANDRADE, Manuel da Costa. A "dignidade penal" e a "carência de tutela penal" como referências de uma doutrina teleológico-racional do crime. *Revista Portuguesa de Ciência Criminal*. Lisboa: Editorial Aequitas, 1992. a. 2, f. 2, p. 173-205.

Dizer que determinado bem, interesse ou valor possui dignidade para ser tutelado pelo Direito Penal e, depois, faticamente, confirmar que essa hipótese é impensável devido à mais pura e simples desnecessidade de tutela, parece enfraquecer o propósito da primeira avaliação realizada e, acima de tudo, alterar ou diminuir o sentido da própria ideia de dignidade penal.

Menciona a máxima geral da proporcionalidade, em primeiro lugar, o dever de indagar a adequação (aptidão ou idoneidade) do meio para a consecução do fim a que se propõe. Trata-se de uma avaliação na qual não é preciso encontrar a maior aptidão ou melhor adequação possível, bastando a mera suficiência da medida, entretanto, por outro lado, deverá ser considerada inadequada a restrição do direito fundamental, caso *a posteriori* venha a se mostrar absolutamente inidônea para o objetivo proposto.[111] A jurisprudência do Tribunal Constitucional Espanhol refere dois elementos capazes de afastar de plano o início do juízo de proporcionalidade: (a) existência de vedação constitucional de criminalização (limite à lei penal) e (b) inexistência de relevância social (ausência de fonte para a lei penal).[112]

A busca por critérios dogmáticos próprios, especialmente precisos, capazes de delimitar os objetos merecedores de amparo penal faz ser necessário observar a importância social do bem, pois somente merecem a imposição de penas criminais as violações a bens que sejam considerados fundamentais para a vida social.[113] Em uma primeira reflexão axiológica, deve-se avaliar se o interesse político-criminal encontra respaldo num consenso mínimo acerca da intolerabilidade social da conduta – se a conduta apresenta desvalor ético-social – ou se representa a reivindicação de apenas um pequeno grupo. E, somente depois disso, se é encon-

---

[111] OLIVEIRA, José Roberto Pimenta. *Os Princípios da Razoabilidade e da Proporcionalidade no Direito Administrativo Brasileiro*. São Paulo: Malheiros, 2006, p. 51. A título de exemplo a respeito da incidência desse princípio no Direito Penal aproxima-se a controvérsia, vivida em alguns países ocidentais, a respeito da adequação da medida criminalizadora da interrupção da gravidez como elemento dissuasório a sua prática. Assim, na Itália, MARINUCCI, Giorgio; DOLCINI, Emilio. *Manuale di Diritto Penale. Parte Generale*. 2ª ed. Milano: Giuffrè, 2006, p. 8; Em Portugal, antes mesmo do plebiscito em que se decidiu pela descriminalização do aborto, DIAS, Jorge de Figueiredo. *Direito Penal. Parte Geral. Questões Fundamentais da Doutrina Geral do Crime*. Coimbra: Coimbra Editora, 2004, p. 123-124.

[112] Nesse sentido, Luciano Feldens refere às sentenças STC 111/93, F.J. 9; STC 55/96, F.J. 7 (FELDENS, Luciano. *A Constituição Penal. A dupla face da proporcionalidade no controle de Normas Penais*. Porto Alegre: Livraria do Advogado, 2005, p. 166).

[113] Alocando tal análise na dignidade de tutela penal, ver ANDRADE, Manuel da Costa. A "dignidade penal" e a "carência de tutela penal" como referências de uma doutrina teleológico-racional do crime. *Revista Portuguesa de Ciência Criminal*. Lisboa: Editorial Aequitas, 1992. a. 2, f.2., p. 175-178 e 184-185, no Brasil, SOUZA, Paulo Vinicius Sporleder de. *Bem jurídico-penal e engenharia genética humana. Contributo para a compreensão dos bens jurídicos supra-individuais*. São Paulo: Revista dos Tribunais, 2004, p. 141-142 e, na Espanha, MIR PUIG, Santiago. *El Derecho Penal en el Estado Social y Democratico de Derecho*. Barcelona: Ariel, 1994, p. 162.

trado respaldo na Constituição, uma vez que para o reconhecimento da fundamentalidade de determinado bem, a previsão constitucional representa um indicativo indispensável para a afirmação da necessidade de proteção, mas não definitivo. Além disso, é necessário averiguar empiricamente o mínimo de afetação do bem pela conduta a que se pretende criminalizar.[114]

Embora as categorias penais relativas à teoria da dignidade penal não possam ser vistas como portadoras de limites estanques e sem qualquer inter-relacionamento, ou, até mesmo, – em relação à alocação sistemática indicativa de uma metodologia de enfrentamento escalonada – como relação de pressuposição, é importante perceber a distinção entre merecer tutela penal ("merecimento de pena")[115] e carecer ou necessitar de tutela penal. Dizer que o valor é merecedor de tutela penal diz algo a respeito da sua condição de reconhecimento constitucional para fins penais, caso essa intervenção venha eventualmente ser necessária, e nada a respeito do real carecimento de tutela penal. Nem todo aquele que é merecedor de algo necessita disso ou tem isso como necessário. E é por isso que o merecimento de tutela penal não torna a criminalização como uma consequência impositiva ou imperiosa, pelo contrário, dever-se-á proceder o segundo momento da avaliação.

Indaga-se, inicialmente: (1) se a criminalização de condutas atentatórias aos valores ou interesses econômico-sociais relacionados ao Sistema Financeiro Nacional apresentariam um mínimo de consenso a respeito da sua relevância social; (2) se não haveria vedação constitucional a criminalização da conduta ou, ainda adiante, se os bens apresentariam relevância constitucional para fins penais a ponto de torná-los merecedores de tutela; (3) se a intervenção do direito penal seria adequada para a tutela do bem jurídico.

A resposta em atenção às perguntas pode ser dada de forma positiva. Se a situação é bem vista, tudo leva a crer que a imprescindibilidade das finanças para a economia contemporânea, assim como para eficácia operatória de um grupo de direitos fundamentais, indubitavelmente conexos à dignidade da pessoa humana são indicadores da relevância social de alguns interesses componentes da complexa realidade do Sistema Financeiro Nacional.[116]Apesar de não existir mandato expresso de crimi-

---

[114] TIEDEMANN, Klaus. Constitución y Derecho Penal. *Revista Española de Derecho Constitucional*. Madrid, 1991. a. 11. n. 3, p. 167-168; MIR PUIG, Santiago. *Op. cit.*, p. 163-164.

[115] COSTA, José de Faria. *Noções fundamentais de direito penal. Fragmenta iuris poenalis. Introdução*. 2ª ed. Coimbra: Coimbra Editora, 2009, p. 182.

[116] Marinucci e Dolcini destacam amplitude com que se propagam as consequências desastrosas dos crimes financeiros, tendo em vista que os seus limites ultrapassam a realidade financeira, atingindo a indústria, comércio, consumo e trabalho (MARINUCCI, Giorgio; DOLCINI, Emilio. Derecho Penal

nalização, deve-se notar que também não há – e isso não é irrelevante – impedimento à criminalização das condutas, de modo que determinados valores, ainda quando não ordenados de forma ostensiva, possuem ressonância constitucional.[117] Ademais, o estudo dirigido aos desdobramentos da previsão constitucional do sistema financeiro permite constatar tranquilamente a existência de ressonância constitucional no art. 192 da Constituição Federal. A identificação de quais são os interesses tidos como invulgares, bem como qual deverá ser o apropriado tratamento dogmático a esses dispensado, será objeto de minuciosa ocupação nos próximos capítulos. Todavia, não existe dúvida a respeito das condições do Direito Penal – como disciplina prático-normativa capaz de intervir e alterar a realidade – apropriadamente proteger os valores do sistema financeiro do ataque de condutas sociais ofensivas ou, em outras palavras, a criminalização seria meio juridicamente adequado para a tutela dos valores.

Transposto o primeiro momento analítico com uma resposta positiva, tem-se autorização para seguir ao segundo passo do juízo da proporcionalidade. É a vez de estudar a necessidade, indispensabilidade ou exigibilidade[118] do recurso a ser empregado perante um universo de alternativas, à primeira vista, também adequadas. Segundo os critérios ofertados pelo método, "a intervenção penal (medida) será necessária se tal finalidade protetiva (fim)" não tiver outra forma de ser "conquistada, com a mesma eficácia, recorrendo-se a uma medida alternativa menos restritiva (sanção civil ou administrativa)".[119]

Para tanto, relembrando a lição segundo a qual a identificação do valor a ser tutelado penalmente "não resolve nem de perto nem de longe os problemas da legitimidade da sua concreta protecção a nível legal",[120] é aqui que deve ser analisada especificamente qual seria a necessidade de tutela penal do valor, então, se pergunta: a adequação do meio de intervenção estaria, neste caso, acompanhada da necessidade ao recurso penal,

---

"mínimo" y nuevas formas de criminalidad. *Revista de Derecho Penal y Criminologia*. Madrid: Marcial Pons, 2002. n. 9, p. 161).

[117] A inexistência de referência expressa de "alguns bens na Carta Constitucional não reflecte necessariamente na sua desclassificação na escala de valores" (DOLCINI, Emilio; MARINUCCI, Giorgio. Constituição e escolha dos bens jurídicos. *Revista Portuguesa de Ciência Criminal*. Coimbra: Coimbra Editora, 1994. a. 4. fasc. 2, p. 168 e ss).

[118] CANOTILHO, José Gomes; MOREIRA, Vital. *Constituição da república portuguesa anotada*. Coimbra: Coimbra Editora, 2004. v. I p. 392.

[119] FELDENS, Luciano. *A Constituição Penal. A dupla face da proporcionalidade no controle de Normas Penais*. Porto Alegre: Livraria do Advogado, 2005, p. 163. Em Portugal, CANOTILHO, José Joaquim Gomes. Teoria da legislação geral e teoria da legislação penal. *Boletim da Faculdade de Direito de Coimbra*. Coimbra: Coimbra Editora, 1984, p. 853.

[120] COSTA, José de Faria. *O perigo em Direito Penal*. Coimbra: Coimbra Editora, 1992. p. 217.

em razão de não haver outro meio extrapenal igualmente adequado para a proteção de significativos bens econômico-sociais relacionados ao Sistema Financeiro Nacional? E, mais, se reconhecendo as virtudes categoriais próprias à disciplina do Direito Penal – especificamente, os conceitos de necessidade ou de carência de tutela penal – no desenvolvimento compreensivo da questão, examina-se se o merecimento de tutela penal (reconhecimento socioconstitucional para fins penais) estaria acompanhado, cumulativamente, da reivindicação da necessidade ou carência de tutela penal na hipótese em questão?

A argumentação dos analistas econômicos, destacadamente liberais, expostas no primeiro capítulo, sobre a imprescindibilidade da instrumentalização de uma enérgica e percuciente forma de proteção jurídica do mercado financeiro diz muito sobre a questão. E com isso se tem uma resposta afirmativa a respeito das indagações formuladas. Não há como deixar de reconhecer o respaldo científico demonstrado pela concepção político-criminal, a qual reconhece e destaca a carência de tutela penal de alguns valores do sistema financeiro. É o que se percebe ao identificar pontos de confluência de elementos extrajurídicos – valores transistemáticos de reconhecida importância estratégica para o mundo econômico-financeiro na globalização – e jurídicos – a axiologia constitucional – a indicar o significativo desvalor ético de algumas condutas e, ainda, a insuficiência de sanções extrapenais em lhes evitar.

Compreende-se, numa análise pormenorizada, a necessidade do recurso penal, em razão da singularidade ética que o seu instrumental concretiza e, por consequência, desempenhada na ordem jurídico-constitucional republicana, ou seja, a arquitetura do ilícito criminal permite, com maior propriedade, dar conformação ao sentido de desvalor da conduta social. O ganho qualitativo de tutela é tido como algo próprio aos instrumentos de restrição de direitos fundamentais que somente o Direito Penal possui legitimidade para fazer uso. A intervenção penal traz um indubitável reforço na afirmação axiológica e na proteção jurídica desse campo econômico, o que, por certo, não é obtido com a mesma propriedade se mantido ao encargo apenas de meios extrapenais. E com isso nem se está de acordo com uma visão estritamente eficientista do Direito Penal, nem quer dizer que o Direito Penal esteja livre de qualquer comprometimento com os parâmetros mínimos de eficiência.[121] Comprometimento que não deve se transformar na submissão ou absoluta redução intencional – por mais bem motivadas que sejam as finalidades protetivas – dessa área da juridicidade aos ditames de uma lógica unicamente utilitária.

---

[121] Sobre a inefetividade de normas penais meramente simbólicas, ver PALIERO, Carlo Enrico. Il principio di effettività del diritto penale. *Estrato dalla rivista italiana di diritto e procedura penale*. Milano: Giuffrè, 1990. fasc. 2, p. 537-540.

Tal forma de ver as coisas, não significa uma autorização ou justificativa para que o Direito Penal atue de maneira ampla e irrestrita no campo financeiro. Muito pelo contrário. Considerando a sua condição de *ultima ratio legis* – que, por sua vez, se desdobra em rígidas exigências dogmáticas para a criminalização de condutas –, a identidade, a legitimidade, a coerência penal dependem da existência cumulativa de merecimento e carência ou necessidade de tutela penal. Também daí não decorre que outras formas de tutela jurídica, a exemplo dos ilícitos administrativos financeiros, de natureza, eminentemente, promocional ou pedagógica, necessariamente apresentem "irrelevância em termos de desvalor ético-social", apenas devem "advir de um espaço de regulamentação não penal, nomeadamente, do direito administrativo sancionador".[122] É, sobretudo, em razão disso que a constatação da necessidade de intervenção penal para eficácia das regulamentações administrativas ou de outras áreas do direito não pode bastar. É o que a experiência histórica tem demonstrado que, não raras vezes, se invoca política e juridicamente determinados conceitos amplos e pouco determinados – a exemplo de "ordem pública" e, hoje, com alguma semelhança, a ideia de "bem-estar" – para a restrição de liberdades públicas.[123]

A ordem pública ou privada financeira não representa um valor em si mesmo a ser protegido, tem relevância jurídica no estrito limite que possibilita e garante a existência e persistência de algum valor. Algo muito aproximado pode se dizer em relação ao "bem-estar financeiro social", capaz de concretização e exemplificação em valores comunitários a serem reconhecidos e tutelados pelo Direito Penal, mas, todavia, incapaz de justificação *per se* da imediata restrição ou sacrifício de liberdades públicas e econômicas. É preciso encontrar – assim como se exige da totalidade do Direito Penal – elementos materiais capazes de fundar e legitimar a adoção da tutela penal nesse espaço social.[124] Critérios materiais, na ordem do bem jurídico-penal e da ofensividade ao bem jurídico-penal, capazes

---

[122] D'AVILA, Fabio Roberto. Direito Penal e Direito Sancionador. Sobre a identidade do Direito Penal em tempos de indiferença. *Revista Brasileira de Ciências Criminais*. São Paulo: Revista dos Tribunais, 2006. n. 60, p. 33. Nesse entender, para Fabio D'Avila "meros interesses administrativos insuscetíveis de caracterizar um bem jurídico-penal estariam, de pronto, e por estas mesmas razões, totalmente excluídos da possibilidade de constituir substrato suficiente para o surgimento de uma qualquer incriminação" (*Idem, ibidem*).

[123] MIRANDA, Jorge. Os direitos fundamentais e o terrorismo: os fins nunca justificam os meios, nem para um lado, nem para outro. *Direito Penal Especial, Processo Penal e Direitos Fundamentais: Visão Luso-brasileira*. São Paulo: Quartier Latin, 2006, p. 177.

[124] Argumento semelhante concebendo os mesmos limites normativos para a legítima fundamentação da ampliação da responsabilidade penal para a pessoa jurídica foi desenvolvido por COSTA, José de Faria. A responsabilidade jurídico-penal da empresa e dos seus órgãos (ou uma reflexão sobre a alteridade nas pessoas colectivas, à luz do direito penal). *Direito penal econômico e europeu. Textos doutrinários*. Coimbra: Coimbra Editora, 1998. v.1, p. 507-509.

de distinguir as demarcações situadas no terreno limítrofe entre o Direito Administrativo Sancionador e o Direito Penal são a garantia de manutenção do acento distintivo de caráter ético que orbita em torno do conceito de crime.[125]

Seguindo na exposição, se o transcurso, até aqui percorrido, foi realizado por caminhos de maior segurança, é chegado um ponto derradeiro e nevrálgico, no qual as considerações de abertura do tópico agregam outra importância à causa. Afirma-se que, se em relação à adequação e à necessidade trabalhar-se-ia com juízos de otimização de possibilidades fáticas, no terceiro nível de avaliação da proporcionalidade, seria a vez de se atentar a possibilidade de otimização de soluções, primeiramente, jurídicas.[126] Soluções jurídicas ou soluções de efeitos e influências jurídicos que devido a sua própria razão de ser não podem ser vistas como abstratas e sem qualquer aptidão a produzir efeitos concretos na realidade da vida social.

É por isso que, em razão da coerência com a linha mantida neste estudo, não se pode concordar com a ideia de um plano de avaliação de elementos puramente jurídico-teóricos, uma vez que é por meio de um procedimento prático-aplicativo do Direito que a juridicidade apresenta-se como recorte ou parcela da realidade axiológica social. Pois se a questão, de fato, consiste no uso ou a intervenção do aparato jurídico na realidade social para a obtenção de determinado efeito ou o reconhecimento e preservação de determinada condição reconhecida previamente pelo Direito, tal juízo nunca pode deixar de mesclar uma lógica analítica finalística com uma reflexão axiológica que opera por meio do ajuizamento sobre valores.

E, portanto, a própria utilização da ideia de otimização do pensamento econômico de Vilfredo Pareto convocado por Alexy[127] deve ser vista com reservas. Para Pareto, a transformação eficiente seria aquela ocorrida quando um dado estado de coisas fosse alterado para um estado de coisa superior, no qual além de nenhum indivíduo ficar pior do que antes, se perceberia a melhora, ao menos, de um dos indivíduos, tendo como referência a concepção de bem-estar de Pareto.

A avaliação deste estado de coisas superior e do cálculo operacional a partir do critério de Pareto suscita uma série de dificuldades que vie-

---

[125] Idem, p. 27 e ss.

[126] ALEXY, Robert. *Teoria de los Derechos Fundamentales*. Madrid: Centro de Estudios Constitucionales, 1997, p. 113.

[127] Origem que não deixa de ser reconhecida pelos seguidores de Alexy, assim, por exemplo, em SILVA, Virgílio Afonso. O proporcional e o razoável. *Revista dos Tribunais*. São Paulo: Revista dos Tribunais, 2002. v. 798, p. 38, n. 56.

ram a ser objeto de tentativas de superação pelos critérios "compensação potencial", de Nicholas Kaldon e John Hicks, e de "maximização da riqueza", de Richard Posner.[128] Todas elas apresentam em comum uma perspectiva que extrapola a mera reflexão sobre as ligações entre o Direito e a Economia ou sobre a intervenção do Direito na economia, vão mais longe ao ponto de pensar a orientação do Direito a partir da economia. E, portanto, algumas oposições quanto aos fundamentos merecem nota:[129] (a) a assunção do princípio da utilidade social, a ocupar o lugar reservado ao princípio da justiça, com todos os problemas relacionados à satisfação dos intervenientes que a concepção de utilidade historicamente encerra; (b) a enunciação do *cost-benefit-analysis* como critério último para a resolução de todos os problemas jurídicos em perspectiva econômica; (c) a pressuposição de uma particular e reduzida concepção antropológica consumada no idealisticamente racional *homos economicus* e, por fim, sobretudo; (d) a proposição de um Direito axiologicamente enfraquecido, entendido e pretendido apenas como uma técnica regulatória, instrumental, institucional, não judicativa, e sim, decisória de vazão da funcionalidade do mais eficaz economicamente.

A afirmação de que na colisão de dois ou mais direitos – e o mesmo se acredita que seja aplicável na colisão de valores – "a realização de cada um deles depende do grau de realização dos demais e o sopesamento entre eles busca atingir um grau ótimo de realização para todos"[130] não está isento de significativas dúvidas em Direito Penal. No ponto específico da feitura da lei penal, se o critério do ótimo de Pareto tivesse perfeita adequação para a leitura dos fatos, chegar-se-ia à insustentável contrassenso na medida que a criminalização da conduta obrigatoriamente, além de trazer o reforço de tutela para o bem de titularidade de algum indivíduo (o que é provável de acontecer), também paradoxalmente – no sentido diametralmente oposto ao pretendido pela lei –, não poderia restringir a liberdade dos eventuais praticantes da conduta que se tornou proibida (o que é, portanto, impossível de acontecer).

Esse terceiro elemento da proporcionalidade denomina-se juízo de proporcionalidade em sentido estrito[131] ou a "justa medida",[132] a "compa-

---

[128] NEVES, Antonio Castanheira, *Apontamentos complementares de teoria do direito. Sumários e textos*, Coimbra: policopiado, [s.d], p. 17.

[129] Idem, p. 19-21.

[130] SILVA, Virgílio Afonso. O proporcional e o razoável. *Revista dos Tribunais*. São Paulo: Revista dos Tribunais, 2002. v. 798, p. 44.

[131] Para parte da doutrina, v.g. Heinrich Scholler, a proporcionalidade em sentido estrito seria sinônimo de razoabilidade, assim como consistiria em um critério de menor importância em relação aos dois níveis anteriores (SCHOLLER, Heinrich. O Princípio da Proporcionalidade no Direito Constitucional e Administrativo da Alemanha. *Revista da Ajuris*. Porto Alegre: Revista da Ajuris, 1999, p. 276). Em sentido contrário, detalhadamente, mostrando a diferença do sentido de razoabilidade do

ração"[133], a "ponderação ou sopesamento" entre "a intensidade da restrição ao direito fundamental atingido e a importância da realização do direito fundamental que com ele colide e que fundamenta a adoção da medida restritiva".[134] Poder-se-ia expressar ainda de outra forma, talvez, mais próxima e apropriada ao Direito Penal, segundo a qual seria exigido o equilíbrio "entre os valores que se restringem e os valores que se protegem".[135]

E, quiçá, não, propriamente, apenas a justa medida entre o ilícito penal e a pena criminal – tanto na forma dos princípios da determinabilidade da moldura penal abstrata do ilícito-típico, quanto da "perequação" da moldura do tipo legal em relação as outras molduras penais do ordenamento[136] – aplicada como consequência da violação do mandamento, uma vez que a análise, em termos da dogmática jurídico-penal, não se exaure na "justa medida dos meios (penais) e dos fins (penas)".[137] O ponto em discussão é se a intervenção penal no direito à liberdade é medida razoável ao fim que se pretende obter com a tutela do valor. Além do mais, se a finalidade da criminalização viesse a ser unicamente a aplicação da pena criminal, ter-se-ia uma mudança na orientação, na conformação e fundamentação do ordenamento penal, sendo, então, a partir disso, não mais voltado à proteção do valor digno de tutela, mas sim apenas à aplicação da pena. E isso, em termos de fundamento e metodologia do Direito Penal, poderia implicar a construção de um sistema autolegitimado, no qual a intervenção penal (meio) se justificaria pela realização da própria finalidade de aplicação da pena.

---

direito inglês e a proporcionalidade do direito alemão, ver SILVA, Virgílio Afonso. *O proporcional e o razoável*. Revista dos Tribunais. São Paulo: Revista dos Tribunais, 2002. v. 798, p. 29-30.

[132] CANOTILHO, José Joaquim Gomes. *Direito Constitucional e Teoria da Constituição*. 4ª ed. Coimbra: Almedina, 2000, p. 269; CANOTILHO, José Joaquim Gomes; MOREIRA, Vital. *Constituição da República Portuguesa Anotada*. Coimbra: Coimbra Editora, 2004. v. I p. 393 e ss.

[133] ÁVILA, Humberto. *Teoria dos Princípios: da definição a aplicação dos princípios jurídicos*. São Paulo: Malheiros, 2003, p. 116.

[134] SILVA, Virgílio Afonso. *Op. cit.*, p. 40.

[135] DIAS, Augusto Silva. De que direito penal precisamos nós europeus? Um olhar sobre algumas propostas recentes de constituição de um direito penal comunitário. *Direito Penal Especial, Processo Penal e Direitos Fundamentais: Visão Luso-brasileira*. São Paulo: Quartier Latin, 2006, p. 345.

[136] Sobre a Teoria da Perequação que impede a construção de tipos penais prevendo penas em abstrato, mínimas e máximas, em desproporção aos outros crimes com semelhantes desvalor da conduta e do resultado, ver COSTA, José de Faria. *Direito Penal Especial. Contributo a uma sistematização dos problemas "especiais" da parte especial*. Coimbra: Coimbra editora, 2007, p. 58.

[137] Em sentido contrário, CANOTILHO, José Joaquim Gomes. Teoria da legislação geral e teoria da legislação penal. *Boletim da Faculdade de Direito de Coimbra*. Coimbra: Coimbra Editora, 1984, p. 855.

No terceiro nível de avaliação, para que determinada pretensão criminalizadora seja rechaçada não se faz necessário que acarrete a "não realização de um direito fundamental", também não precisará que seja atingido o seu chamado "núcleo essencial", basta que as razões motivadoras da criminalização não tenham peso axiológico suficiente para justificar a restrição implementada pela norma criminal.[138] E, assim, somente nos casos em que as conquistas obtidas com a técnica de proteção tenham, ao menos, equivalência em relação aos custos imanentes à abstrata previsão de pena, o legislador deve renunciar à previsão penal.[139] Salienta-se de qualquer modo que o resultado a ser procurado, independente do que se obtenha, é reconhecidamente provisório, uma vez que para a atenção completa ao dever de proporcionalidade em sentido estrito se faz necessário não só a identificação do valor e o reconhecimento das suas qualidades jurídicas, mas também a adequação da técnica por meio da qual lhe foi oferecida a tutela penal.

Aos poucos, ganha maior nitidez a composição do juízo de dignidade penal, já anunciada, como composta por elementos mediatizadores de uma análise finalística e, sobretudo, também de uma reflexão valorativa. O valor só pode apresentar dignidade de tutela pelo Direito Penal se, cumulativamente, merecedor de tutela penal e carecedor ou necessitado de tutela penal e, por fim, se protegido de forma equilibrada ou, em outras palavras, de forma digna. Não que se afirme ser uma categoria abrangente que absorva e sintetize as duas anteriores, muito pelo contrário, apenas se destaca que o procedimento metodológico pelo qual se desenvolve a avaliação da dignidade penal são pressupostas as outras duas.

A ideia de dignidade penal leva em consideração, ao contrário de outras concepções que têm seu ponto máximo convergindo fundamentalmente na avaliação da relevância constitucional do anseio social de tutela, o Direito Penal positivo e as históricas categorias estruturais do ordenamento penal. Dignidade penal é a perfeita coerência entre a técnica de tutela (*Schutztechnik*) oferecida a um valor no exato *quantum* por ele necessitado e em perfeita observância aos limites, fundamentos e princípios conformadores do Direito Penal. Se há interesse legislativo na criminalização de determinada conduta não poderá nem ocorrer em um patamar insuficiente que não reconheça juridicamente a dignidade penal do bem (*proteção insuficiente*), nem de maneira excessiva para além das suas ne-

---

[138] SILVA, Virgílio Afonso. O proporcional e o razoável. *Revista dos Tribunais*. São Paulo: Revista dos Tribunais, 2002. v. 798, p. 41.

[139] MARINUCCI, Giorgio; DOLCINI, Emilio. *Manuale di Diritto Penale. Parte Generale*. 2ª ed. Milano: Giuffrè, 2006, p. 7-8.

cessidades de tutela (*proteção em excesso*), o que representaria uma restrição injustificada e desarazoada[140] do direito fundamental à liberdade.

Portanto se encaminha a última parte da análise. O valor a ser tutelado e a finalidade político-criminal da tutela – esta última, até então com importância secundária e referencial, aumenta seu fôlego – compõem o patamar de ponderabilidade com os direitos fundamentais ameaçados de restrição.[141] Assim se indaga: (a) seria a importância de realização do fim justificativa suficiente para a restrição de direitos fundamentais em decorrência do meio escolhido? (b) Existiria proporção da tutela penal do valor e a restrição imposta pela lei penal? (c) Ou ainda, mais específico ao Direito Penal, o valor a ser protegido é digno de tutela pelo Direito Penal a ponto da intensa restrição ao direito de liberdade?

No âmbito do Sistema Financeiro Nacional, é lembrada a complexa forma de proteção do direito à livre-iniciativa, na qual a efetiva garantia do valor reclama a existência de condições de pleno exercício no mundo dos fatos. O âmbito de proteção, como demonstrado, não pode ser demasiadamente amplo, de maneira a comprometer o próprio fim que se pretende atingir.[142] Caso contrário, a ordem jurídica desempenharia um papel meramente declaratório do direito fundamental positivado que, contudo, em razão da pesada restrição não existiria materialmente. Portanto, o olhar deve atingir dimensões mais amplas, de modo a perceber, por um lado, a imprescindibilidade da tutela para assegurar a existência concreta da liberdade de ação e, por outro, a exigência da menor restrição possível do direito de liberdade, reservada apenas para quando as condutas ofensivas são realmente intoleráveis. Ou seja, o *locus* efetivamente legítimo para a intervenção penal é a *via di mezzo*.

O espaço de análise, para tanto, deve abranger desde o interesse protegido pelo Direito Penal à reprimenda prevista a título de pena e, principalmente, a forma como o ilícito está redigido no tipo legal de crime. O cuidado com a atividade legislativa das diretrizes configuratórias da técnica de tutela no ilícito-típico é imprescindível na avaliação das vantagens e das desvantagens. Nesse pensar, o afastamento contemporâneo

---

[140] MIRANDA, Jorge. Os direitos fundamentais e o terrorismo: os fins nunca justificam os meios, nem para um lado, nem para outro. *Direito Penal Especial, Processo Penal e Direitos Fundamentais: Visão Luso-brasileira*. São Paulo: Quartier Latin, 2006, p. 171-185.

[141] FELDENS, Luciano. *A Constituição Penal. A dupla face da proporcionalidade no controle de Normas Penais*. Porto Alegre: Livraria do Advogado, 2005, p. 166.

[142] Nesse sentido, bastante expressivo "a liberdade, enquanto valor constitucional fundamental, somente pode ser restringida quando o seu exercício implicar a ofensa de outro bem em harmonia com a ordem axiológico-constitucional" (D'AVILA, Fabio Roberto. Direito Penal e Direito Sancionador. Sobre a identidade do Direito Penal em tempos de indiferença. *Revista Brasileira de Ciências Criminais*. São Paulo: Revista dos Tribunais, 2006. n° 60, p. 26). No mesmo sentido, MARINUCCI, Giorgio; DOLCINI, Emilio. *Manuale di Diritto Penale. Parte Generale*. 2ª ed. Milano: Giuffrè, 2006, p. 6-7.

da produção legislativa dos parâmetros científico-penais, parece intensificar, no terceiro passo, grande parte dos problemas atinentes ao juízo da proporcionalidade.

Renova-se que este ponto restará intencionalmente inconcluso, devido à opção metodológica de esmiuçar a avaliação do âmbito proibitivo legítimo constitucionalmente nos tópicos seguintes. De qualquer modo, o fato do argumento não ser terminante não invalida os resultados obtidos, mas tão somente delimita e circunscreve os seus efeitos. Pois é somente na leitura dogmática do âmbito legítimo de repercussão do ilícito-típico que a valoração ganha concretude e chega a sua plenitude. E isso quer dizer, em outras palavras, que a definitiva avaliação da extensão e da legitimidade do âmbito de restrição dos direitos fundamentais em razão da tutela penal unicamente pode ser feita após o esclarecimento das diretrizes orientadoras do círculo de compreensão normativa. A constatação da superioridade entre os fins obtidos em relação às desvantagens do meio adotado somente se concretiza num processo hermenêutico-aplicativo.[143] Tentar antecipar uma forçosa resposta definitiva, antes mesmo, da delimitação em termos normativos categoriais, poderia acarretar interpretações desproporcionais em sentido estrito quando visualizadas nas hipóteses em concreto, principalmente, em casos como o tipo penal em estudo cuja amplitude da redação legal é significativa.

2.3. Aproximações de caráter metodológico sobre a inter-relação da Constituição com o Direito Penal

A inter-relação entre as ordens fragmentárias do Direito Penal e do Direito Constitucional,[144] aqui levada adiante, suscita alguns problemas na delimitação dos espaços legitimamente ocupados por cada uma delas no ordenamento jurídico, o que exige soluções que passem pela teoria da

---

[143] Ainda, em relação à filosofia do direito, Castanheira Neves desenvolve a ideia de "explicitação constituinte do próprio direito" sobre isso ver NEVES, Antonio Castanheira. O papel do jurista no nosso tempo. *Digesta. Escritos acerca do direito, do pensamento jurídico, da sua metodologia e outros.* Coimbra: Coimbra Editora, 1995. v. 1, p. 43 e ss.

[144] Temática jurídico-penal que não é propriamente recente, nem se deve ao movimento de afirmação dos direitos fundamentais após a Segunda Guerra Mundial. Há pelo menos um século, a doutrina atentava ao fato de que os "princípios fundamentaes do Codigo penal já se acham, em substancia, firmados pela Constituição de 24 de Fevereiro de 1891, de onde, sem alteração, se transportam para o direito penal" (LISZT, Franz von. *O Brazil na legislação penal comparada. Direito criminal dos estados extra-europeus.* Trad. Jorge Vieira de Araújo e Clovis Bevilaqua. Rio de Janeiro: Imprensa Nacional, 1911, p. 44). Sobre a contemporânea intencionalidade fragmentaridade das duas ordens ver COSTA, José de Faria. O direito, a fragmentaridade e o nosso tempo. *Linhas de direito penal e de filosofia. Alguns cruzamentos reflexivos.* Coimbra: Coimbra Editora, 2005, p. 22.

legislação geral[145] e, porque não, especificamente, pela teoria da legislação penal. É a vez de colocar-se questões de caráter metodológico. Qual seria a verdadeira relação da Constituição com o Direito Penal, uma superioridade hierárquica imponente de unidade ordenamental e destruidora de peculiaridades disciplinares? Poderia ser descrito como uma absoluta permeação ou sobreposição, possível de confundir, à primeira vista, quais os limites entre ambos? Ou, por outro lado, a ciência do Direito Penal seria capaz de oferecer categorias – recepcionadas pelo corpo constitucional – delimitadoras das pretensões do legislador originário? E o mais apropriado então consistiria na descrição de uma relação de mútua implicação, em que as duas disciplinas jurídicas guardariam pontos de contato numa unidade de sentido.

Em tempos de, praticamente unânime, defesa da maciça constitucionalização de todo e qualquer ramo do Direito, é oportuno dedicar atenção ao estudo do tema. A procura de elementos materiais[146] de conexão entre os dois ordenamentos, que, independente da resposta a ser obtida, marca intencionalmente a concepção desenvolvida neste trabalho. O interrogar proposto tem como objetivo alcançar o conteúdo material, contido na norma, imprescindível para a justa e correta solução do caso concreto, entendido como problema jurídico. Se os aflorações da normatividade jurídica, com expressão no direito positivo, facilitam o questionar sobre as formas de conexões, jamais essa aparência de dominância pode assumir posição asfixiante em relação ao sentido global do que está subentendido na norma.[147]

E assim, segue a reflexão acerca das propriedades de um "Direito Penal constitucionalizado" ou, ainda, "Direito Constitucional concretizado",[148] em que a ciência do Direito Penal seria mero instrumento de veiculação do – pronto e acabado – plano constitucional. Plano que poderia ter a sua estruturação fundamental a partir de uma principiologia consti-

---

[145] A Ciência da legislação caso atentar a experiência e realidade social não necessariamente precisa ser entregue a uma perspectiva científico social e "política do direito" que, ao procurar superar a dogmática clássica de mera aplicação do direito posto, acaba por se afastar de uma perspectiva jurídico-filosófica preocupada com a justiça. A realização do direito – se fundada na máxima *juris nomen a justitia descendit* – não pode ser dominada pela pragmática razão instrumental que, ao fim, acaba por substituir a busca do direito justo por meio da "legística" pelo projeto do "direito planificador" por meio da "regulática". Concebendo de outro modo, a partir duma tendente oposição entre as duas perspectivas, ver CANOTILHO, José Joaquim Gomes. Os impulsos modernos para uma teoria da legislação. *Legislação.Cadernos de ciência da legislação*. Oeiras, 2001. n.1, p. 10-12.

[146] Contemporaneamente, não há dúvida doutrinária de que nem as relações jurídico-metodológicas, nem apuração do sentido das categorias dogmáticas devem ter como limite compreensivo as questões de estrita formalidade, sobre isso BRONZE, Fernando José. *Lições de Introdução ao Direito*. 2ª ed. Coimbra, Coimbra Editora, 2006, p. 674 e ss.

[147] COSTA, José de Faria. *O perigo em Direito Penal*. Coimbra: Coimbra Editora, 1992, p. 218-219.

[148] Idem, p. 219-220, nota 31.

tucional da qual decorreria uma orientação política a ser seguida por todo ordenamento, como especificação e concretização dos enunciados ali projetados.[149] A capacidade impositiva e regulatória permaneceriam constante e independente da concepção axiológica que lhe conferisse densidade material.

Tal visão das coisas tende a conceber o Direito Penal funcionalizado, reduzido apenas a sua aptidão sancionatória, o que implica uma inevitável mudança do centro gravitacional do Direito Penal – do desvalor jurídico-social configurado no ilícito para as consequências penais decorrentes da realização do crime –, e, portanto, acaba por arruinar o seu principal empreendimento, a proteção da segurança no espaço da vida comunitária.

A ideia de segurança que, inicialmente, fora entendida como sendo apenas do imputado (*Magna Carta* do delinquente),[150] em um momento posterior, ganhou contornos mais amplos "proteção das oportunidades de participação dos cidadãos" (*Magna Carta* de todos os cidadãos).[151] E, hoje, por sua vez, com inspiração na alegoria do cuidado de Heidegger, entende-se como relação de cuidado com o todo social (ser-com-os-outros), cuidado-meu-para-com-os-outros e cuidado-dos-outros-para-comigo.[152] Ademais, não se encontram justificativas suficientes para a substituição da histórica e profícua posição de centralidade do ilícito no ordenamento jurídico-penal pela sanção criminal.[153] Inevitavelmente, a mudança do critério de orientação e aglutinação do Direito Penal acaba tendo como consequência a alteração na forma de conceber as garantias. Consiste no abandono da concepção das garantias enquanto expressão delimitadora dos âmbitos e das hipóteses legítimas de restrição da liberdade individual, para adoção de uma visão funcional, na qual seria delimitada ape-

---

[149] Nesse sentido, refere Donini uma determinada doutrina penal italiana, ver DONINI, Massimo. La relación entre derecho penal y politica: método democrático y método científico. *Crítica y justificación del derecho penal en cambio del siglo. El análisis crítico de la escuela de Frankfurt*. Cuenca: Edciones de la universidad de castilla-la-Mancha, 2003.p. 85-86.

[150] Liszt entendia a legalidade penal como a uma garantia ou bastião (*Bollwerk*) do cidadão frente a três elementos à onipotência do Estado (*staatlichen Allgewalt*), ao fazer inconsiderado da maioria (*rücksichtlosen Macht der Mehrheit*) e ao *Leviathan* (LISZT, Franz von. Ueber den Einfluss der soziologischen und anthropologischen Forschungen auf die Grundbegriffe des Strafrechts. *Strafrechtliche Aufsätze und Vorträge*. v. II (1892-1904). Berlim: J. Guttentag, 1905, p. 80).

[151] COSTA, José de Faria. *O perigo em Direito Penal*. Coimbra: Coimbra Editora, 1992, p. 219-220.

[152] Idem. ibidem, nota 31.

[153] Ilustrativa é a nota de oposição à concepção do direito penal a partir das consequências do delito, ao invés do delito como pressuposto necessário para a consequência penal, que se pode encontrar, há praticamente 150 anos, em MERKEL, Adolf. *Derecho penal. Parte general*. Trad. Pedro Dorado Montero. Buenos Aires: B de F, 2006, p. 9. Ainda, sobre o tema, ver COSTA, José de Faria. Poder e Direito Penal (atribulações em torno da liberdade e da segurança). *Revista Científica da Universidade Lusófona do Porto*. Porto, 2006. a.1. n.1. *passim* e LAMPE, Ernest Joachim. Sobre la estrutura ontológica del injusto punible. *Revista de Estudos Criminais*. Sapucaia do Sul: Notadez, 2004. a. 4. n. 16, p. 31-32.

nas a procedimentalidade jurídico-punitiva. Posteriormente, ver-se-ão os desdobramentos normativos de tal entender com maior atenção.

Dessa forma, a insistente procura erigida diz respeito às "relações jurídicas pelas quais aqueles ordenamentos têm, precisamente, sentido e significação jurídicos", ou seja, a razão de ser das conexões, entre os planos constitucional e penal, para a realização da justiça e a garantia da liberdade.[154] E para isso ser possível parece que é necessária a percepção de uma consolidada unidade da ordem jurídica, que, para além do verticalismo piramidal kelseniano, encontra outras formas distintas de compreensão. Unidade vislumbrada na compatibilidade dos valores fundamentais previstos na Constituição e protegidos na ordem penal, que, ao fim, não seria mais que uma exigência dos princípios da coerência interna e da congruência material.[155] Coerência e congruência do ordenamento jurídico decorrentes da realização e concretização instrumental, nas variadas positividades jurídicas, do princípio da justiça que repousa seu fundamento axiológico muito além da sua imagem advinda do efeito declaratório da Constituição.[156]

Em resposta às perguntas postas, portanto, se considera que a unidade não deve ser entendida como um fenômeno redutor e homogenizador – capaz de destruir as diferenças e as peculiaridades de cada um dos componentes da ordem jurídica[157] –, pelo contrário, as razões e as formas de conexão entre as partes integrantes necessitam da preservação das caraterísticas próprias, para assim, então, compor uma verdadeira unidade de sentido.

Decerto as formas de inter-relação entre a Constituição e a legislação penal, assim como os espaços científicos próprios de cada uma delas, não se inauguram ou se encerram com a proclamação da Carta Magna. Tais âmbitos de significação fazem sentido num horizonte compreensivo social com linhas de força já presentes no espaço de criação à disposição do constituinte. Ou seja, o legislador originário, quando estabelece disposição com efeitos penais nem inventa, nem necessariamente define os conceitos, *v.g.*, crime, ilícito, culpa, pena, prescrição. Pelo contrário, no mais

---

[154] COSTA, José de Faria. *O perigo em Direito Penal*. Coimbra: Coimbra Editora, 1992, p. 220.

[155] Idem, p. 221.

[156] NEVES, Antonio Castanheira. Entre o 'legislador', a 'sociedade' e o 'juiz' ou entre 'sistema', 'função' e 'problema' – os modelos actualmente alternativos de realização jurisdicional do direito. *Boletim da Faculdade de direito*. Coimbra: Coimbra Editora, 1998. v. LXXIV p. 11.

[157] A mesma conclusão metodológica não se restringe ao direito material, mas, aliás, é perfeitamente adequada ao processo penal, assim em COSTA, José de Faria. Um olhar cruzado entre a constituição e o processo penal. *A justiça dos dois lados do atlântico. Teoria e prática do processo criminal em Portugal e nos Estados Unidos da América*. Lisboa: Fundação luso-americana para o desenvolvimento, 1997, p. 187.

das vezes, adota na sua plenitude o significado comum à ciência penal e apenas, excepcionalmente, quando assim não o faz, nomeia de forma expressa o que deve ser diferente.[158] Em matéria penal, o espaço constitucional pode, até mesmo, ser destinado à inovação jurídica, mas, sobretudo, é um espaço de reconhecimento jurídico da condição – ou, porque não, da constituição – onto-antropológica existente na sociedade.

Nessa linha, se tem alguns esclarecimentos de ordem conceitual referente à teoria normativa fundado em duas premissas. Se se acredita realmente que a doutrina desempenha o papel aglutinador e redutor de contradições, a fim de possibilitar a congruência material entre os vários elementos jurídicos que informam a unidade do Direito[159] e, ainda, se se considera que o "esforço mediador e clarificador que a dogmática tem, desde que compreendida como intencionalidade jurídico-normativa que verdadeiramente faz dela um *instrumentum* imprescindível para uma justa e correta aplicação do direito, em especial do penal",[160] não é surpreendente que a teoria normativa jurídico-penal seja o canal, pelo qual são conduzidas as pretensões político-criminais do constituinte, ou ainda, é o material que concede forma e concretude ao projeto arquitetônico repressivo. E como não poderia ser diferente, todo e qualquer conceito possui um limite compreensivo, inerente às palavras que o compõem, no qual lhe é reconhecida existência ontológica e significado em uma determinada tradição.[161] Quando o legislador originário trata – em abstrato, implícito, ou até mesmo, de forma expressa – da ordem jurídico-penal, as determinações constitucionais são viabilizadas por meio de conceitos dogmáticos. É por meio do próprio reconhecimento ontológico – que se apresenta o limite tanto linguístico, quanto funcional, na proteção das garantias fundamentais – que os conceitos dogmáticos conferem coerência e integridade aos valores político-criminais constitucionais. Destarte, há, por certo, a ação de uma linha de força prévia ao momento de constitucionalização.

Não se trata de uma espécie de preponderância da lei aos ditames da Carta Magna, caso em que se estaria em contradição com a horizontali-

---

[158] Por exemplo, na Constituição Federal de 1988: a imprescritibilidade e inafiançabilidade do crime de racismo (Art. 5º, XLII) e do crime de ação de grupos armados contra a ordem constitucional e o Estado Democrático (Art. 5º, XLIV), a qualificação jurídica e as vedações de direitos para os crimes hediondos (Art. 5º, XLIII), responsabilidade penal da pessoa jurídica (Art. 225, § 3º).

[159] COSTA, José de Faria. *O perigo em Direito Penal*. Coimbra: Coimbra Editora, 1992, p. 220-221, nota 32.

[160] Idem, p. 221, nota 32.

[161] GADAMER, Hans-Georg. Da palavra ao conceito. *Hermenêutica filosófica: nas trilhas de Hans-Georg Gadamer*. Porto Alegre: Edipucrs, 2000, p. 25 e ss. Ainda, sobre a importância da temporalidade e da tradição no círculo hermenêutico gadameriano, ver ALMEIDA, Custódio Luís Silva de. Hermenêutica e dialética. Hegel na perspectiva de Gadamer. *Hermenêutica filosófica: nas trilhas de Hans-Georg Gadamer*. Porto Alegre: Edipucrs, 2000, p. 65 e ss.

dade das conexões mantidas entre os dois ordenamentos. Certo é que, no Estado Democrático de Direito, os conceitos dogmáticos devem estar de acordo com os princípios, regras e postulados constitucionais, sob pena de completa ilegitimidade jurídica.[162] Isso todavia não implica afirmar a completa colonização da ciência do Direito Penal pela Constituição, a ponto de a primeira ser apenas um *continum* da segunda, sem identidade própria e responsabilidade de garantia específica ao direito de liberdade. Muito pelo contrário, quando a dogmática jurídico-penal estabelece consenso a respeito do sentido de determinado conceito fundamental, de modo a aprimorá-lo tanto em reforço das linhas estruturais do ordenamento, quanto em aptidão prática para a solução dos casos jurídicos, tende a ser essa concepção entendida com a constitucionalmente legítima para orientar a interpretação do direito positivo.

Algo próximo pode ser dito acerca das indiretas intencionalidades político-constitucionais inerente à chamada política criminal constitucional. À política criminal ordinária, mesmo quando perfeitamente adequada aos parâmetros constitucionais, continua sendo defeso ultrapassar ou produzir resultados no sentido de transgredir os limites previamente determinados pela teoria normativa penal.[163] Conforme afirma Fabio D'Avila, "direito penal e política criminal não são dimensões que devam guardar, necessariamente, identidade quanto a fins e fundamentos", tendo em vista que "seus respectivos objetos estão longe de encontrar correspondência".[164] Por isso, em razão das diferenças científicas e da preocupação primordial do Direito Penal com a liberdade, programaticamente, não se pode vê-lo dominado pelos império dos fins político-criminais, por mais bem-intencionados e adequados constitucionalmente que estes possam vir a ser.[165]

Resta, por derradeiro, uma questão oportuna: o Direito Penal deve encontrar fundamento constitutivo e perfetibilizador, estritamente, na tutela de direitos fundamentais? E, ainda, qual grau de proximidade deve manter com os direitos humanos? A linha argumentativa até aqui apresentada implicitamente antecipou resposta novamente contrária ao que

---

[162] DIAS, Jorge de Figueiredo. *Direito Penal. Parte Geral. Questões Fundamentais da Doutrina Geral do Crime*. Coimbra: Coimbra Editora, 2004, p. 26.

[163] D'AVILA, Fabio Roberto. O Direito e a Legislação Penal Brasileiros no séc. XXI. Entre a normatividade e a Política Criminal. *Justiça Penal Portuguesa e Brasileira – tendências de reforma*. São Paulo: IBCCRIM, 2008, p. 81-83. Assim, também, COSTA, José de Faria. *O perigo em Direito Penal*. Coimbra: Coimbra Editora, 1992, p. 570.

[164] D'AVILA, Fabio Roberto. *Op. cit.*, p. 83.

[165] Nesse sentido, ensina Faria Costa que "a exacta compreensão da conexão entre a política criminal e o direito penal não está em rejeitar os fins nem os meios para esses fins se cumpram, está antes em não ceder a que essa forma de inteligir impere e domine na própria compreensão do direito penal" (COSTA, José de Faria. *Op. cit.*, p. 570, nota 4).

à primeira vista poderia aparentar ser uma proposta de garantismo das liberdades individuais. Isto é, a legitimidade do Direito Penal não pode repousar em absoluto seus alicerces no próprio ordenamento, como se arquitetada com inspiração num velado sofisma *peticionis principi*, segundo o qual a investigação pelo fundamento sempre acabaria por remeter ao ponto de ponto de partida. E, por isso, acima de tudo por observância do dever de coerência, tem-se a afirmação novamente da concepção de transconstitucionalidade e de transcendência ao ordenamento jurídico do princípio da justiça.

Sendo assim, ainda que se trate de um direito constitucionalmente previsto com a qualificação de fundamental, caso se efetivamente acredite na relativa autonomia prático-teórica do Direito Penal,[166] devem-se analisar as propostas de fundação ou refundação do ordenamento criminal ancoradas nos direitos fundamentais sob essa perspectiva.[167]

Certo é que, para além das boas intenções das propostas refundantes, não se poderá afastar, pelo menos, de dois núcleos essenciais: um jurídico e outro de caráter histórico-social. Em relação ao jurídico, o referencial constitucional deve ser visto tão só como projeto, e não como elemento de chegada, possuidor de uma força inaceitável, capaz de amalgamar toda e qualquer particularidade de outra ciência em uma "ordem jurídica pan-constitucionalística com um sentido único em que a estática seria dominante".[168] Pois, diante disso, o Direito Penal perderia seu constitutivo ontológico na forma ordenamento de segurança.[169] Em outras palavras, uma Constituição que abandonasse a proposta de garantia dos direitos fundamentais ou, ainda, viesse a subverter sua linha compreensiva poderia levar a ruína completa das garantias penais.

---

[166] Idem, p. 190, nota. 23. Faria Costa destaca o perigo à proteção das liberdades individuais que advém duma metodologia que conceba o Direito Penal como executor ou braço armado duma determinação normativa exterior a seus próprios limites científicos. O centro do Direito Penal está no reconhecimento do bem jurídico-penal e na determinação da ilicitude das condutas ofensivas a estes bens, postura que coloca o Direito Penal na condição de criador autônomo de normatividade, e não apenas o mero e acessório instrumento sancionatório do ilícito de outras partes do ordenamento (*Idem*, p. 219-220).

[167] Não destoa Canotilho quando conclui que existem distintas dogmáticas de restrição de direitos, quer os fundamentais, no âmbito do direito constitucional, quer os civis, no âmbito do direito privado "que não podiam chegar a soluções materiais muito diferentes nos quadros da mesma ordem jurídica", assim ver CANOTILHO, José Joaquim Gomes. Dogmática de direitos fundamentais e direito privado. *Estudos de sobre direitos fundamentais*. 2ª ed. Coimbra Editora, 2008, p. 192-193 e, especialmente, 214.

[168] COSTA, José de Faria. *Op. cit.*, p. 190, nota. 23.

[169] Sobre a ordem jurídica de segurança, ver *Idem*, p. 248 e ss; COSTA, José de Faria. Poder e Direito Penal (atribulações em torno da liberdade e da segurança). *Revista Científica da Universidade Lusófona do Porto*. Porto, 2006. a.1. n.1, p. 291-305.

Já os direitos humanos, na condição de referenciais axiológico-políticos não positivados,[170] podem servir como diretrizes para o melhor reconhecimento dos princípios e projetos de desenvolvimento comunitário. Mesmo assim, também aqui não deixa de valer o dito a respeito da completa e estrita colonização do Direito Penal pelo Direito Constitucional. Se se acredita na relativa autonomia prático-teórica do Direito Penal não se pode renunciar às particularidades metodológicas e instrumentais desse campo científico.

A ressonância jurídica dos valores sociais estabelece as linhas de força do ordenamento, considerando ser na múltipla aderência jurídica, recebida em cada parte do ordenamento, que um valor recebe sua densidade jurídico-axiológica. Em outras palavras, seriam como nódulos de contato que possibilitariam a unidade de sentido entre as diversas disciplinas do conhecimento jurídico.

2.4. A definição do conteúdo tutelado nos crimes contra o Sistema Financeiro: função essencial à vida econômica ou bem jurídico-penal com relevância constitucional?

> "Eu turvo a água
> para olhar a transparência da terra"
> (Lázaro Vivo, *o Advinho*)
> (Mia Couto – *O outro pé da Sereia*)

2.4.1. A efervescência de discursos político-criminais alternativos à matriz de garantia do Direito Penal no que diz respeito ao conteúdo de tutela

A busca pela resposta acerca de qual o conteúdo tutelado no ilícito penal, assim como o enfrentamento das distintas hipóteses que se apresentam deve seguir uma rota tendo como horizonte compreensivo o processo de estruturação do Direito Penal Secundário,[171] nos limites de

---

[170] BOBBIO, Norberto. *A era dos direitos*. 17ª ed. Rio de Janeiro: Campus, 1992, p. 7.

[171] Denomina-se Direito Penal Secundário o conjunto formado pelas legislações esparsas tradicionalmente anexadas ao lado do Direito Penal codificado, é daí que decorre a expressão alemã *Nebenstrafrecht*. Assim, DIAS, Jorge de Figueiredo. Para uma dogmática do Direito Penal Secundário. Um contributo para a reforma do Direito Penal Econômico e Social Português. *Temas de Direito Penal Econômico*. São Paulo: Revista dos Tribunais, 2000, p. 24; DIAS, Jorge de Figueiredo e ANDRADE, Manuel da Costa. Problemática geral das Infrações contra a Economia Nacional. *Temas de Direito Penal Econômico*. São Paulo: Revista dos Tribunais, 2000, p. 67; D'AVILA, Fabio Roberto. *Ofensividade e Crimes Omissivos Próprios. Contributo à compreensão do crime como ofensa ao bem jurídico*, Studia Iuridica n.85, Coimbra: Coimbra Editora, 2005, p. 31-36. Sobretudo, D'AVILA, Fabio Roberto; SOUZA, Paulo Vinicius Sporleder de (Coords.). *Direito Penal Secundário: Estudos sobre Crimes Econômicos, Ambientais, Informáticos e outras questões*. São Paulo/Coimbra: Editora Revista dos Tribunais/ Coimbra Editora, 2006.

legitimidade impostos pelo Estado Democrático de Direito. Isto é, confrontar a viabilidade dos discursos político-criminais, muitas vezes, defenderem incriminações de exceção ou incriminações conduzidas por técnicas alternativas – nomeadamente a tutela de funções primordiais para a vida em sociedade ou bens jurídicos intermédios espiritualizados – no alargamento do âmbito de intervenção penal em campos da existência humana nos quais, até então, inexistia a tutela jurídica ou estava ao encargo de outras searas do Direito.[172]

Roxin, por exemplo, propôs a punição de condutas massivas ("ações de massa") – ainda que sem a colocação do bem jurídico em perigo, considerando o caráter "didático", sublinhe-se, finalidade preventiva geral da incriminação – assim como a punição em crimes com "bem jurídico intermediário espiritualizado"[173] e, posteriormente, considerou que "uma limitação exclusiva da exigência de proteção do bem jurídico, no direito penal moderno, não é mais totalmente justa".[174] Referia-se, por último, à ampliação do âmbito penal para além da tutela de bens jurídicos em três campos específicos de proteção, vale dizer do embrião, dos animais e plantas e das gerações futuras.[175]

Parte da doutrina italiana, no que diz respeito propriamente ao Direito Penal Econômico, também acolhe a tutela de funções. Segundo a visão de alguns membros da *Comissione Pagliato*, a superação da exigência de ofensividade pelo interesse de prevenção geral seria justificado em duas hipóteses repressivas: a punição de momentos pré-ofensivos e a punição de figuras penais sem bem jurídico.[176] E mais, no que se refere à tutela de bens jurídicos, percebe-se uma tendência na espiritualização, generalização e emersão de bens jurídicos intermediários.[177] Mesmo valo-

---

[172] Sobre expansão do Direito Penal, em geral, ver MENDOZA BUERGO, Blanca. *El Derecho Penal en la Sociedad de Riesgo*. Madrid: Civitas, 2001, p. 182 e ss.. Sobre algumas causas responsáveis pelo movimento de expansão, ver SILVA SÁNCHEZ, Jesús-María. *A expansão do Direito Penal: aspectos de Política Criminal nas sociedades pós-industriais*. São Paulo: Revista dos Tribunais, 2002, p. 27 e ss.

[173] ROXIN, Claus. *Derecho Penal: Parte General. Fundamentos. La estrutura de la Teoria del Delito*. Madrid: Civitas, 2003, p. 410-411.

[174] ROXIN, Claus. *Strafrecht. Allgemeiner Teil. Grundlagen. Der Aufbau der Verbrechenlehre.* 4ª ed. München: CH.Beck, 2006. v. I, p. 29, § 51.

[175] Idem, § 51-52, 55 e 57.

[176] PADOVANI, Tulio. Diritto Penale della Prevenzione e Mercato Finanzario. *Rivista Italiana di Diritto e Procedura Penale*. Milão: Giuffrè, 1995. fasc. 3. passim.

[177] GRASSO, Giovanni. L'anticipazione della Tutela Penale: i reati di pericolo e reati di attentato. *Rivista Italiana di Diritto e Procedura Penale*. 1986, p. 714-715. No Brasil, em defesa de bens jurídico-penais intermediários, em nome da preservação dos limites clássicos do princípio da ofensividade, ver GRECO, Luís. "Princípio da Ofensividade" e Crimes de Perigo Abstrato – uma introdução ao debate sobre o bem jurídico e as estruturas do delito. *Revista Brasileira de Ciências Criminais*. São Paulo: Revista dos Tribunais, 2004. n° 49, p. 110-111. Em sentido crítico, na doutrina italiana, MARINUCCI, Giorgio; DOLCINI, Emilio. *Corso di Diritto Penale Le Norme Penali: fonti e limiti di applicabilità. Il reato: nozione, struttura e sistematica.* 3ª ed. Milano: Giuffrè, 2001. v.1, p. 541 e ss. e, no Brasil, ver D'AVILA, Fabio

res demasiadamente amplos – a exemplo do mercado e a da concorrência –, poderiam ser legitimamente tutelados pelo Direito Penal, em face do seu significado político criminal preventivo geral.[178]

Dentre as justificativas para a funcionalização do objeto de tutela, encontra-se, na maioria das vezes, a dificuldade empírica de compreensão da dinâmica de manifestação do bem jurídico, que, por sua vez, acarreta insuficiência descritiva na redação do ilícito-típico.[179] Considerados a partir dessa perspectiva, os crimes contra o Sistema Financeiro Nacional seriam exemplos no ordenamento positivo brasileiro desse modelo de orientação do Direito Penal.

É a mudança na forma de conceber a realidade jurídica e de fundamentar o Direito Penal,[180] que provoca significativa influência em algumas formulações teórico-dogmáticas, descrentes das propriedades prático--garantistas do bem jurídico-penal.[181] Uma tal forma de ver as coisas, ao professar o relativismo acerca do reconhecimento social do bem, acarreta logicamente a absoluta relativização da imprescindibilidade jurídico-penal do critério orientador.

Ajuize-se, portanto, sobre a bondade das proposições dogmáticas e a sua adequação ao modelo constitucional do Estado brasileiro. A distinção fundamental entre os defensores da doutrina do bem jurídico-penal e os seus críticos – aliás, o mesmo com significativas reservas e adequações, aplica-se aos idealizadores do funcionalismo radical[182] – arranca de ques-

---

Roberto. O modelo de crime como ofensa ao bem jurídico. Elementos para a legitimação do Direito Penal Secundário. *Direto Penal Secundário*. São Paulo: Revista dos Tribunais, 2006, p. 71-96.

[178] PADOVANI, Tulio. Diritto Penale della Prevenzione e Mercato Finanzario. *Rivista Italiana di Diritto e Procedura Penale*. Milão: Giuffrè, 1995. fasc. 3. passim. Em sentido crítico, no Direito Penal Econômico, sobre os bens jurídico-penais demasiado porosos ou polissêmicos com tendências vorazes, capazes de absorver ou chamar a si categorias que não lhe são próprias, ver COSTA, José de Faria. *Direito Penal Econômico*. Coimbra: Quarteto Editora, 2003, p. 33.

[179] MOCCIA, Sergio. De la tutela de bienes a la tutela de funciones: entre ilusiones postmodernas y reflujos liberales. *Política Criminal y nuevo Derecho Penal. Libro en homenaje a Claus Roxin*. Barcelona: Jose Maria Bosch, 1997, p. 120-121.

[180] MÜSSIG, Bernd. Desmaterialización del bien jurídico y de la Política Criminal. Sobre las perspectivas los fundamentos de una Teoría del Bien Jurídico Critica hacia el sistema. *Revista Ibero-americana de Ciências Penais*. Porto Alegre: CEIP, 2001. a. 2, n° 4, p. 159.

[181] Dentre outros, especialmente, Idem. p. 157-191.

[182] Não se pode igualar os defensores da tutela de funções sociais pelo Direito Penal às orientações funcionalistas. Considerando o objeto principal do trabalho, assim como de outras razões que o espaço não permite alongar, adotar-se-á como referência, ainda que sabidamente incompletas as vertentes do funcionalismo radical alemão de JAKOBS, Günther. *Derecho Penal: Parte General. Fundamentos y Teoria de la Imputación*. Madrid: Marcial Pons, 1997; JAKOBS, Günther. *Sociedade, norma e pessoa: Teoria de um Direito Penal Funcional*. São Paulo: Manole, 2003. Em posição não tão veemente ROXIN, Claus. *Derecho Penal: Parte General. Fundamentos. La estrutura de la Teoria del Delito*. Madrid: Civitas, 1997. t. 1. Sobre a impossibilidade de uma identificação absoluta entre a tutela de funções e a concepção funcionalista ver, em Portugal, em defesa da tutela do bem jurídico por meio de um sistema funcional teleológico-funcional e racional, com aberta recusa a promoção de valores pelo direito pe-

tões basilares. A divergência não se restringe meramente à compreensão dos elementos técnico-dogmáticos, uma vez que a sua origem remete aos fundamentos extrajurídicos do Direito, também como é perfeitamente perceptível nas finalidades visadas pelo ordenamento penal.

Portanto, primeiramente, algumas considerações em relação ao ponto de partida, à perspectiva de análise e de orientação do Direito Penal. Os partidários da tutela de funções buscam um ideal inegavelmente nobre e elogiável de aproximação teórica entre a ciência jurídico-penal e as leituras sociológicas a respeito da realidade social.[183] De acordo com Roxin, a ideia de acentar as categorias estruturais do Direito Penal a partir de constante orientação de aspectos político-criminais permitiria transformar não só os postulados sociopolíticos, mas também os dados empíricos e, especialmente, os criminológicos, em elementos fecundos para a dogmática jurídica.[184] Por outro viés, com semelhante proposta, Jakobs rende expressos elogios às propriedades esclarecedoras da teoria dos sistemas de Luhmann, ainda que alegue não ficar restrito aos seus enunciados.[185]

Ao se adotar como base uma concepção sociológica sistêmico-funcional da realidade, carrega-se, ao menos em significativa parte, os acertos e os limites contidos na teoria de base.[186] E, portanto, seguindo nessa compreensão, a finalidade do Direito Penal passa a ser "garantir a identidade normativa" ou, ainda, "garantir a constituição da sociedade".[187] Acertadamente, como não poderia ser diferente, entendem o Direito Penal como parte da sociedade ou, ainda em algumas concepções, esse seria propriamente "o cartão de visitas" devido a sua alta expressividade e capacidade de conformação da identidade social.[188]

---

nal e, ainda, com ressalvas ao "recurso directo a uma (qualquer) teoria da sociedade para a definição imediata dos termos de validade/legitimação jurídico-penal", ver DIAS, Jorge de Figueiredo. *Direito Penal. Parte Geral. Questões Fundamentais da Doutrina Geral do Crime*. Coimbra: Coimbra Editora, 2004, p. 112-113, § 13.

[183] Como grande entusiasta dessa posição, ROXIN, Claus. *Política Criminal y sistema del Derecho Penal*. Barcelona: Bosch, 1972, especialmente, p. 35.

[184] ROXIN, Claus. Sobre a Fundamentação Político-criminal do Sistema Jurídico-penal. *Revista Brasileira de Ciências Criminais*. São Paulo: Revista dos Tribunais, 2001. a. 9. nº 35, p. 14.

[185] JAKOBS, Günther. *Sociedade, norma e pessoa: Teoria de um Direito Penal Funcional*. São Paulo: Manole, 2003, p. 2.

[186] Nesse sentido, em entendimento próximo, no pensamento alemão, LAMPE, Ernst Joachim. Sobre la estructura ontológica del injusto punible. *Revista de Estudos Criminais*. São Leopoldo: Nota dez, 2004. a.4, n.16, p. 33. Para o estudo do conceito e a origem da orientação funcional na sociologia e o seu desenvolvimento em outras áreas do conhecimento, ver MERTON, Robert King. *Sociologia: teoria e estrutura*. São Paulo: Mestre Jou, 1970, p. 113 e ss.

[187] JAKOBS, Günther. *Sociedade, norma e pessoa. Op. cit.*, p. 1.

[188] Idem, p. 3 e ss.

Consideram que "a ordem social não pode se definida exclusivamente através de bens", devido à absoluta incompletude da imagem de uma reunião de pessoas titulares de valores e por isso seria necessário atentar ao papel desempenhado pelos indivíduos.[189] Até mesmo porque, nesse entendimento, o bem jurídico-penal não desfruta de concretude ou de determinabilidade alguma, não passando de uma categoria histórica em franca crise operatória.[190] Insistir no bem jurídico induziria à falsa aparência de que ao Direito caberia ocupar-se da absoluta proteção do bem, o que, sem qualquer dúvida, não é verdade.[191] Jakobs, ainda, menciona que o Direito Penal não apresentaria uma absoluta e constante preocupação com a preservação do bem jurídico, mas, pelo contrário, a atenção seria com apenas algumas classes de ataques, exemplifica – na esteira da teoria da ação final welzeniana – que seria impensável punir fenômenos da natureza, bem como o perecimento natural.[192]

O elemento dogmático, para além de ineficiente na restrição do campo de intervenção, seria prejudicial a uma boa compreensão das finalidades do sistema penal. O crime consistiria no ataque às expectativas sociais de atuação dos indivíduos, conforme um parâmetro que o ordenamento penal resguardaria, de modo que o núcleo do ilícito seria o descumprimento de um dever pessoal ("papel social") normativamente previsto.[193] Ou, ainda, de outra maneira, o crime representaria a afronta à autoridade normativa de uma sociedade que nega a possibilidade de conceber-se de outro modo.[194] De tal sorte, o cerne da teoria do delito migraria da pretensão de concretude do bem jurídico-penal para a normatização de um recorte da subjetiva forma de atuação das pessoas em sociedade.

Apresentadas, ainda que em breves linhas, quais seriam as proposições trazidas, deve-se enfrentar ponto a ponto a validade e a proprie-

---

[189] JAKOBS, Günther. O que protege o Direito Penal: o bem jurídico ou a vigência da norma? *Direito Penal e funcionalismo*. Porto Alegre: Livraria do Advogado, 2005, p. 35 e 39.

[190] MÜSSIG, Bernd. Desmaterialización del bien jurídico y de la Política Criminal. Sobre las perspectivas los fundamentos de una Teoría del Bien Jurídico Crítica hacia el sistema. *Revista Ibero-americana de Ciências Penais*. Porto Alegre: CEIP, 2001. a. 2, nº 4, p. 158.

[191] JAKOBS, Günther. *Derecho Penal: Parte General. Fundamentos y Teoria de la Imputación*. Madrid: Marcial Pons, 1997, p. 45. Entre a doutrina que reconhece o poder discursivo e categorial do bem jurídico, a possibilidade de uma tutela absoluta está fora de cogitação. A própria prescrição do modelo interventivo penal subsidiário e fragmentário é um indicativo da impossibilidade jurídica de tutela total do bem. Adiante-se, desde já, que a linha de pensamento desenvolvida na conclusão deste tópico será intencionalmente instrumentalizadora de um entender de *ultima ratio*, no qual o crime só cabe a proibir condutas realmente ofensivas a bens jurídico-penais.

[192] JAKOBS, Günther. O que protege o Direito Penal. *Op. cit.*, p. 34.

[193] JAKOBS, Günther. *Derecho Penal: Parte General. Op. cit.*, p. 53; JAKOBS, Günther. O que protege o Direito Penal o bem jurídico ou a vigência da norma? *Direito Penal e funcionalismo*. Porto Alegre: Livraria do Advogado, 2005, p. 35.

[194] JAKOBS, Günther. *Sociedade, norma e pessoa. Op. cit.*, p. 4.

dade prático-teórica de cada um dos elementos. E, para tanto, nada mais apropriado que se iniciar por questões fundamentais, nomeadamente: a compreensão da realidade social de base e a fundamentação do Direito Penal. Conforme se avançou, não se nega que o esforço teórico de aproximar o Direito Penal de outras ciências – ainda quando não componentes da "Enciclopédia das Ciências Criminais" na expressão de Fraz von Liszt –[195] seja, por si só, destacável. Todavia, os benefícios concretos de tal proceder, em muito, dependem do acerto nas escolhas teóricas de base, bem como o grau de vinculação ou desprendimento às limitações dali advindas.

Uma intensa aproximação com a perspectiva sistêmico-funcional da Sociologia pode levar à renúncia de uma compreensão mais ampla da complexidade e do dinamismo no reconhecimento dos valores, princípios, sentidos e interesses produzidos constantemente pela vida comunitária.[196] Aqui, ainda que possa ter aparência de extemporâneo, não se pode protrair a reflexão acerca dos fundamentos da ordem jurídica e do Estado que acaba por mostrar a insuficiência explicativa de uma concepção funcional-utilitarista da sociedade, diga-se, surgida e reafirmada por meio da ficção argumentativa do contrato social. Faria Costa, para além de demonstrar a impossibilidade lógica de conceber-se a realização de um contrato – instrumento inegavelmente afeto ao ordenamento jurídica – antes mesmo do Direito existir, vai mais longe. Ensina que a alegoria do contrato seria fundada sobre duas ficções orientadas estritamente por uma *ratio calculatrix*, ou seja, a única forma de racionalidade entre os

---

[195] Sobre a atual organização e inter-relacionamento de cada uma das ciências componentes da "Enciclopédia das Ciências Criminais", ver DIAS, Jorge de Figueiredo. *Direito Penal. Parte Geral. Questões Fundamentais da Doutrina Geral do Crime*. Coimbra: Coimbra Editora, 2004, p. 17-20; em sentido contrário, intencionalmente preocupado com as garantias fundamentais, ver o acertamento metodológico em D'AVILA, Fabio Roberto. O Direito e a Legislação Penal Brasileiros no séc. XXI. Entre a normatividade e a Política Criminal. *Justiça Penal Portuguesa e Brasileira – tendências de reforma. Colóquio em homenagem ao Instituto Brasileiro de Ciências Criminais*. São Paulo: IBCCRIM, 2008, p. 65-84, p. 75 e ss. Embora mediante uma concepção que vê alargadas as dimensões do lídimo espaço da política criminal e defendendo, por razões diversas das aqui sustentadas, um mínimo indisponível à política, quer procedimental-consensual, quer cultural relativista, nesse aspecto, com alguma proximidade SILVA SÁNCHEZ, Jesús-María. Reflexiones sobre las bases de la política criminal. *El nuevo código penal. Presupuestos y fundamentos. Libro en homenaje al profesor doctor don ángel toríc lópez*. Comares: Granada, 1999, p. 216-217.

[196] É assim que observa Castanheira Neves ao ver a sina do Direito como "sempre ávido epígono dos pensamentos triunfantes" cuja transformação num "indispensável sistematizador social da contingência" afastado de qualquer dimensão material "acaba por traduzir uma radicalização do normativismo positivismo e da sua contingência decisória" (NEVES, Antonio Castanheira. *A crise actual da filosofia do direito no contexto da crise global da filosofia. Tópicos para a possibilidade de uma reflexiva reabilitação. Studia n. 72*. Coimbra: Coimbra Editora, 2003, p. 53 e 54). Noutra perspectiva filosófica, para um válido aprofundamento da linha compreensiva na qual o sentido das coisas depende do contexto ético-social onde tem sua inserção, ver SOUZA, Ricardo Timm de. *Sobre a construção do sentido. O pensar e o agir entre a vida e a filosofia*. São Paulo: Perspectiva, 2004, p. 82-84.

homens seria a calculadora com absoluta regência na regra de maximização.[197]

A primeira questão posta diz respeito à impossibilidade, de fato, de todos os homens firmarem o dito contrato. Já a segunda desvela que um dos pressupostos de validade seria que todos os signatários estivessem em plena consciência, o que, por certo, coloca os portadores de anomalias psíquicas em uma condição difícil ou de não signatários do pacto, ou de sofredores de uma *capitis diminutio* tendo em vista que, ao não assinarem o tal contrato, concedem poderes aos outros para assim o fazerem em seu lugar.[198] Portanto, a dita igualdade jurídica entre os homens não se estabelece como era pretendido.

A intenção de trazer essa percuciente crítica diz respeito a duas diretrizes que permitem um olhar mais agudo na investigação que ora se executa. A primeira diz respeito à impropriedade compreensiva da realidade por meio de uma alegoria idealista descomprometida com um sentido social e historicamente situado. E a segunda trata sobre a necessidade de conceber-se não só o Direito Penal, como também toda a juridicidade num espaço irrestrito a uma analítica funcional e calculadora, voltada ao desenvolvimento científico alheado dos pulsantes estímulos originados na plural e complexa realidade comunitária.

Quando o foco é apenas o aprimoramento utilitário da lógica operatória do funcionamento social, o sentido antropológico – e, portanto, axiológico – das práticas cotidianas tende a ser afastado. Em termos jurídico-sociais, a estrita preocupação com uma perspectiva utilitário-sistêmica da vida acarreta – e, se bem se vê, assim o faz – o esfumaçamento dos referenciais ontológicos, marca do tradicional comprometimento filosófico do Direito com a realização da justiça.[199] Significados ontológicos conformadores do ideal de justiça do Direito segundo os quais "ninguém

---

[197] COSTA, José de Faria. *O perigo em Direito Penal*. Coimbra: Coimbra Editora, 1992, p. 67-68, nota 97, e p. .343-344, nota 120.

[198] Idem, ibidem.

[199] Sobre o fundamental comprometimento do Direito com a ética e a justiça – para além de uma função meramente técnico-científico –, uma caracterizadora função axiológica de mediador comunitário, ver NEVES, Antonio Castanheira. O papel do jurista no nosso tempo. *Digesta. Escritos acerca do direito, do pensamento jurídico, da sua metodologia e outros*. Coimbra: Coimbra Editora, 1995. v. 1, p. 44 e ss e, sobretudo, do mesmo autor. Entre o 'legislador', a 'sociedade' e o 'juiz' ou entre 'sistema', 'função' e 'problema' – os modelos actualmente alternativos de realização jurisdicional do direito. *Boletim da Faculdade de direito*. Coimbra: Coimbra Editora, 1998. v. LXXIV *passim*. Sobre a impossibilidade de redução absoluta do risco inerente à vida e sobre desuminização ou desvitalização da vida com propostas de eliminação do risco, ver BRONZE, Fernando José. Argumentação Jurídica: O Domínio do Risco ou o Risco Dominado? (tópicos para um diálogo pedagógico). *Boletim da Faculdade de Direito*. Coimbra: Coimbra editora, 2000. v. LXXVI, p. 32. Na filosofia, elucidativo é o alerta feito por Martin Heidegger, no ano de 1955, a respeito do limitado potencial reflexivo do pensamento calculista para a compreensão do "sentido que reina em tudo o que existe" (HEIDEGGER, Martin. *Serenidade*. Lisboa: Piaget, 2000, p. 13).

poderá ser considerado apenas como objecto ou factor fungível num plano de eficácia, antes deverá ser sempre considerado como um valor último, uma pessoa", pois uma de suas intenções consiste em "impedir o homem do esquecimento de si próprio".[200]

E, aliás, se de outro modo, aquela forma de ver a realidade social estivesse absolutamente correta, o Direito inapelavelmente deixaria de ser uma ciência valorativa no momento aplicativo, adquirindo um perfil burocrático, meramente silogístico da normatividade.[201] O Direito Penal, visto na estrita função de garantidor dos papéis sociais descritos no ordenamento jurídico – independente de qual conteúdo, efetivamente, o tenha – seria eminentemente forma, ao passo que, se entendido como instrumento de realização da justiça, é, também, prescrição de forma procedimental legítima, mas, sobretudo, conteúdo. Conteúdo material que, em termos de intervenção legítima, não pode ser normativamente criado, pois advém do reconhecimento jurídico de determinado valor comunitário ofendido.

Aqui, se reencontra a questão dogmática a respeito de qual seria o objeto de tutela do ilícito legítimo no Estado Democrático de Direito. Se realmente se concorda que o Direito Penal é instrumento altamente expressivo e conformador da identidade social,[202] é justamente por assim pensar que não se pode adotar uma visão renovada do formalismo jurídico, que venha a renunciar os referências materiais de realização da justiça. Em entender lapidar, destacou Costa Andrade, a renormativização do Direito Penal, operada pela intencional renúncia de elementos pré-jurídicos, ao pretender afastar a subjetividade das pessoas – inerente à complexidade da vida – acarreta a subjetivação do próprio sistema jurídico-social.[203] De-

---

[200] NEVES, Antonio Castanheira. O papel do jurista no nosso tempo. *Digesta. Escritos acerca do direito, do pensamento jurídico, da sua metodologia e outros.* Coimbra: Coimbra Editora, 1995. v. 1, p. 43.

[201] Acerca da impossibilidade da ciência jurídica deixar de ser valorativa, devido à atividade do jurista "de assumir criticamente a idéia de Direito e de realizá-la histórico-concretamente, na explicitação constituinte do próprio Direito", ver NEVES, Antonio Castanheira. O papel do jurista no nosso tempo. *Digesta. Escritos acerca do direito, do pensamento jurídico, da sua metodologia e outros.* Coimbra: Coimbra Editora, 1995. v. 1, p. 43-44.

[202] Faria Costa destaca a relevância do Direito Penal na ordem jurídica estatal, percebida, até mesmo, sob a lógica do Estado mínimo "o chamado princípio do *minimal state* postula uma referência àquele mínimo indispensável de organização estadual – isto é, de regulação das relações entre os indivíduos, das relações destes com as instituições e ainda das relações que as instituições estabelecem entre si – que possibilita aos homens viverem em comunidade. Esse mínimo organizativo só tem um sentido genético-antropológico, quando o direito penal surge como proibição capaz de fundamentar e ser fundamentado por esse *mininal state*" (COSTA, José de Faria. *O perigo em Direito Penal.* Coimbra: Coimbra Editora, 1992, p. 243-244 e, ainda, nota 76). Ademais, renova-se a ideia, trazida no tópico 2.1, segundo a qual tradicionalmente o Direito Penal é reconhecido enquanto *hominum causa constitutum*.

[203] ANDRADE, Manuel da Costa. *Consentimento e acordo em Direito Penal. Contributo para a fundamentação de um paradigma dualista.* Coimbra: Coimbra Editora, 1991, p. 115-116.

certo a compreensão do bem jurídico como simples garantia da expectativa normativa,²⁰⁴ altera a sua densidade categorial dogmática a medida que ganha em volume de abstração e formalismo, simultaneamente, perde em capacidade de reconhecimento material e peso crítico. Inevitavelmente, o abandono do potencial crítico dos critérios ontológico-materiais abre espaço para a estruturação de um sistema subjetivista e autolegitimável, sem maiores possibilidades de limitação jurídica da atividade do legislador.

Nessa linha, vale lembrar ser apenas aparente o feitio inovador do processo de desmaterialização do ilícito, uma vez que o reconhecimento material da ilicitude foi profundamente questionado pela compreensão teórica da Escola de *Kiel*, na Alemanha nacional-socialista. Durante tal período, duvidou-se das propriedades críticas do bem jurídico, a ponto de ensejar o ataque aberto nas vozes de Friederich Schaffstein e Georg Dahm para quem se tratava de um "demónio herdado da mundivisão liberal" que obrigatoriamente deveria ser superado.²⁰⁵ Com toda a razão, percebia-se no elemento dogmático um obstáculo de difícil ultrapassagem para uma completa subjetivação do Direito Penal, ou seja, a afirmação da proposta dos delitos de mero pensamento do *Willenstrafrecht* (Direito Penal da vontade) em antecipar o âmbito de criminalização para momentos anteriores à própria exteriorização da conduta humana.²⁰⁶ Assim, o crime passaria a ser visto como simples contraposição da conduta à norma legal, acentuando o aspecto formal em detrimento dos ditames de conteúdo material.²⁰⁷ Era o ideal de submissão e de fidelidade absoluta da vontade dos indivíduos ao ordenamento, obrigando a técnica jurídica a adotar um caráter ético e moralista a serviço de propostas de engenharia social.²⁰⁸

---

²⁰⁴ JAKOBS, Günther. *O que protege o Direito Penal: o bem jurídico ou a vigência da norma? Direito Penal e funcionalismo*. Porto Alegre: Livraria do Advogado, 2005, p. 34.

²⁰⁵ ANDRADE, Manuel da Costa. *A nova Lei dos Crimes Contra a Economia (Dec-lei nº 28/84 de 20 de janeiro) à luz do conceito de bem jurídico*. Coimbra: Centro de Estudos Judiciários. Separata da 1ª edição do ciclo de estudos de Direito Penal Económico, 1985, p. 79; ANDRADE, Manuel da Costa. *Consentimento e acordo em Direito Penal. Contributo para a fundamentação de um paradigma dualista*. Coimbra: Coimbra Editora, 1991, p. 68.

²⁰⁶ D'AVILA, Fabio Roberto. *Ofensividade e Crimes Omissivos Próprios. Contributo à compreensão do crime como ofensa ao bem jurídico*, Studia Iuridica n. 85. Coimbra: Coimbra Editora, 2005, p. 241.

²⁰⁷ GUIRAO, Rafael Alcácer. *Sobre el concepto de delito: lesión del bien jurídico o lesión de deber?* Buenos Aires: Ad-Hoc, 2003, p. 11-12.

²⁰⁸ D'AVILA, Fabio Roberto. *Op. cit.*, p. 46 e ss. D'AVILA, Fabio Roberto. O inimigo no Direito Penal Contemporâneo. Algumas reflexões sobre o contributo crítico de um Direito Penal de base onto-antropológica. *Sistema Penal e violência*. Rio de Janeiro: Lumen Juris, 2006, p. 104 e, também, D'AVILA, Fabio Roberto. O modelo de crime como ofensa a bem jurídico. Elementos para a legitimação do Direito Penal Secundário. *Direito Penal Secundário: Estudos sobre crimes económicos, ambientais, informáticos e outras questões*. São Paulo/Coimbra: Editora Revista dos Tribunais/ Coimbra Editora, 2006, p. 74-83; CADOPPI, Alberto; VENEZIANI, Paolo. *Elementi di Diritto Penale. Parte Generale*. 2ª ed. Milano: Cedam, 2004, p. 84 e 90; MANTOVANI, Ferrando. *Diritto Penale. Parte Generale*. Padova: Cedam, 1971, p. 183.

Por certo, essa orientação não se coaduna com o caráter pluralista e laico do Estado brasileiro. A teleologia democrática da ordem constitucional insere na gênese da teoria normativa do Direito Penal o comprometimento com a tutela da liberdade, de maneira a fazer do crime "a expressão jurídico-penal da desvaliosa tensão originária da relação onto-antropológica de cuidado-de perigo".[209] É, portanto, nesse contexto que o objeto de tutela penal deve ser pensado sob o ditame dos princípios da materialidade e da ofensividade.[210]

2.4.2. Os princípios constitucionais da materialidade e da ofensividade

O princípio constitucional da materialidade consubstancia-se na exigência de externalização objetiva da conduta criminosa (*nullum crimen sine actione*), de modo que estados de consciência e características pessoais do agente não podem ser puníveis.[211] É necessário que haja um fato imputável capaz de identificação do ataque a determinado valor social – reconhecido e tutelado pelo Direito –, de forma a possibilitar a existência e a funcionalidade de referencial transistemático responsável por conferir legitimidade ao ordenamento,[212] isto é, um bem jurídico portador de dignidade penal.

A pretensão de tutelar funções sociais, por meio de crimes de mera desobediência à lei, não se justifica em razão do perigo de ampliação, sem necessidade e sem limite, das áreas de intervenção penal que poderia advir de um ideal meramente prevencionista.[213] Não se nega, todavia, que a problemática categorial sobre o objeto de tutela penal, em muito, se deve à confusão do sentido próprio a cada um dos conceitos: "objeto de tutela" (bem-interesse) e a "razão" (finalidade) de existência da norma.[214]

---

[209] D'AVILA, Fabio Roberto. O inimigo no Direito Penal Contemporâneo. Algumas reflexões sobre o contributo crítico de um Direito Penal de base onto-antropológica. *Sistema Penal e violência*. Rio de Janeiro: Lumen Juris, 2006, p. 102-103. Com maior detalhamento, D'AVILA, Fabio Roberto. *Ofensividade e Crimes Omissivos Próprios. Contributo à compreensão do crime como ofensa ao bem jurídico*, Studia Iuridica n.85. Coimbra: Coimbra Editora, 2005, p. 70-73.

[210] Sobre a decorrência do princípio da ofensividade da própria exigência de materialidade da conduta, ver MANTOVANI, Ferrando. *Diritto Penale. Parte Generale*. Padova: Cedam, 1971, p. 184.

[211] CADOPPI, Alberto; VENEZIANI, Paolo. *Op. cit.*, p. 81 e 82.

[212] ANDRADE, Manuel da Costa. *A nova Lei dos Crimes Contra a Economia (Dec-lei nº 28/84 de 20 de janeiro) à luz do conceito de bem jurídico*. Coimbra: Centro de Estudos Judiciários. Separata da 1ª edição do Ciclo de Estudos de Direito Penal Econômico, 1985, p. 83.

[213]MANTOVANI, Ferrando. *Diritto Penale. Parte Generale*. Padova: Cedam, 1971, p. 185; Moccia chama a atenção para a ilegitimidade de incriminações de condutas afastadas ou independente do bem jurídico tutelado, devido à impossibilidade de o Direito Penal cumprir sua função de segurança (MOCCIA, Sergio. De la tutela de bienes a la tutela de funciones: entre ilusiones postmodernas y reflujos liberales. *Política Criminal y nuevo Derecho Penal. Libro en homenaje a Claus Roxin*. Barcelona: Jose Maria Bosch, 1997, p. 115).

[214] MANTOVANI, Ferrando. *Op. cit.*, p. 191-192.

Se efetivamente o bem jurídico é um valor preexistente e imprescindível para a atividade do legislador, nem pode ser confundido com o caráter teleológico da norma (*ratio legis*), nem pode ser um simples recurso metodológico desenvolvido para auxiliar na interpretação dos tipos penais.[215] Tanto a associação do bem jurídico com a *ratio legis*, quanto a estreiteza do entendimento como referencial metodológico tornam inviável – mesmo que em intensidades diferentes – o cumprimento das funções a que a categoria penal tem como finalidade. Para enfatizar a distinção, ainda, se poderia lembrar a tradicional compreensão da doutrina italiana. O conteúdo tutelado pela norma de Direito Penal não é o bem objeto do ataque do criminoso – *v.g.* a vida da vítima extinta no homicídio – e, sim, o valor social que esse bem representa,[216] de modo que o crime, mesmo quando lesiona o bem jurídico, não implica o fim existencial do valor.

Enquanto categoria dogmática, não basta ao bem jurídico-penal identificar os "preceitos cuja essência pretende traduzir", deve possuir uma certa "corporização" (substanciável) e especificação apta a indicar o conceito material de crime.[217] A categoria deve servir como signo político--criminal transcendente e, justamente por assim ser, crítico do "real construído" do ordenamento jurídico, de forma a auxiliar na compreensão dos movimentos de criminalização e de descriminalização de condutas.[218] Além do que apresenta uma função sistemático-classificatória, no sentido de agrupar os diversos tipos de crimes segundo os bens jurídicos tutelados. E, por fim, o mais relevante para o presente trabalho, é exigido uma atuação indispensável como guia hermenêutico-aplicativo do âmbito de tutela da norma penal.[219]

---

[215] PADOVANI Túlio. *Diritto Penale*. 5ª ed. Milano: Giuffrè Editore, 1999, p. 109; MANTOVANI, Ferrando. *Op. cit.*, p. 206-207. Em Portugal, SOUZA, Susana Aires. Sobre o bem jurídico-penal protegido nas incriminações fiscais. *Direito Penal Especial, Processo Penal e Direitos Fundamentais: Visão Luso-brasileira*. São Paulo: Quartier Latin, 2006, p. 511.

[216] FIORE, Carlo. *L'azione socialmente adeguata nel Diritto Penale*. Napoli: Morano Editore, 1966, p. 111.

[217] DIAS, Jorge de Figueiredo. *Questões fundamentais do Direito Penal revisitadas*. São Paulo: Revista dos Tribunais, 1999, p. 65; MARINUCCI, Giorgio; DOLCINI, Emilio. *Corso di Diritto Penale Le Norme Penali: fonti e limiti di applicabilità. Il reato: nozione, struttura e sistematica*. 3ª ed. Milano: Giuffrè, 2001, p. 543-546.

[218] Daí a razão de Faria Costa afirmar que, sob uma ótica material, os movimentos de criminalização e descriminalização representam a "própria historicidade dos bens jurídicos que o direito penal quer proteger" (COSTA, José de Faria. *O perigo em Direito Penal*. Coimbra: Coimbra Editora, 1992, p. 182). Ademais, por "real construído" entende-se a normatividade jurídica que, conquanto não tenha a mesma concretude do "real verdadeiro", não é apenas por isso menos real. Para um maior aprofundamento nas categorias referidas, ver *Idem*, p. 316-317.

[219] PADOVANI Túlio, *Diritto Penale*. 5ª ed. Milano: Giuffrè, 1999, p. 105-106. Para isso, bem ressaltam Marinucci e Dolcini a importância do bem jurídico-penal apresentar uma concretização e uma especificação satisfatória, tendo em vista que esse é o meio o qual faz possível a identificação da forma de ofensa (MARINUCCI, Giorgio; DOLCINI, Emilio. *Corso di Diritto Penale Le Norme Penali: fonti e limiti di applicabilità. Il reato: nozione, struttura e sistematica*. 3ª ed. Milano: Giuffrè, 2001, p. 544).

Para o desempenho satisfatório de tais tarefas é necessária a superação dos limites categoriais originários, motivo pelo qual se agrega o olhar interessado da ofensividade. Em relação ao princípio constitucional da ofensividade[220][221] – identificado na máxima latina *nullum crimen sine iniuria* – a jurisprudência constitucional brasileira, embora ainda não unânime, manifesta vivo acolhimento categorial, discursivo e instrumental do princípio como critério interpretativo do ilícito-típico.[222] A ofensa é um elemento complementar à legalidade "capaz de conferir à sua segurança formal, elementos de segurança substancial"[223] e por isso se assegura que o princípio da ofensividade não se trata propriamente, de uma substituição teórica do bem jurídico pela ofensividade, mas, sim, a "complementação da função crítica do bem jurídico-penal, no sentido da sua efetivação para além de uma função meramente referencial".[224]

Também como deve ser dito que as categorias da ofensividade ao bem jurídico-penal e o *harm principle* do direito anglo-saxão – enunciado por John Stuart Mill e, posteriormente, desenvolvido por Joel Feinbeng –

---

[220] O reconhecimento positivo no ordenamento jurídico brasileiro encontra-se, no art. 98, I da Constituição Federal, quando é estabelecido um rito de processamento diferenciado para os crimes qualificados como "infrações penais de menor potencial ofensivo".

[221] Sobre o desenvolvimento doutrinário do estatuto constitucional da ofensividade, no Brasil, D'AVILA, Fabio Roberto. *Ofensividade e Crimes Omissivos Próprios. Contributo à compreensão do crime como ofensa ao bem jurídico*, Studia Iuridica n.85. Coimbra: Coimbra Editora, 2005, p. 63-69; D'AVILA, Fabio Roberto. O modelo de crime como ofensa a bem jurídico. Elementos para a legitimação do Direito Penal Secundário. *Direito Penal Secundário: Estudos sobre crimes econômicos, ambientais, informáticos e outras questões*. São Paulo/Coimbra: Editora Revista dos Tribunais/ Coimbra Editora, 2006, p. 83-88; Na Itália, CADOPPI, Alberto; VENEZIANI, Paolo. *Elementi di Diritto Penale. Parte Generale*. 2ª ed. Milano: Cedam, 2004, p. 83-94; MANTOVANI, Ferrando. *Diritto Penale. Parte Generale*. Padova: Cedam, 1971, p. 186. Ainda, Fiorella menciona decisões da Corte Constitucional Italiana (Sent. 333/1991 e mais recente 247/1997), nas quais foi reconhecida a irrelevância penal da conduta social incapaz de ofender o bem jurídico-penal (FIORELLA, Antonio. *Trattato di Diritto Comerciale e di Direitto Publico dell'economia. Il Diritto Penale dell'impresa*. Milano: Cedam, 2001, p. 17). Em Portugal, como decorrência constitucional, DIAS, Augusto Silva. Linhas gerais do regime jurídico dos crimes contra os interesses dos consumidores no anteprojeto de código do consumidor. *Direito penal económico e europeu. Textos doutrinários*. Coimbra: Coimbra editora, 2009. v.3, p. 564.

[222] Nesse sentido, STF, ROHC nº 81.057-8, Relatoria Min.Sepúlveda Pertence, DJ 29.04.2005, Ementário 2189-2, principalmente o voto do Min. Cezar Peluso quando refere, a resepeito do crime de porte ilegal de arma de fogo, que se o objeto de tutela "fora concebido, aliás, com tamanha vagueza e abstração" que "o bem jurídico seria incapaz de exercer qualquer dessas funções metodológicas, a começar pela mais simples a classificatória" e por isso "não basta que o tipo penal esteja disposto à tutela de um bem jurídico fundamental; é preciso mais, é necessário que a conduta seja idônea a lesar ou pôr em perigo o mesmo bem, o que traduz, para empregar termos contemporâneos, na danosidade da conduta".

[223] D'AVILA, Fabio Roberto. *Ofensividade e Crimes Omissivos Próprios. Contributo à compreensão do crime como ofensa ao bem jurídico*, Studia Iuridica n.85. Coimbra: Coimbra Editora, 2005, p. 85.

[224] D'AVILA, Fabio Roberto. O espaço do Direito Penal no século XXI. Sobre os limites normativos da Política-criminal. *Revista Brasileira de Ciências Criminais*. São Paulo: Revista dos Tribunais, 2007. nº 64, p. 97. No entender acerca de uma eventual substituição categorial, ver DIAS, Jorge de Figueiredo. *Direito Penal. Parte Geral. Questões Fundamentais da Doutrina Geral do Crime*. Coimbra: Coimbra Editora, 2004, p. 290.

possuem consequências semelhantes na filtragem das condutas sociais passíveis de incriminação, na afirmação de um direito penal democrático e na rejeição do paternalismo e moralismo legal, todavia inegavelmente apresentam delimitação, desenvolvimento, alocação sistemática e *modus* de proceder dogmáticos distintos.[225]

O princípio da ofensividade atua como potencializador da exigência de materialidade, permitindo, mediante um adensamento compreensivo, conduzir tanto as funções a serem desempenhadas pelo bem jurídico, quanto às ciências criminais como um todo ao acertamento de critérios punitivos que de outra forma dificilmente seria possível. A ideia central consiste em que o direito constitucional à liberdade somente pode ser limitado com intuito de proteger algum interesse, em concreto e com ressonância constitucional, do raio de ação de condutas ofensivas.[226] Assim, o princípio agrega qualidade no processo de construção do conceito material do ilícito, impedindo que a legislação penal pratique "um processo de estrita valoração formal do ilícito".[227]

Isso, de forma alguma, indica a renúncia aos deveres com a legalidade formal, tendo em vista que a preocupação com uma concepção realista do crime não implica abrir mão da necessidade de previsão da conduta ofensiva por meio de um tipo-de-ilícito.[228] Ao mesmo tempo, não se pode confundir a ofensividade da conduta com o conceito jurídico de ilicitude objetiva, pois, mesmo nas hipóteses de incidência de uma causa de justificação do ilícito, permanece a existir a ofensa ao bem jurídico, sendo essa tão somente reconhecida como justificável.

É o que ocorre quando em legítima defesa, o injustamente agredido ou aquele que corre perigo de sofrer agressão iminente, repele o ataque que lhe é endereçado. Nesse caso, haverá uma ofensa somente "em sentido material", mas não uma ofensa na condição exigida para a conformação do ilícito-típico, ou seja, não terá relevância jurídico-penal devido ao fato de não ser naquela circunstância que o bem deve ser protegido

---

[225] Sobre o *harm principle*, ver ASHWORTH, Andrew. *Principles of criminal law*. 6. Ed. Oxford: Oxford University Press, 2009, p. 27-31 e ORMEROD, David. *Smith and Hogan Criminal Law*. 12 ed. Oxford: Oxford University Press, 2008, p.14-15.

[226] D'AVILA, Fabio Roberto. Direito Penal e Direito Sancionador. Sobre a identidade do Direito Penal em tempos de indiferença. *Revista Brasileira de Ciências Criminais*. São Paulo: Revista dos Tribunais, 2006. nº 60, p. 26, e O modelo de crime como ofensa a bem jurídico. Elementos para a legitimação do Direito Penal Secundário. *Direito Penal Secundário: Estudos sobre crimes econômicos, ambientais, informáticos e outras questões*. São Paulo/Coimbra: Editora Revista dos Tribunais/ Coimbra Editora, 2006, p. 86-87; MANTOVANI, Ferrando. *Diritto Penale. Parte Generale*. Padova: Cedam, 1971, p. 186.

[227] D'AVILA, Fabio Roberto. Direito Penal e Direito Sancionador. Sobre a identidade do Direito Penal em tempos de indiferença. *Revista Brasileira de Ciências Criminais*. São Paulo: Revista dos Tribunais, 2006. nº 60, p. 28.

[228] FIORE, Carlo. Il Princípio di Offensività. *L'indice Penale*, Padova: Cedam, 1994. a. 28. n.2, p. 278.

pela norma.²²⁹ Isso, por certo, não significa que o bem jurídico de titularidade do injusto agressor tenha perdido o seu valor jurídico, apenas que na situação na qual se encontra pode ser legitimamente sacrificado, pois, "a situação conflitual não faz perder a relevância do bem lesado, ao invés disso, determina a exigência de qualificar a ofensa a tal bem em termos de licitude ou ilicitude objetiva, atribuindo a conotação de 'justa' ou 'injusta'".²³⁰

O presente interrogar tem como objetivo alcançar elementos aproximativos do sentido material positivado na lei e imprescindível para a justa e correta solução dos casos.²³¹ Para isso, se acredita na insuficiência de uma concepção formal de crime, na qual o desprovimento de conteúdo ocasiona o afastamento da realidade. O pensamento utilitário-eficientista liquefaz todo e qualquer limite material – reitere-se, proporcionado pelo conceito de crime como ofensa a bem jurídico –, ao passo que acarreta a cristalização da vida comunitária por meio de uma normatividade empedernida, na qual o pragmatismo da tutela de funções dissolve conceitos tradicionalmente distintos. Muito breve: a *ratio legis*, o objeto de tutela e o conteúdo da norma são dissolvidos e amalgamados no pragmatismo da tutela de função.

O perigo de convívio e operação com um Direito Penal de estrita valoração formal do ilícito assume proporções indesejadas, haja vista que para além da perda do potencial crítico do bem jurídico, estar-se-ia "indiferenciando o ilícito criminal do ilícito administrativo, identificação insuportável que, ao fim e ao cabo, acarreta erosão das configurações ontológicas de cada ordenamento. Transformação ontológica que, diretamente, implicaria o descumprimento funcional do projeto sancionatório político-criminal".²³² Em síntese: o princípio da ofensividade serve como cânone hermenêutico de todo o Direito Penal contemporâneo, quando não totalitário, policialesco ou gravoso em excesso para liberdade.²³³

No que tange ao Direito Penal Secundário, em específico, se reconhece que nem todos os bens jurídico-penais possuem uma consistência corpórea, comum ao Direito Penal Tradicional.²³⁴ Mesmo assim, o refe-

---

²²⁹ PADOVANI, Tulio. *Diritto Penale*. 5ª ed. Milano: Giuffrè, 1999. p. 132.

²³⁰ Idem, ibidem.

²³¹ COSTA, José de Faria. *O perigo em Direito Penal*. Coimbra: Coimbra Editora, 1992, p. 219.

²³² D'AVILA, Fabio Roberto. Direito Penal e Direito Sancionador. Sobre a identidade do Direito Penal em tempos de indiferença. *Revista Brasileira de Ciências Criminais*. São Paulo: Revista dos Tribunais, 2006. nº 60, p. 28.

²³³ MARINUCCI, Giorgio; DOLCINI, Emilio. *Corso di Diritto Penale Le Norme Penali: fonti e limiti di applicabilità. Il reato: nozione, struttura e sistematica*. 3ª ed. Milano: Giuffrè, 2001, p. 539.

²³⁴ Nesse sentido, ANDRADE, Manuel da Costa. *A nova Lei dos Crimes Contra a Economia (Dec-lei nº 28/84 de 20 de janeiro) à luz do conceito de bem jurídico*. Coimbra: Centro de Estudos Judiciários. Separata

rencial crítico não pode ficar livre de qualquer concretude,[235] ou, ainda, tampouco se justifica a apressada defesa de permissivos teóricos para o abandono ou abrandamento dos critérios gerais de legitimação penal.[236]

O Direito Penal – ainda que na dita sociedade do risco – não pode abrir espaço para a regência absoluta por um pensamento de matiz eficientista que, meramente, calcula a forma mais eficaz de cumprir certas finalidades, sob o risco de desintegração de suas linhas de fundamentação e de coerência garantidoras da liberdade. É o que ocorre com a concepção utilitária difundida nos países anglo-saxões denominada *actuarial justice*, segundo a qual o Direito Penal deve-se preocupar em "regular certos grupos (de pessoas 'perigosas') como parte de uma estratégia de gestão de risco".[237] E mesmo as concepções arquitetadas a fim de articular a inclusão de paradigmas logicamente incompatíveis em uma única zona do ordenamento – a exemplo da orientação de Silva Sanchez – ainda quando voltadas às boas intenções,[238] representam um perigo constante de "domínio de um sobre o outro, quando não o esmagamento de um pelo outro".[239] Caso em que se tenderia a constatar a sobrepujança fática do paradigma mais invasivo à liberdade sobre o espaço reservado ao mais garantista.

Afirma-se não ser o Sistema Financeiro Nacional espaço para exceções. Ainda que se reconheça a complexidade inerente ao seu dinamismo operatório – em alguns espaços, até mesmo, uma aparente relativização de valores –, e, assim, também, portanto, a dificuldade do reconhecimento do desvalor social do ilícito, toda intervenção penal deve se manter

---

da 1ª edição do ciclo de estudos de Direito Penal Econômico, 1985, p. 91 e ss; COSTA, José de Faria. *Direito Penal Econômico*. Coimbra: Quarteto Editora, 2003, p. 39; DIAS, Jorge de Figueiredo e ANDRADE, Manuel da Costa. Problemática geral das Infrações contra a Economia Nacional. *Temas de Direito Penal Econômico*. São Paulo: Revista dos Tribunais, 2000, p. 67.

[235] FIORELLA, Antonio. *Trattato di Diritto Comerciale e di Diritto Publico dell'economia. Il Diritto Penale dell'impresa*. Milano: Cedam, 2001, p. 19; MARINUCCI, Giorgio; DOLCINI, Emilio. *Corso di Diritto Penale Le Norme Penali: fonti e limiti di applicabilità. Il reato: nozione, struttura e sistematica*. 3ª ed. Milano: Giuffrè, 2001, p. 544.

[236] DIAS, Jorge de Figueiredo. *Direito Penal. Parte Geral. Questões Fundamentais da Doutrina Geral do Crime*. Coimbra: Coimbra Editora, 2004, p. 136.

[237] Idem, p. 133. Sobre isso não se deve olvidar que a criação de zonas de "minimização do processo garantístico" no ordenamento tende a transmutar-se na combatida "justiça de classe", apenas com a substituição dos selecionados, atualmente, com o foco para novos "excluídos" (FRANCO, Alberto Silva. Globalização e criminalidade dos poderosos. *Temas de Direito Penal Econômico*. São Paulo: Revista dos Tribunais, 2000, p. 235-277, principalmente, p. 274 e ss).

[238] Silva Sánchez, preocupado com a flexibilização de garantias jurídico-penais em hipóteses nas quais existe a previsibilidade de uma pena privativa de liberdade, propõe uma "configuração dualista do sistema do direito penal", graduando as regras de imputação e os princípios de garantia, segundo o modelo sancionatório assumido (SILVA SÁNCHEZ, Jesús-María. *A expansão do Direito Penal: aspectos de Política Criminal nas sociedades pós-industriais*. São Paulo: Revista dos Tribunais, 2002, p. 140-142).

[239] DIAS, Jorge de Figueiredo. *Op. cit.*, p. 134.

orientada por um cuidado cirúrgico, seguramente, guiada pela precisão técnica de especialistas. Os compromissos de legitimidade constitucional, assumidos no Estado Democrático de Direito pelo Direito Penal, impõem como único modelo de crime possível o ilícito como ofensa a bens jurídicos penais.

E isso, sem qualquer dúvida, não se trata apenas de uma questão teórico-discursiva, mas, sim, da mais profunda justificativa de reconhecimento e de existência desse campo do ordenamento. A mudança do conteúdo de tutela do ilícito não implica apenas desdobramentos dogmáticos, afeitos à delimitação da legítima intervenção e à proteção de garantias, seu aparecer denota a alteração do sentido mais fundamental: a compreensão que se tem da vida. Aqui, por dever de coerência, é defeso seguir sem ao menos dizer: o bem jurídico – também como elemento dogmático –, sobretudo, como referencial valorativo comunitário, é explicitador de uma concepção de sociedade e, por conseguinte, de projeto constitucional, mediante os quais o Direito se conforma.

Destaca-se, com maior profundidade, que as linhas de força do ordenamento concretizam-se por meio do conceito de bem jurídico, que, ao fim, após múltiplas aderências jurídicas advindas de diversas partes da juridicidade agregam densidade axiológica ao valor.[240] Em específico, o bem jurídico-penal intencionalmente se apresenta como um recorte, ainda que por vezes com variável nitidez, do bem jurídico-constitucional, que é caraterizado como a tendência a ser seguida pela legislação ordinária e não propriamemte como a imposição de rígida identidade. Essa intencional coincidência significa a concretização dos meios de inter-relação do ordenamento, mediante os quais o valor ganha complexidade descritiva no plano normativo.[241]

---

[240] Nesse sentido, com notável clareza é a lição de Faria Costa a respeito da missão do bem jurídico em satisfazer "as intencionalidades recíprocas dos ordenamentos (constitucional e penal). Por um lado, permite que o direito penal não desrespeite os comandos essenciais e a valoração fundamental que a constituição tem inscritos. Por outro, possibilita que o direito constitucional se densifique através daquilo que o direito penal tutela, dando sempre a este a possibilidade de escolha quanto ao modo (a nível do tipo) de tutelar o próprio bem jurídico-penal" (COSTA, José de Faria. *O perigo em Direito Penal*. Coimbra: Coimbra Editora, 1992, p. 222, nota 34).

[241] Idem, p. 225, nota 37.

3. Explicitação da concretude do bem jurídico-penal econômico nos crimes contra o Sistema Financeiro Nacional

3.1. A Lei dos Crimes contra o Sistema Financeiro Nacional (7.492/86): o desvelamento dos sentidos reitores do universo financeiro

> "Parte nenhuma da história se compraz em repetições, com tanta frequência e uniformidade, quanto em Wall Street. Quando lemos relatos contemporâneos sobre surtos altistas ou pânicos, o que mais fortemente nos impressiona é que a especulação e os especuladores do mercado acionário de hoje diferem pouquíssimo dos de ontem. O jogo não muda, assim como também não muda a natureza humana".
> (Edwin Lefèvre – *Reminiscences of a stock operator* – 1923)

Em razão dos argumentos apresentados no segundo capítulo, tem-se que o sistema financeiro, como parte da economia de mercado, é um produto cultural.[242] E como todo produto cultural é passível de leituras antropológicas, interessadas no reconhecimento dos valores reitores das relações sociais mantidas nesse âmbito. Segundo a concepção que ora se desenvolve, tanto o campo das finanças, quanto o Direito fazem parte do chamado "real construído",[243] de modo que a capacidade interventiva da juridicidade penal somente obtém legitimidade à medida que naquele campo existam valores dignos a requererem proteção jurídico-penal.

Para o adensamento compreensivo desse objeto, avançar-se-á na análise material do sistema financeiro, decompondo a parte organo-burocrática das instituições. Parece oportuno, antes disso, algumas consi-

---

[242] MÜLLER, Lucia Helena Alves. *Mercado exemplar: um estudo antropológico sobre a bolsa de valores.* Porto Alegre: Zouk, 2006, p. 12 e ss.; BARBOSA, Livia. O antropólogo como consultor organizacional: das tribos exóticas às grandes empresas. *Igualdade e meritocracia. A ética do desempenho nas sociedades modernas.* 2ª ed. São Paulo: Fundação Getúlio Vargas, 2002, p. 164-166.

[243] Para o detalhamento e a diferenciação das categorias "real-construído" e "real-verdadeiro", ver COSTA, José de Faria. *O perigo em Direito Penal.* Coimbra: Coimbra Editora, 1992, p. 316-317, 396, 455.

derações de ordem conceitual sobre qual seria a denominação que com melhor propriedade designa a Lei 7492/86.

Primeiro, a forma como o uso corrente e despreocupado apelidou a Lei 7.492/86 como Lei dos Crimes de Colarinho Branco, em nada contribui para o acertamento hermenêutico-aplicativo da questão. Trata-se de equívoco dogmático e metodológico, que, ao confundir o agente do crime com o objeto de tutela, contamina de subjetivismo a objetividade jurídica, mitigando o rigor analítico próprio do Direito Penal. Elucida-se, brevemente, os fundamentos distintivos dos conceitos e dos prejuízos provenientes da confusão conceitual na questão. Por um lado, a tipologia *White-collar Crime* remete à investigação criminológica norte-americana de Edwin Sutherland, na qual o elemento central era a identidade do agente. Sutherland reconhecia a dificuldade de uma estruturação categorial precisa do *White-collar Crime*, assim sendo, definia-o, aproximadamente, como o crime cometido por pessoa de respeitabilidade e alto estatuto social no âmbito de sua profissão.[244] Por outro, o Direito Penal, caso se pretenda democrático, deve se manter num parâmetro objetivo de análise, reitere-se, configurado sob a orientação do modelo de crime como ofensa a bens jurídicos. Assim, se na criminologia pesquisas em relação ao sujeito do crime ostentam valor científico, o mesmo não pode ser afirmado em relação ao conteúdo do ilícito do Direito Penal Econômico legítimo e democrático, por certo, a assunção de tal orientação resultaria na renúncia ao "Direito Penal do fato" em benefício do autoritário "Direito Penal do autor".[245]

Segundo, não por preciosismo linguístico, sobretudo, em razão do bem jurídico objeto de tutela, o passar do tempo demonstrou o acerto da denominação "sistema financeiro", aposta na presente legislação, pois, ao longo dos anos, o reiterado emprego consolidou "financeiro" para designação específica desse campo de mobilidade de títulos e de valores.[246] E os

---

[244] SUTHERLAND, Edwin. *White-collar Crime – The Uncut Version*. New Haven: Yale University Press, 1983, p. 7. Assim também em SUTHERLAND, Edwin. The White-Collar Criminal. *El Delito de Cuello Blanco*. Madrid: La Piqueta, 1999, p. 330 e, do mesmo autor, La delincuencia de las grandes empresas. *El Delito de Cuello Blanco*. Madrid: La Piqueta, 1999, p. 311.

[245] Nesse sentido CORREIA, Eduardo. Introdução ao Direito Penal Económico. *Revista Direito e Economia*. Coimbra: Coimbra Editora, 1977. n. 3, p. 24; COSTA, José de Faria. O Direito Penal Econômico e as causas implícitas de exclusão da ilicitude. *Temas de Direito Penal Econômico*. São Paulo: Revista dos Tribunais, 2000, p. 148; DIAS, Jorge de Figueiredo. Problemática geral das Infrações contra a Economia Nacional. *Temas de Direito Penal Econômico*. São Paulo: Revista dos Tribunais, 2000, p. 8; SANTOS, Claudia Cruz. O Crime de Colarinho Branco, a (des)igualdade e o problema dos modelos de controlo. *Temas de Direito Penal Econômico*. São Paulo: Revista dos Tribunais, 2000, p. 68. No Brasil, RUIVO, Marcelo Almeida. Criminalidade fiscal e Colarinho Branco: a fuga ao Fisco é uma exclusividade do White-collar? *Direito Penal Especial, Processo Penal e Direitos Fundamentais: Visão Luso-brasileira*. São Paulo: Quartier Latin, 2006, p. 1186-1187.

[246] Em sentido contrário, Pedro Pimentel sugeriu a *lata locucionis* de "crimes contra a ordem econômica" (PIMENTEL, Manoel Pedro. Tipicidade e Crimes contra o Sistema Financeiro. *Revista da Ordem*

interesses ligados ao Direito Administrativo-financeiro vieram a ser preenchidos pelos crimes contra as finanças públicas (arts. 359-A ao 359-H do Código Penal) e pelos crimes contra a ordem tributária (Lei 8.137/90).

Terceiro, ainda que se reconheça a existência de variados entendimentos sociológicos acerca da denominada Teoria dos Sistemas, a expressão "sistema" ou, ainda melhor, "sistema financeiro" não será empregada aqui com alguma conotação especial ou particular, será apenas repetida em razão de ter sido aquela referida na positivação legal. Tem-se, ainda assim, cautela teórica com os limites da acepção a ser identificada na concepção de sistema jurídico, uma vez que não pode ser idealizado perene e hermeticamente fechado. Tudo indica que se deva pensá-lo "aberto e constituendo", até porque, mesmo em termos técnico-instrumentais, historicamente, deixou de ser "normativisticamente unidimensional", à medida que, na atualidade, se revela normativamente pluridimensional "com uma dimensão normativa que transcende, intencional e juridicamente, as normas formais e que é dada pelos valores e princípios normativos jurídicos ou regulativos e constitutivos fundamentos normativos de todo o sistema juridicamente vigente".[247]

Quarto, a identificação ou tratamento sinonímico empregado às expressões "sistema financeiro" e "mercado financeiro" – por alguns autores na literatura especializada de economia, administração e contabilidade – parece não observar as particularidades de cada um dos elementos e, por isso, não realça a distinção dos objetos. Acredita-se não ser exata a identificação absoluta entre os verbetes, uma vez que o conceito de mercado financeiro é de menor amplitude, pois por sistema financeiro entende-se não apenas as instituições de mercado, mas também toda a regulamentação jurídica a elas destinada.[248]

3.1.1. A disciplina legal do Sistema Financeiro Nacional e a estrutura administrativo-burocrática

A disciplina legal ordinária está ao encargo, basicamente, das Leis 4.595/64 (regulamentação das instituições monetárias e criação do Conse-

---

dos Advogados do Brasil. Brasília: Editora Brasiliense, 1989. n° 53, p. 42). Na Espanha, já havia observado Barbero Santos, "financeiro é um galicismo, que faz tempo deixou de ser utilizado para designar as coisas relacionadas com a Fazenda Pública e se emprega hoje para referir o mundo dos negócios empresariais, isto é, das sociedades" (BARBERO DOS SANTOS, Marino. Los delitos socio-economico en España. *Estudios em homenagem ao prof. Eduardo Correia*. Coimbra: Universidade de Coimbra, 1984, p. 284).

[247] NEVES, Antonio Castanheira. *Digesta: escritos acerca do direito, do pensamento jurídico, da sua metodologia e outros*. Coimbra: Coimbra Editora, 1995. v. 2, p. 52.

[248] Em outro sentido, ver BREDA, Juliano. *Gestão fraudulenta de instituição financeira e dispositivos processuais da Lei 7492/86*. Rio de Janeiro: Renovar, 2002, p. 12.

lho Monetário Nacional – CMN), 4.728/65 (regulamentação do mercado de capitais), 6.045/74 (alteração da competência e constituição do CMN), 6.385/76 (introdução de novas disposições sobre o mercado de valores mobiliários e criação da Comissão de Valores Mobiliários – CVM), assim como as resoluções do CMN, do Banco Central do Brasil (BACEN) e da CVM.

Já os órgãos administrativo-burocráticos são: Conselho Monetário Nacional (CMN), na qualidade de superior hierárquico com estrita atividade normativa; Banco Central do Brasil (BACEN), autarquia federal efetivamente executora da política monetária, reguladora de segunda hierarquia e fiscalizadora do mercado de crédito, monetário e cambial; Comissão de Valores Mobiliários (CVM), autarquia regulamentadora e fiscalizadora do mercado de capitais. Como parte integrante do Ministério da Fazenda, poder-se-ia referir o Conselho de Controle de Atividades Financeiras (COAF)[249] com atribuição específica de receber, examinar e identificar operações ilícitas relacionadas à lavagem de dinheiro – exercendo atividade regulamentadora e sancionatória dessa matéria no sistema financeiro. Ainda, na qualidade de sociedade civil sem fins lucrativos, encontra-se o Fundo Garantidor de Crédito (FGC)[250] com a atribuição de administrar mecanismos de proteção aos correntistas, poupadores e investidores nos casos de falência ou liquidação da instituição financeira.

As pessoas jurídicas de direito privado podem ser divididas tipologicamente como atuantes em quatro modalidades de mercado, isto é, monetário, cambial, de crédito e de capitais.[251] Exercem atividade no mercado monetário: os bancos comerciais – executores de serviços econômicos de menor complexidade como depósito e pagamento, os bancos de investimento, as caixas econômicas, as associações de poupança e empréstimo. No mercado cambial, destacam-se as agências de câmbio responsáveis pela compra e venda de moedas estrangeiras, as sociedades corretoras de câmbio intermediárias e realizadores de operações neste mercado e os bancos de câmbio autorizados a realizar operações de câmbio e de crédito como financiamento de exportação e importação e adiantamentos sobre contratos de câmbio.

---

[249] Criado pelo art. 14 da Lei 9.613 de 3 de março de 1998.

[250] Criado a partir da transferência dos valores que constavam no extinto Fundo de Garantia de Depósitos e Letras Imobiliárias (FGDLI) com disciplina legal conferida pela Resolução nº 2.211/95, do CMN, e a Circular Bacen nº 3.270/04.

[251] Assim, também dividem SILVA, Paulo Cezar da. *Crimes contra o Sistema Financeiro Nacional. Aspectos Penais e processuais da Lei 7492/86*. São Paulo: Quartier Latin, 2006, p. 24; BREDA, Juliano. *Gestão fraudulenta de instituição financeira e dispositivos processuais da Lei 7492/86*. Rio de Janeiro: Renovar, 2002, p. 12-13. Maior detalhamento das instituições financeiras encontra-se recentemente em BITENCOURT, Cezar Roberto; BREDA, Juliano. *Crimes contra o sistema financeiro nacional & contra o mercado de capitais*. Rio de Janeiro: Lumen Juris, 2010, p. 4-10.

Nas operações de concessão de créditos encontram-se três tipos institucionais: (a) bancos de desenvolvimento e agências de fomento supridores de recursos para programas de desenvolvimento econômico e social de determinado Estado; (b) as caixas públicas, com feição social, para fins de custeio do consumo da população de baixa renda e (c) as empresas de capital privado, destinadas ao financiamento de atividades econômicas em geral ou específicas, na forma de sociedades financeiras ou sociedades de crédito imobiliário. Em relação ao mercado de capitais, tem-se a Bolsa de Valores – local de realização dos negócios – e as sociedades corretoras ou sociedades distribuidoras responsáveis pela intermediação das compras e vendas dos valores mobiliários. Por fim, entre as equiparadas às instituições financeiras encontram-se ainda as administradoras de consórcio, sociedades seguradoras, sociedade de capitalização e as entidades de previdência complementar. Conforme se adiantou, a distinção acima exposta tornou-se modelar após o fim da década de 80. Atualmente, as maiores empresas em exercício no mercado financeiro têm a forma de bancos múltiplos, as quais se caracterizam pela aptidão para desempenhar – senão diretamente, por meio de empresas pertencentes ao mesmo grupo – além das tarefas bancárias normais, grande parte dos outros tipos de operações.

Já o conceito de instituição financeira constava no ordenamento pátrio na redação do artigo 17 da Lei 4.595/64.[252] Entretanto, passados vinte anos, com a edição da lei destinada à repressão da criminalidade ofensiva ao Sistema Financeiro Nacional foi realizado novo esforço definitório para fins penais, de modo a alargar o rol anterior. Ainda assim, embora a lei penal reconheça como instituições financeiras empresas não constituídas nos moldes das sociedades anônimas, segue valendo indicação do artigo 25 da Lei 4595/64 que as instituições financeiras privadas devem ser constituídas como sociedades anônimas.[253]

Mesmo assim, persistem divergências jurisprudenciais acerca de algumas hipóteses. Segundo o posicionamento do Superior Tribunal de Justiça as empresas de cartão de crédito não são consideradas instituições financeiras, tendo em vista que realizam "intermediação financeira", na condição de "mandatária dos usuários", na busca e "obtenção de emprés-

---

[252] "Art. 17. Consideram-se instituições financeiras, para os efeitos da legislação em vigor, as pessoas jurídicas públicas ou privadas, que tenham como atividade principal ou acessória a coleta, intermediação ou aplicação de recursos financeiros próprios ou de terceiros, em moeda nacional ou estrangeira, e a custódia de valor de propriedade de terceiros. Parágrafo único. Para os efeitos desta lei e da legislação em vigor, equiparam-se às instituições financeiras as pessoas físicas que exerçam qualquer das atividades referidas neste artigo, de forma permanente ou eventual".

[253] "Art. 25. As instituições financeiras privadas, exceto as cooperativas de crédito, constituir-se-ão unicamente sob a forma de sociedade anônima, devendo a totalidade de seu capital com direito a voto ser representada por ações nominativas". (Redação dada pela Lei nº 5.710, de 07/10/71)

timo bancário para seus mandantes" no Sistema Financeiro.[254] Entretanto, como bem observa Baltazar Junior, tal entender tende à revisão. Não é coerente que tais empresas possam cobrar juros dos seus mandatários – em função da realização de operações características de instituição financeira, ou seja, "intermediação de recursos" – sem a responsabilidade penal pela realização dessa conduta, em razão da sua especial condição.[255] Além do mais, paradoxalmente, o próprio Superior Tribunal Justiça editou a Súmula de n° 283, na qual reconhece "as empresas administradoras de cartão de crédito como instituições financeiras e, por isso, os juros remuneratórios por elas cobradas não sofrem as limitações da lei de usura".

Para fins comparativos, convoca-se a conceituação oriunda da tradição jurídica anglo-saxã. Mesmo sendo mais restrita que a legislação brasileira, inclui, entre as instituições não depositárias, os planos de previdência[256] e as seguradoras.[257] Define-se como instituição financeira a organização "que cobra fundos do público para colocar em activos financeiros tais como acções, obrigações, instrumentos do mercado financeiro, depósito bancários ou empréstimos. As instituições depositárias (bancos, instituições de poupança e empréstimos, bancos de poupança, cooperativas de crédito) pagam juros sobre os depósitos e investem o dinheiro depositado principalmente em empréstimos. As instituições não depositárias (companhia de seguros e planos de pensões) juntam dinheiro pela venda de apólices de seguro ou pelo recebimento das contribuições patronais e desembolsam-no para indemnizações legítimas ou regalias de reforma. Muitas instituições estão cada vez mais a realizar funções depositárias, como não depositárias. Por exemplo, as firmas correctoras colocam actualmente o dinheiro dos clientes em certificados de depósito e em fundos do mercado financeiro e vendem seguros".[258]

Outro ponto de distinção no direito comparado seria a condição de instituição financeira ostentada pelas empresas de faturamento mercantil (*factoring*) em Portugal e em outros países europeus, nos quais a ativida-

---

[254] STJ, RHC 4783/SP. Min. Cid Flaquer Scartezzini, 5° T, 26/05/1997. Publicação DJ 10.11.1997 p. 57812. RSTJ vol. 103, p. 314.

[255] BALTAZAR JUNIOR, José Paulo. *Crimes Federais*. 3° ed. Porto Alegre: Livraria do Advogado, 2008, p. 317-318.

[256] No Brasil, STF RHC 85094/SP, Min. Gilmar Mendes, 2° Turma, 15/02/2005, Publicação DJ 08-04-2005 p.39, HC 33674/SP, Min. Hamilton Carvalhido, 6° T, 25/05/2004, Publicação DJ 13/09/2004, p. 295; HC 26288/ SP, Min. Hamilton Carvalhido, 6° T, 03/02/2005, Publicação DJ 11/04/2005 p. 385, TRF3 AC 1999.03.99039158-3/SP, Peixoto Júnior, 2°T., 22/04/2002, p. 319.

[257] No Brasil, STF HC 83279/SC, Min. Marco Aurélio, 1°T., 10/02/2004 e STJ CC 33.076/SP, Fontes de Alencar, 3° S., DJ 22/09/2003.

[258] DOWNES, John; GOODMAN, Jordand Elliot. *Dicionário de temas financeiros e de investimentos*. Lisboa: Plátano, 1995, p. 291.

de pode, até mesmo, ser desempenhada por bancos.[259] No Brasil, sob o argumento de que é vedado "à empresa de *factoring* a prática de qualquer operação com as características privativas das instituições financeiras"[260] e, além disso, que essa empresa apenas "presta serviço e compra de créditos de pessoas jurídicas e não físicas, não capta recursos nem empresta dinheiro, não faz adiantamentos",[261] não tem sido oferecida a mesma qualificação do Direito português.

E, de qualquer forma, se, por um lado, o artigo 1º da Lei 7.492/86[262] incorporou ao seu rol mais alguns verbos como "emissão, distribuição, negociação, intermediação ou administração de valores mobiliários", em razão do reconhecimento político-criminal da necessidade de tutela do mercado de capitais, por outro, é muito expressivo o veto presidencial à redação originária no atinente à expressão "recursos próprios", a qual permitiria qualificar como instituição financeira toda e qualquer empresa aplicadora de recursos próprios no sistema financeiro.[263] Isto é, como bem consta no teor da justificativa do veto "na aplicação de recursos próprios, se prejuízo houver, não será para a coletividade, nem para o sistema financeiro". Com isso pode se dizer que o sentido da lei é a proteção do direito de propriedade da coletividade formada pelos poupadores diretos e usuários eventuais, ainda que não individualizados. Aliás, a finalidade da lei foi tutelar o sistema financeiro como local estratégico de exposição a perigo de recursos de todos os seus usuários.

3.1.2. Delimitação antropológica dos valores conformadores e da dinâmica social financeira

Após o delineamento dos contornos gerais da regulação material, deve-se seguir na investigação antropológica proposta, primeiramente,

---

[259] VEIGA, Vasco Soares da. *Direito Bancário*. 2ª ed. Coimbra: Almedina, 1997, p. 69.

[260] Assim, STJ HC 7463/PR. Min. Felix Fischer, 5º T., 13/10/1998. Publicação DJ 22.02.1999, p. 112, ROHC 6394/RS. Min. Fernando Gonçalves, 6º T. 09/06/1997. Publicação DJ 30.06.1997, p. 31083.

[261] TRF 1º AC 2003.36.00.0085054/MT, Des. Tourinho Neto, 3º T., 25/07/2006.

[262] "Art. 1º Considera-se instituição financeira, para efeito desta lei, a pessoa jurídica de direito público ou privado, que tenha como atividade principal ou acessória, cumulativamente ou não, a captação, intermediação ou aplicação de recursos financeiros (Vetado) de terceiros, em moeda nacional ou estrangeira, ou a custódia, emissão, distribuição, negociação, intermediação ou administração de valores mobiliários. Parágrafo único. Equipara-se à instituição financeira: I – a pessoa jurídica que capte ou administre seguros, câmbio, consórcio, capitalização ou qualquer tipo de poupança, ou recursos de terceiros; II – a pessoa natural que exerça quaisquer das atividades referidas neste artigo, ainda que de forma eventual".

[263] Assim, versou o veto do Presidente da República "no artigo 1º, a expressão 'próprios ou', porque é demasiado abrangente, atingindo o mero investidor individual, o que obviamente não é o propósito do legislador. Na aplicação de recursos próprios, se prejuízo houver, não será para a coletividade, nem para o sistema financeiro; no caso de usura, a legislação vigente já penaliza de forma adequada quem a praticar. Por outro lado, o art. 16 do Projeto alcança as demais hipóteses possíveis, ao punir quem opera a devida instituição financeira sem a devida autorização".

questionando sobre a existência de valores conformadores das linhas de desenvolvimento e de alternâncias do dinamismo financeiro. Tarefa que sutilmente leva o jurista ao imprescindível contato com uma realidade social, por vezes, negligenciada. Fala-se de uma aproximação fecunda do Direito com o simbolismo e as crenças de determinados campos comunitários temporalmente situados, o que, sem dúvida, é essencial para a compreensão da manifestação axiológica, bem como do âmbito possível e necessário de oferecimento de tutela.[264]

O mercado financeiro é um espaço marcado pela constante produção de informação, com períodos de validade e mesmo utilidade extremamente curtos, *v.g.*, gráficos, cotações e avaliadores de risco oscilam ao ritmo do fluir cotidiano dos mercados. O horizonte compreensivo, portanto, deve seguir a sóbria orientação de que tende a ser sempre limitada a capacidade dos usuários do sistema financeiro no processamento das informações existentes no mercado. Até por isso, a conduta dos investidores pode se desvelar surpreendente – ou, até mesmo, pouco racional – quando analisada sob a frieza da lógica atuarial dos gráficos e das planilhas.[265] As observações de campo constatam que toda e qualquer relação mercantil – ao contrário, do teorizado idealisticamente – somente é possível em espaços de plena atividade de assunção e de reconhecimento axiológico, uma vez que "as relações sociais e os valores culturais desempenham um papel decisivo na formação dos mercados, ao mesmo tempo em que se conformam a eles".[266] As relações econômicas, que perpassam e ofertam sentido ao campo financeiro, são, por sua vez, uma espécie dentre as variadas modalidades interações que as relações comunitárias comportam.[267]

Diante disso tudo, cabe indagar: qual seria o elemento de sustentação das relações econômicas em um âmbito de restrita cognição a respeito

---

[264] Tal propósito remete a uma das concepções de grande influência sobre a orientação deste trabalho. O movimento do institucionalismo econômico – iniciado na Universidade John Hopikins na América do Norte por volta de 1884 – segue a perspectiva de que o homem não pode ser visto como um agente isolado do grupo, perfeitamente orientado pela racionalidade iluminista na leitura de leis universais da economia (MARTINEZ, Pedro Soarez. Algumas considerações sobre o institucionalismo económico. *Revista da Faculdade de Direito da Universidadade de Lisboa*. Viseu: Tipografia Guerra, 1990. v. XXXVI, p. 185-189). Condição essa que levou a abstração teórica de uma economia regida, exclusivamente, por princípios lógicos e motivações racionais dos consumidores ser criticada, sob a perspectiva de diversas ciências e tradições culturais, a título ilustrativo FERNANDES, Carla; MARTINS, Antonio. *A Teoria Financeira Tradicional e a Psicologia dos Investidores: uma síntese.* Coimbra: Gráfica de Coimbra, 2003 e BOURDIEU, Pierre. O Campo Econômico. *Revista de Sociologia Política*. Florianópolis: Cidade Futura, 2005, nº 6, p. 15-57.

[265] FERNANDES, Carla; MARTINS, Antonio. *A Teoria Financeira Tradicional e a Psicologia dos Investidores: uma síntese*. Coimbra: Gráfica de Coimbra, 2003, *p. 7*.

[266] MÜLLER, Lucia Helena Alves. *Mercado exemplar: um estudo antropológico sobre a bolsa de valores*. Porto Alegre: Zouk, 2006, p. 53.

[267] Idem, ibidem.

de como efetivamente os processos se desencadeiam, inter-relacionam-se e produzem consequências no âmbito macroeconômico? E, ainda, o que poderia impulsionar a tomada de decisões quando a qualidade da informação é notadamente precária?

A fim de articular uma resposta suficientemente consistente é necessário ressaltar alguns pontos essenciais. Destaca-se a peculiaridade característica desta área econômica, na qual a possibilidade de lucro está atrelada às – nas mais das vezes, inexatas – expectativas de ganho, projetadas a partir de hipóteses de valorização do montante investido e o do risco inerente a todo e qualquer negócio. Parece, assim, que o primeiro elemento a ser considerado é a ideia de incerteza quanto ao comportamento futuro do mercado, no que diz respeito aos próprios perigos da operação, que, de maneira alguma, se restringe as variações de cotações e aos ajustes de preços. Não se trata, propriamente, de uma incerteza absoluta que domina o campo das relações econômicas, mas, sim, uma parcela de incerteza quase como inalienável em razão da composição cultural dessa área específica, traduzível no sentido do vocábulo *alea* do latim que, por sua vez, resultou em *aleatoriu*.[268]

À primeira vista, pode causar alguma perplexidade, todavia, é assim mesmo que se apresenta: duas ideias aparentemente paradoxais encontram-se fundamentalmente relacionadas no mundo financeiro, nomeadamente a incerteza e a confiança. Desde os procedimentos mais simples, como abrir uma conta para receber salário ou pagar um boleto bancário via internet, até as operações mais complexas, como investimento de grandes quantias em opções futuras no mercado de capitais, são regidas pela tônica do princípio cardinal da confiança. Confiança que deve ser entendida como um valor básico do mundo dos negócios, que representa um pressuposto fundamental para a dinâmica operatória do sistema financeiro.[269]

A natureza das transações financeiras permite, em geral, ser dividida em quatro grupos: empréstimo de dinheiro, aluguel de bens, contrato de seguro e a compra e venda de ações.[270] No empréstimo de dinheiro, por

---

[268] COSTA, José de Faria. O Direito Penal Econômico e as causas implícitas de exclusão da ilicitude. *Temas de Direito Penal Econômico*. São Paulo: Revista dos Tribunais, 2000, p. 151.

[269] MÜLLER, Lucia Helena Alves. *Op. cit.*, p. 54-55. Nesse sentido, explicava João Marcello de Araújo Junior "as atividades no mercado financeiro estão fundadas em relações de confiança. Seus partícipes, assim, como os motoristas no trânsito, acreditam e confiam que os demais atuarão segundo as regras do jogo, com o máximo de transparência, sinceridade e honestidade, num ambiente em que a veracidade da informação representa um papel essencial" (ARAÚJO JÚNIOR, João Marcello de. Os Crimes contra o Sistema Financeiro no esboço de nova Parte Especial do Código Penal de 1994. *Revista Brasileira de Ciências Criminais*. São Paulo: Revista dos Tribunais, 1995. a. 3. n. 11, p. 151-152).

[270] SINGER, Paul. *Para entender o Mundo Financeiro*. 2ª ed. São Paulo: Contexto, 2003, p. 27.

exemplo, o tomador do empréstimo figura semelhante a um locatário, que deverá pagar, regularmente, os juros (aluguel) ao dono do montante emprestado (bem alugado) durante todo o período em que se mantiver na posse da quantia.[271] Isso mostra que sem a expectativa de resgate futuro do montante investido no negócio, a mais comezinha das operações financeiras – seja no sistema bancário, seja nas instituições destinadas ao investimento de capital e aos consórcios – perde a sua razão de existir.

A associação entre a incerteza e a confiança poderá oscilar em intensidade e também em relação à preponderância de cada um dos elementos, de acordo com a maior ou menor acentuação do risco vivida no momento econômico. O risco, repita-se, ao menos em alguma medida, é um elemento ínsito a toda e qualquer atividade do mundo dos negócios.[272] Por isso, a relação entre a incerteza e a confiança não pode ser ilustrada, numa oposição absolutamente perfeita, por meio da figura do veneno-antídoto, pois o usuário do sistema financeiro não almeja, em vão, a eliminação total do mal causado pela incerteza. Conscientemente, se contenta na condução e limitação a níveis econômicos toleráveis. Muito breve: pretende impedir que a incerteza transmute-se em desconfiança. Os padrões de tolerabilidade da incerteza ou, porque não, de preponderância da confiança são variáveis em decorrência do meio no qual é concebida, o que, de forma alguma, significa a inexistência do valor. Se realmente a confiança é um valor cultural, por certo, ela somente se tornará ontologicamente perceptível por meio de uma compreensão hermenêutica específica do tempo e do espaço da relação social na qual o valor se revela. E aqui se chega ao ponto principal do perquirir axiológico.

A transitividade do verbo "confiar" impõe como necessária a relação com "algo" ou com "alguém", o que, em outras palavras, se trata de uma qualidade relacional. No campo financeiro, na maioria das vezes, esse algo tem ou aparece associado a um valor econômico. É, portanto, quando o interesse no cuidado do sistema financeiro encontra a confiança da proteção do patrimônio – fundamentalmente na confluência desses dois valores reitores – que se conforma um ponto matricial de orientação do sentido primário do sistema financeiro. É a confiança na proteção e, não, propriamente, na preservação ou no incremento do patrimônio. A confiança é responsável por manter as pessoas em crença que – ainda em tempos de instabilidade econômica, *v.g.*, inflação e queda do índice da

---

[271] SINGER, Paul. *Op. cit.*, p. 24.

[272] Nesse sentido, meramente a título de ilustração, FARALDO CABANA, Patricia. Los negocios de riesgo en el Codigo Penal de 1995. *Estudios Penales y Criminologicos*. Santiago de Compostela: Servicio de Publicaciones e Intercambio Científico, 1996. nº XIX, p. 174; SINGER, Paul. *Op. cit.*, p. 24.

Bolsa de Valores – o patrimônio estará protegido.[273] Por isso, atua como obstáculo impeditivo à consecução de fenômenos desarrazoados de retração financeira e crises de liquidez, impulsionados ou, ao menos, com a contribuição do superdimensionamento subjetivo do risco econômico.

Por fim, ao retomar as indagações formuladas, pode-se afirmar que ambos os questionamentos repousam suas inquietudes no mesmo espaço fértil oportunizado pela "teoria da confiança em sistema abstratos".[274] Segundo a narrativa sociológica de Anthony Giddens, sistemas abstratos seriam aqueles que – mesmo quando se desconhece a forma pelas quais as atividades são desempenhadas – não deixam de ser objeto de nossa confiança, em razão da sua imprescindibilidade para tornarem "possível a vida social moderna".[275] Exemplifica com a descrição do cotidiano da pessoa que "saca dinheiro do banco ou faz um depósito (...) está implicitamente reconhecendo as grandes áreas de ações e os eventos seguros e coordenados".[276] Assim, na atualidade, viver-se-ia a intensificação do valor confiança, no sentido sistemas com âmbitos de segurança relativa,[277] razão pela qual a financeirização da economia obrigaria – quer se queira, quer não – a protegê-lo juridicamente. Vale sublinhar ser defeso confundir a crença no funcionamento dos sistemas abstratos com uma, eventual e sem sentido, confiança em abstrato.

A ideia aqui defendida bem se traduz na premissa: confiança no Sistema Financeiro Nacional como espaço de trocas econômicas. E não, propriamente, a confiança no equilíbrio do sistema ou de apenas parte dele. É a tutela do patrimônio que chega a sua intencionalidade máxima expressada nos limites da proteção jurídica contra danos e deteriorações, capazes de colocar em perigo o "conteúdo necessário para o seu prosseguimento existencial".[278] E jamais o sentido idealístico de resguardo absoluto contra toda e qualquer oscilação econômica (prejuízo), pois, assim, os resultados possíveis nas operações realizadas no mercado financeiro constariam artificialmente reduzidos a duas alternativas: ou a manutenção do mesmo valor, ou o incremento patrimonial.

---

[273] FERNANDES, Carla; MARTINS, Antonio. *A Teoria Financeira Tradicional e a Psicologia dos Investidores: uma síntese*. Coimbra: Gráfica de Coimbra, 2003, p. 9.

[274] GIDDENS, Anthony. *Modernidad y identidad del yo*. Barcelona: Ediciones Península, 1995, p. 171-176; GIDDENS, Anthony. *As conseqüências da Modernidade*. São Paulo: UNESP, 1991, p. 87-95.

[275] GIDDENS, Anthony. *As conseqüências da Modernidade*. Op. cit., p. 166. Nesse sentido, BRÜSEKE, Franz Josef. *A técnica e os riscos da Modernidade*. Florianópolis: UFSC, 2001, p. 21-22.

[276] GIDDENS, Anthony. *As conseqüências da Modernidade. Op. cit.*, p. 166.

[277] GIDDENS, Anthony. *Modernidad y identidad del yo. Op. cit.*, p. 171.

[278] D'AVILA, Fabio Roberto. *Ofensividade e Crimes Omissivos Próprios. Contributo à compreensão do crime como ofensa ao bem jurídico*, Studia Iuridica n.85. Coimbra: Coimbra Editora, 2005, p. 313.

Poderia, eventualmente, se alegar a aparente incoerência do aqui sustentado com a linha teórica adotada, tendo em vista que o valor confiança seria demasiado vago, sem consistência prática, permeado por compreensões subjetivísticas e, ainda, próximo ao que, em termos dogmáticos, recebeu as denominações de "bem jurídico espiritualizado"[279] ou, ainda, bem jurídico instrumental. Ademais, a confiança, por certo, é um valor econômico-financeiro com titularidade pouco ou quase nada individualizável, pois é impossível precisar que cota-parte, a partir de que critério, caberia a cada um dos possíveis beneficiários.

Conforme já avançado, são preocupações que não apresentam uma dificuldade inultrapassável. A concepção desenvolvida pela Sociologia, por meio da qual se compreende a confiança, denota traço distintivo da segurança psicológica, no que diz respeito à possibilidade de diferentes apreciações individuais acerca de contextos confiáveis.[280] Cumpre frisar, ainda, ser importante compreendê-la não como um dado estático ou perene, o que, ao fim e ao cabo, lhe imporia uma condição de artificialidade, incapaz de sofrer o ataque de condutas ofensivas. Pelo contrário, se trabalha com uma ideia de valor caracterizada pela oscilação dentro de âmbitos aceitáveis, cujo próprio tensionamento da relação de cuidado-de-perigo – em parâmetros que fogem ao aceitável – é o elemento designativo da ofensividade da conduta criminosa.[281] Assim, somente nos casos de extremo enfraquecimento da relação de confiança, quando existe uma significativa possibilidade de dano ao bem jurídico patrimônio, o Direito Penal estaria legitimado a intervir. Contudo isso não quer dizer que se estaria obrigado a tutelá-lo de forma absoluta.

A menção a um valor amplo e fundamental não impede – pelo contrário, em alguns casos, até mesmo, imprescindível se torna – que a norma penal proteja, especificamente, um bem jurídico com dignidade penal capaz de concretizar e especificar objetivamente aquele valor maior. Por-

---

[279] Sobre a categoria bem jurídico-penal espiritualizado, ver item 2.4.1

[280] Refere Giddens o exemplo do medo apresentado por algumas pessoas em viajar de avião. Mesmo que seja de domínio público que o risco de acidentes fatais é muito menor na aviação do que em transportes rodoviários, há gente que prefira a aparência de segurança à confiabilidade do sistema aeronáutico (GIDDENS, Anthony. *Modernidad y identidad del yo*. Barcelona: Ediciones Península, 1995, p. 167).

[281] Daí a razão de Fabio D'Avila afirmar a respeito do fundamento político-criminal de orientação da utilização dos crimes de perigo abstrato ser "possível perceber o que se encontra por trás desse processo de criminalização, é, em realidade, a vontade do legislador em conservar, sem oscilações, a tensão primitiva da relação matricial de cuidado" ou, ainda, de outro modo, proibir uma conduta ofensiva capaz de provocar a "perversão da relação matricial onto-antropológica de cuidado-de-perigo" (D'AVILA, Fabio Roberto. *Ofensividade e Crimes Omissivos Próprios. Contributo à compreensão do crime como ofensa ao bem jurídico*, Studia Iuridica n.85. Coimbra: Coimbra Editora, 2005, p. 159-161). Vale-se, aqui, das categoriais oportunizadas pela relação matricial onto-antropológica de cuidado-de-perigo que bem funda e detalha Faria Costa (COSTA, José de Faria. *O perigo em Direito Penal*. Coimbra: Coimbra Editora, 1992, principalmente, p. 623 e 634).

tanto, a fidúcia toma feições concretas acerca do dever constitucional de cuidado do Sistema Financeiro Nacional,[282] quando compreendida na perspectiva de confiança na proteção do patrimônio nas relações desenvolvidas neste âmbito econômico.

Nesse sentido, merece destaque a contribuição dada pelos órgãos de fiscalização e de controle para a preservação da confiança.[283] Se, por um lado, não seduz o pretensioso idealismo eficientista, segundo o qual seria viável forjar a confiança simplesmente sob força da ameaça penal. Por outro, seria inadequado negar a existência de um aspecto simbólico – somado ao justo interesse de tutela do bem jurídico – na efetiva repressão dessa criminalidade. Simbolismo, todavia, de caráter acessório, intencionalmente inapto a preponderar sobre os ditames materiais do ilícito, contidos no desvalor do resultado ofensivo ao bem jurídico.

Não é por menos que grande parte da literatura especializada, de alguma maneira, ressalta a imprescindibilidade da confiança para a conformação dos mercados.[284] Por tudo isso, não surpreende a atual aparição de tipos incriminadores – em novos códigos penais latino-americanos, frutos do reconhecimento político-criminal de novos valores a serem protegidos no constitucionalismo democrático – no quais a confiança no sistema financeiro é o objeto de proteção.[285]

---

[282] Vide supra, 2º Capítulo, tópico 2.1.

[283] Nesse sentido, SILVA, Paulo Cezar da. *Crimes contra o Sistema Financeiro Nacional. Aspectos Penais e processuais da Lei 7492/86*. São Paulo: Quartier Latin, 2006, p. 32.

[284] Lembra-se inicialmente os casos históricos de crises econômicas, surgidas a partir de uma aguda desconfiança no sistema financeiro: França (1889), Alemanha (1920), Estados Unidos (1929), Colômbia (1982), Turquia (2000), Estados Unidos (2008). Nesse sentido, Anthony Giddens comenta o colapso monetário ocorrido na Alemanha em 1920 (GIDDENS, Anthony. *Modernidad y identidad del yo*. Barcelona: Ediciones Península, 1995, p.175). Hernandez Quintero, por sua vez, relata a crise do sistema financeiro colombiano, em 1982, decorrente da falta de controle governamental, que acabou gerando a perda de confiança por parte dos usuários (QUINTERO, Hernando Hernández. Los delitos contra el Orden Económico Social en el nuevo Codigo Penal Colombiano. *Derecho Penal y Criminologia*. Bogotá: Universidad de Externado de Colombia, 2003. v. XXI, nº 70, p. 44). Por isso, Raghuran Rajan ressalta a importância da preservação da confiança para o bom funcionamento dos mercados (RAJAN, Raghuran. *Salvando o Capitalismo dos capitalistas: acreditando no poder do livre mercado para criar mais riqueza e ampliar as oportunidades*. Rio de Janeiro: Elsevier, 2004, p. 174). Não é diferente a opinião na doutrina penal, BREDA, Juliano. *Gestão fraudulenta de instituição financeira e dispositivos processuais da Lei 742/86*. Rio de Janeiro: Renovar, 2002, p. 20 e 53; SILVA, Paulo Cezar da. *Crimes contra o Sistema Financeiro Nacional. Aspectos Penais e processuais da Lei 7492/86*. São Paulo: Quartier Latin, 2006, p. 110. E, ainda, em Portugal, Pizarro Beleza destaca a importância da tutela jurídico-estatal para a preservação da "confiança nos mecanismos de crédito" (BELEZA, José Manuel Merêa Pizarro. Notas sobre o Direito Penal das sociedades comerciais. *Revista de Direito e Economia*. Coimbra: Instituto Interdisciplinar de Estudos Jurídico-econômicos, 1977. n. 3, p. 280).

[285] A título de exemplo, refere-se o capítulo destinado à proteção da confiança no sistema financeiro contido no novo Código Penal Colombiano de 2001, forjado com bases nos ditames da Constituição de 1991 (QUINTERO, Hernando Hernández. Los delitos contra el Orden Económico Social en el nuevo Codigo Penal Colombiano. *Derecho Penal y Criminologia*. Bogotá: Universidad de Externado de Colombia, 2003. v. XXI, nº 70, p. 44).

No contexto europeu, a Diretiva 2003/6/CE do Parlamento Europeu e do Conselho destacou a preservação da confiança dos investidores no mercado de capitais.[286] Por outro lado, no cenário comunitário europeu, critica-se o que poderia significar a utilização do Direito Penal para "a proteção de interesses meramente funcionais", no sentido de que os processos fraudulentos para a obtenção de subvenções serviriam não para a tutela de valores específicos e em concreto, mas sim "a protecção da confiança no funcionamento de certos subsistemas econômicos, mais, exactamente, o interesse geral numa eficaz promoção da economia".[287] E isso, de forma alguma, não quer dizer que esses interesses não sejam merecedores de proteção jurídica, até mesmo através da imposição de sanções, mas apenas que não é legítimo realizar tais pretensões por meio dos crimes do sistema financeiro.

No Brasil, especificamente, constou destacado no projeto de reforma da parte especial do Código Penal de 1994, uma seção específica para o "tratamento das violações à confiança no sistema financeiro".[288]

Por fim, se reforça, mais uma vez, que atualmente se trabalha com a ideia de confiança no Sistema Financeiro Nacional no sentido da expectativa concreta de proteção do patrimônio, quando o sistema opera nos limites da regularidade jurídica.

3.2. O bem jurídico-penal econômico tutelado no art. 4º, *caput*, da Lei 7.492/86. Análise das hipóteses apresentadas pela doutrina

A questão do bem jurídico consiste terreno nebuloso, insuficientemente explorado pela doutrina, no qual a tônica do rigorismo analítico fica mais por conta de estudos específicos, objeto da inteligência de pareceristas, que, propriamente, enfrentamentos científicos sistematizados dos limites materiais do crime. A pretensão de contribuir para o acertamento dos critérios de imputação do ilícito acarreta uma intencional insatisfação com definições em sentido *lato*, incapazes de indicar as formas de ofensa desempenhadas pelas condutas proibidas. Por certo, se uma boa

---

[286] COSTA, José de Faria; RAMOS, Maria Elisabete. *O Crime de Abuso de Informação Privilegiada (Insider Trading). A informação enquanto Problema Jurídico-penal*. Coimbra: Coimbra Editora, 2006, p. 38, nota 88.

[287] DIAS, Augusto Silva. De que direito penal precisamos nós europeus? Um olhar sobre algumas propostas recentes de constituição de um direito penal comunitário. *Direito Penal Especial, Processo Penal e Direitos Fundamentais: Visão Luso-brasileira*. São Paulo: Quartier Latin, 2006, p. 346.

[288] ARAÚJO JÚNIOR, João Marcello de. Os Crimes contra o Sistema Financeiro no esboço de nova Parte Especial do Código Penal de 1994. *Revista Brasileira de Ciências Criminais*. São Paulo: Revista dos Tribunais, 1995. a. 3. n. 11, p. 152-153.

compreensão do objeto de proteção orienta a leitura da técnica de tutela do crime, não se duvida que uma incompreensão do bem jurídico tende a comprometer todos os desdobramentos posteriores na hermenêutica do ilícito-típico.

O presente estágio de desenvolvimento da doutrina do objeto de tutela do crime de gestão fraudulenta pode ser apresentado por meio de um panorama de diferentes matizes, composto por quatro grandes modelos gregários, aglutinador dos principais entendimentos acerca do bem jurídico protegido na norma.

3.2.1. Entendimento liberal-individualista a partir da teoria monista pessoal

O primeiro modelo, estruturado sob orientação da Teoria Monista do bem jurídico-penal e situado em um dos extremos do panorama, seria demasiadamente comprometido com a concepção político-criminal liberal--individualista própria do Estado liberal clássico. É ponto comum entre as teorias monistas que a determinação dos titulares dos bens jurídicos deve se dar levando em consideração estritamente qual o fim visado pelo Direito Penal, o que poderia oscilar ora como proteção da pessoa considerada na sua individualidade, ora como proteção do Estado ou da coletividade.[289] Segundo essa orientação, os bens jurídicos supraindividuais serviriam apenas para sustentar bens jurídicos individuais, assim como os bens sociais e estatais deveriam ser deduzidos de bens do indivíduo.[290]

Não haveria impedimento à intervenção do Direito Penal na economia com a finalidade de tutelar valores maiores – denominados "bens jurídicos universais" – que os interesses meramente pessoais, desde que, para preservar o caráter e a finalidade de garantia do ordenamento penal, fossem reconhecidos, concomitantemente, bens jurídicos de caráter individual diretamente referenciados a eles.[291] Em outras palavras, a legitimidade no reconhecimento pelo Direito Penal Secundário de bens jurídicos supraindividuais mediatos dependeria da tutela de bens pessoais e individuais imediatos em um primeiro plano.

---

[289] Conferir em SOUZA, Paulo Vinicius Sporleder de. *Bem Jurídico-penal e Engenharia Genética Humana. Contributo para a compreensão dos Bens Jurídicos Supra-individuais*. São Paulo: Revista dos Tribunais, 2004, p. 289-290.

[290] HASSEMER, Winfried; MUÑOZ CONDE, Francisco. *Introducción a la criminologia y al derecho penal*. Valencia: Tirant lo Blanch, 1989, p. 109 *Apud* SOUZA, Paulo Vinicius Sporleder de. *Op. cit.*, 2004, p. 293.

[291] Assim ver HASSEMER, Winfried. Lineamentos de uma Teoria Personal General del Bien Jurídico. *Doctrina Penal*. Buenos Aires: Depalma, 1989, p. 284. Em sentido contrário, negando a superioridade hierárquica do bem individual sobre o supraindividual, proposta pela orientação monista-pessoal, ver SOUZA, Paulo Vinicius Sporleder de. *Op. cit.*, p. 289 e ss.

Assim, o crime de gestão fraudulenta, caso o bem tutelado fosse unicamente o patrimônio individual, pertenceria ao mesmo grupo e, portanto, receberia o entendimento jurídico oportunizado ao delito de infidelidade patrimonial do artigo 224º do Código Penal português.[292] O ponto característico dessa incriminação consiste na identificação apenas do patrimônio da vítima que, por força de lei ou contrato, confiou-o ao administrador como objeto de tutela, embora para a caracterização do crime seja pressuposta a violação do dever de confiança estabelecido.[293]

Isso não quer dizer que o bem jurídico patrimônio necessariamente deva ser visto tão somente como designação do patrimônio de uma pessoa física, ou seja, outras titularidades distintas do indivíduo podem ser reconhecidas a esse bem. Mesmo assim, nessa visão, em momento algum, é concebida a titularidade de um coletivo. E, assim sendo, a experimentação dos efeitos nocivos difusos advindos do crime não poderiam ser característicos da própria ofensa ao valor tutelado e sim apenas consequências indiretas, secundárias e eventuais da realização do ilícito.

Por exemplo, o que ocorre na originária versão do Direito Penal bancário italiano, segundo a qual a conduta de prestar "declarações infiéis do cliente-empresa sobre a própria situação patrimonial e financeira", com intuito de obter financiamento creditício, caracterizaria o crime de falsidade bancária como uma das hipóteses de fraudes no pedido de crédito.[294] Crime esse direcionado à proteção do bem jurídico individual de titularidade exclusiva do banco, em específico, patrimônio do banco.[295]

3.2.1.1. Elemento comparativo e exemplificativo: as particularidades da legislação espanhola

Algo consideravelmente similar ocorreu na positivação do Código Penal espanhol de 1995 no que se refere ao novo reconhecimento em termos político-criminal dado à questão empresarial financeira. O Projeto de

---

[292] Artigo 224º. 1. Quem, tendo-lhe sido confiado, por lei ou por acto jurídico, o encargo de dispor de interesse patrimoniais alheios ou de os administrar ou fiscalizar, causar a esses interesses, intecionalmente e com grave violação dos deveres que lhe incumbem, prejuízo patrimonial importante é punido com pena de prisão até 3 anos ou com pena de multa.

[293] CARVALHO, Américo Taipa de. Comentário ao artigo 224. Comentários conimbricense do Código Penal. Coimbra: Coimbra editora, 1999. t. II, p. 362-364; LEAL-HENRIQUES, Manuel; SANTOS, Manuel Simas. Comentário ao artigo 224. *Código Penal comentado*. 3ª ed. Lisboa: Rei dos Livros, 2000. v. II p. 944-946.

[294] DOLCINI, Emilio; PALIERO, Carlo Enrico. *O Direito Penal Bancário*. Curitiba: Juruá, 1992, p. 16 e ss). No Brasil, tem-se o crime do art. 19 da Lei 7492/86 segundo o qual é proibido "obter, mediante fraude, financiamento em instituição financeira.". E, ainda, em outra perspectiva, o lado do gerente que utiliza propositadamente informações falsas para concessão de empréstimo bancário em quantia maior que as condições financeiras do cliente permitem tem sido subsumível ao crime gestão fraudulenta.

[295] Idem, p. 16 e ss.

Código Penal espanhol de 1980, apoiado por significativa parte da academia e dos estudiosos do tema, buscava suprir a lacuna de punibilidade existente na realidade empresarial por meio da criação de delitos financeiros. Ocorre que, em razão das severas e contínuas críticas realizadas pelos protagonistas do mundo econômico, essa classe de delito veio a ser retirada nas sucessivas reformas ao projeto.[296]

Mesmo assim, ainda que na atual redação não se trate, propriamente, de crimes financeiros, a exposição de motivos do Projeto de Código de 1992 reconheceu a necessidade de especial determinação legal de delitos societários, levando em consideração que "as figuras comuns de estelionato, apropriação indébita e falsidade documental não sempre são aplicáveis as peculiares práticas fraudulentas que podem produzir uma sociedade mercantil".[297]

Foi nesse contexto que se estabeleceu os crimes dos artigos 290 a 297 do Capítulo XIII do Título XIII do Livro II do Código Penal Espanhol de 1995 e, portanto, especificamente, no crime do artigo 295 foi tipificada a figura intermediária entre o estelionato e a apropriação indébita por meio da denominação *administración societaria desleal*.[298] Buscou-se evitar o cometimento de fraudes pelo gestor, de fato ou de direito, direcionadas a causar prejuízo ao patrimônio administrado e beneficiar a si próprio ou a uma terceira pessoa.

No artigo 297, com aplicabilidade direcionada a totalidade do capítulo dos crimes societários, o Código Penal adotou o conceito legal de sociedade em que são nomeadas, expressamente, entre outras modalidades de empresas, as "caixas econômicas" e as "entidades financeiras ou de crédito".[299] Conceito esse que leva o âmbito e o propósito de criação do ilícito-típico para além da tutela do patrimônio individual, característico da infidelidade patrimonial do Código Penal português. Tem-se uma situação que se, por um lado, visa a abarcar outra realidade de interesses político-criminais relacionados ao patrimônio de um universo de pessoas

---

[296] BAJO, Miguel; BACIGALUPO, Silvina. *Derecho Penal Econômico*. Madrid: Editorial Centro de Estúdios Ramón Areces, 2001, p. 581-582 e 591.

[297] Idem, p. 591.

[298] Artículo 295 – Los administradores de hecho o de derecho o los socios de cualquier sociedad constituida o en formación, que en beneficio proprio o de un tercero, con abuso de las funciones proprias de su cargo, dispongan fraudulentamente de los bienes de la sociedad o contraigan obligaciones a cargo de ésta causando directamente un perjuicio económicamente evaluable a sus socios, depositarios, cuentapartícieps o titulares de los bienes, valores o capital que administren, serán castigados con la pena de prisión de seis meses a cuatro años, o multa del tanto del benefício obtenido.

[299] Artículo 297. A los efectos de este capítulo se entiende por sociedad toda coperativa, Caja de Ahorros, mutua, entidad financiera o de crédito, fundación, sociedad mercantil o cualquier otra entidad de análoga naturaleza para que el cumplimiento de sus fines participe de modo permanente en el mercado.

distintas daquela realidade, por outro, é objeto de críticas doutrinárias em razão de excluir da proteção legal pessoas físicas e sociedade, não abrangidas no dispositivo, que, da mesma forma, tem seu patrimônio administrado por terceiro.[300]

E no que se refere à diferença em relação aos titulares do bem jurídico-penal do modelo português, tal discordância não vai muito longe. Pois, ao fim e ao cabo, mesmo que exista discussão, na doutrina espanhola, acerca de quem seriam, exatamente, os titulares do patrimônio protegido pela norma, não há qualquer dúvida de que se trata em todas as hipóteses de bens jurídicos individuais. Para alguns, o bem jurídico-penal seria o patrimônio social, nomeadamente o conjunto de bens e direitos econômicos.[301] Para outros, tal compreensão seria insuficiente e incompleta e, portanto, se defenderia uma tendência de reconhecimento de valores de terceiros "distintos à sociedade e aos sócios", uma vez que faltaria a redação de um crime específico de "administração fraudulenta de depósitos bancários".[302]

3.2.1.2. Enfrentamento das propriedades do bem jurídico individual patrimônio

No ordenamento penal brasileiro, – embora não exista uma configuração, nítida e em tipo penal específico, da infidelidade ou deslealdade da administração patrimonial, no Direito Penal societário – o crime de gestão fraudulenta de instituições financeiras teria sido o ponto entendido pelo legislador como legítimo e necessário para a sua repressão. As razões de tal pensamento remeteriam à justa preocupação em controlar o potencial lesivo à economia que, eventualmente, poderia advir de uma crise de confiança e retração de investimento no mercado financeiro, desencadeadas pela divulgação da informação de práticas de condutas fraudulentas ofensivas ao patrimônio de investidores e de correntistas.

Mesmo levando em conta que juridicamente os eventuais fenômenos contracionários indesejados de efeito difuso – repita-se, não façam parte

---

[300] BAJO, Miguel; BACIGALUPO, Silvina. *Derecho Penal Econômico*. Madrid: Editorial Centro de Estúdios Ramón Areces, 2001, p. 587.

[301] Idem, p. 598-599. SUAREZ GONZALES, Carlos. Comentário a los delitos societários. In: RODRIGUEZ MOURULLO, Gonzalo; JORGE BARRRERO, Agustín (org.). *Comentarios al código penal*. Madrid: Civitas, 1997, p. 847.

[302] ROSAL BLASCO, Bernardo Del. Algunas reflexiones sobre el Delito de Administración Societaria desleal del artículo 295 del Codigo Penal de 1995. *El nuevo Derecho Penal español. Estudios Penales en memoria del profesor Jose Manuel Vale Muñiz*. Navarra: Editorial Aranzandi, 2001, p. 1255 e, anteriormente, ROSAL BLASCO, Bernardo Del. Comentário a los delitos societarios. In: VIVES ANTÓN, Tomás S (org.). *Comentarios al código penal de 1995*. Valencia: Tirant lo blanch, 1996, p. 1440-1441; FERNÁNDEZ TERUELO, Javier Gustavo. Comentário al artículo 295. In: COBO DEL ROSAL, Manuel. *Comentarios al código penal*. Madrid: Edersa, 1999, p. 574 e ss..

integrante do ilícito e, sim, apenas das consequências indiretas, secundárias e eventuais da sua realização – esse ilícito, segundo tais razões, anteciparia a proteção do patrimônio de maneira a evitar a lesão – por sua vez, já punível segundo os ditames do Direito Penal codificado –, e para isso adotando como técnica de tutela a forma de crime de perigo abstrato.

A exemplo das hipóteses descritas nas legislações de países europeus e de acordo com o que se passa com o Direito Penal tradicional ou de justiça do Código Penal, o bem jurídico sob proteção no art. 4º da Lei 7.492/86 seria essencialmente patrimonial,[303] apresentando-se em duas vertentes de titularidades: "o patrimônio da instituição financeira e o patrimônio do investidor".[304] Esse entendimento, todavia, ainda que indubitavelmente apto ao cumprimento das funções de garantia do bem jurídico, em razão do seu destacadamente preciso contorno, ficaria a dever quanto à resolução dos problemas hermenêutico-normativos específicos da pretensão político-criminal concretizada no dispositivo, uma vez que se afasta ou se descompromete com o aspecto teleológico da legislação voltado à proteção da coletividade usuária do sistema financeiro como um todo.

3.2.2. Entendimento aparentemente supraindividual com titularidade do Estado-Administração

O segundo modelo gregário estaria em termos teóricos em pleno acordo com a orientação da Teoria Monista não pessoal, de acordo com a qual os titulares dos objetos de tutela podem ser apenas o "Estado e a coletividade como um todo indivisível".[305] Todo bem jurídico, pensado como parte de uma comunidade, possui destacável valor social, de modo que, nesse entendimento, por maior que seja a individualidade aparentada pelo bem, em verdade, nunca deixaria de dizer respeito à coletividade como um todo.[306] E, assim, nada mais equivocado que traçar uma dicotomia rígida entre os bens dos indivíduos e aqueles comunitários e do

---

[303] O objeto de tutela, aliás, é um dos critérios de distinção entre o Direito Penal Patrimonial Tradicional e o Direito Penal Econômico. Enquanto no primeiro o bem jurídico tem uma acepção individual, no segundo a marca é supraindividualidade. Assim, COSTA, José de Faria. *Direito Penal Econômico*. Coimbra: Quarteto Editora, 2003, p. 42; DIAS, Jorge de Figueiredo. Para uma dogmática do Direito Penal Secundário. Um contributo para a reforma do Direito Penal Econômico e Social Português. *Temas de Direito Penal Econômico*. São Paulo: Revista dos Tribunais, 2000, p. 38; MARTOS NUÑEZ, Juan Antonio. *Derecho Penal Económico*. Madrid: Editorial Montecorvo, 1987, p. 29.

[304] Ainda que esses não sejam os valores primeiros de tutela referidos pelo autor, assim em PRADO, Luiz Regis. *Direito Penal Econômico*. São Paulo: Revista dos Tribunais, 2004, p. 226.

[305] SOUZA, Paulo Vinicius Sporleder de. *Bem Jurídico-penal e Engenharia Genética Humana. Contributo para a compreensão dos Bens Jurídicos Supra-individuais*. São Paulo: Revista dos Tribunais, 2004, p. 293.

[306] Maiores detalhes, ver Idem, p. 294.

Estado, pois mesmo quando a norma visa proteger, no primeiro plano, os interesses de um indivíduo específico estaria, no segundo plano, sempre tutelando a vontade comunitária de proteção dos interesses dos indivíduos positivada na lei penal.[307]

Trata-se de um grupo formado por compreensões com fenótipos de supraindividualidade, entretanto, em rigor, são, sobretudo e tão somente, transindividuais apenas na aparência. A literatura especializada, em geral, acaba por remeter a titularidade primordialmente ao Estado e – em apenas alguns entendimentos e em patamar secundário – é seguido pelo interesse dos particulares.

O referido entendimento a ser enunciado teria a vastidão do próprio "Sistema Financeiro Nacional"[308] como um todo, ou, em uma perspectiva menos extensa e mais moderada, identificaria-se, entre todas as espécies de mercados, apenas o "mercado financeiro". Mesmo assim, em ambas as versões é nomeado o Estado como titular do bem jurídico, em razão da sua competência e dever constitucional de regulamentação e de preservação.

Situação que, embora não colocada rigorosamente nestes termos, parece, de algum modo, querer subentender ou deixar inferir que, de fato, o que deveria ser tutelado, é o mandamento ou a regulação legal do sistema financeiro oriunda do Estado. E pelo que aqui se sustenta, o regramento jurídico não é elemento capaz de criar valor digno a ser tutelado pelo direito penal.

Ademais, o dever de o Estado tutelar um determinado bem jurídico decorre dos próprios limites e conteúdos da ordem jurídico-penal, e não da titularidade faticamente apresentada pelo bem e reconhecida pelo Direito. Conceber o fundamento do dever de proteção estatal como decorrente da titularidade do bem jurídico e seguir nessa justificativa para todo o Direito Penal poderia levar à insustentável restrição do âmbito legítimo de tutela, uma vez que o Estado acabaria desincumbido da proteção de todos os bens jurídicos que não fossem de sua própria titularidade.

Do mesmo modo, o reconhecimento de autônomos bens jurídicos supraindividuais não implica o reconhecimento do Estado como sendo imediatamente o maior interessado na sua preservação. A finalidade de se falar em titularidade do bem jurídico é identificar aquele interessado

---

[307] SOUZA, Paulo Vinicius Sporleder de. *Bem Jurídico-penal e Engenharia Genética Humana. Contributo para a compreensão dos Bens Jurídicos Supra-individuais*. São Paulo: Revista dos Tribunais, 2004, p. 294.

[308] BREDA, Juliano. *Gestão fraudulenta de instituição financeira e dispositivos processuais da Lei 7492/86*. Rio de Janeiro: Renovar, 2002, p. 52; MAZLOUM, Ali. *Crimes de Colarinho Branco: objeto jurídico, provas ilícitas*. Porto Alegre: Síntese, 1999, p. 63.

imediato na sua tutela penal, pois, ao fim e ao cabo, todo o reconhecimento de um valor pela ordem jurídica estaria relacionado ao interesse estatal na sua proteção. Portanto, os bens supraindividuais, em geral, possuem três modalidades de titularidade: institucional, coletiva e difusa.[309] Entre os bens supraindividuais institucionais encontramos o Estado como o titular imediato, como são as hipóteses da administração pública e da fé pública.[310] Da mesma forma, os supraindividuais coletivos remetem a titularidade à coletividade, por exemplo, saúde pública e paz pública.[311]

Sem falar que a titularidade do sistema financeiro ou do mercado financeiro nem está, nem poderá vir a ser reconhecida sob o poder controlador do Estado, uma vez que, em realidade, não há correlação direta e absoluta entre o dever de proteção estatal e a propriedade dos bens e interesses ali existentes. E com isso se pretende destacar que nem é correta, nem há necessidade de recorrer à imediata titularidade do Estado nas hipóteses em que se desconhece exatamente quem são os maiores interessados ou, ainda, quando se trata de coletividades potencialmente indefinidas.

Por fim, a título de exemplo, pode-se considerar o caso dos Direitos Fundamentais Econômicos. Uma vez que mesmo sendo a livre-iniciativa um dos fundamentos da República Federativa do Brasil, a ordem jurídica intencionalmente reconhece e individualiza particulares titulares específicos desse direito. Pois, caso contrário, o Estado poderia acabar como titular do direito fundamental esfumaçando, paradoxalmente, até mesmo, os limites que configuram o direito em si mesmo e, portanto, a partir dos quais seria esperada a abstenção da intervenção estatal.

3.2.3. Proposta de tutela penal de elementos insuficientemente precisos

O terceiro modelo gregário é formado por bens jurídicos individuais que, invariavelmente, apresentam também o Estado-administração – só ou em conjunto com outros elementos – como o sujeito passivo do crime. E isso acaba por lhes atribuir limites similares aos enfrentados no tópico anterior, o que permite o aproveitamento, em grande parte, dos argumentos já articulados. A razão, todavia, que justifica a sua alocação em

---

[309] Os bens supraindividuais difusos são aqueles que apresentam uma ampla e indeterminada gama de interessados na condição de cotitulares (MARINUCCI, Giorgio; DOLCINI, Emilio. *Corso di Diritto Penale Le Norme Penali: fonti e limiti di applicabilità. Il reato: nozione, struttura e sistematica*. 3ª ed. Milano: Giuffrè, 2001. v.1, p. 541) como é o exemplo do "equilíbrio ecológico" (SOUZA, Paulo Vinicius Sporleder de. *Op. cit.*, p. 303).

[310] SOUZA, Paulo Vinicius Sporleder de. *Op. cit.*, p. 301.

[311] Idem, ibidem.

um tópico separado diz respeito ao seu significado nebuloso e à delimitação das suas dimensões insuficientemente precisas. Veja-se em específico nos seguintes cinco pontos.

(1) Uma primeira hipótese apresentada pela doutrina, aparentemente distanciada da estrutura estatal, diria respeito à própria sociedade empresarial, mais precisamente, a proteção da qualidade de sua gestão. Isto é, a "higidez da gestão das instituições financeiras".[312] Entretanto, o Estado, o mercado financeiro, as instituições financeiras e os investidores seriam previstos na condição de sujeitos passivos do crime.[313]

Obstáculo à anuência dessa formulação diz respeito às suas propriedades instrumentais, uma vez que se constata claramente tratar de uma concepção senão propriamente ampla, sobretudo, imprecisa. Embora muito disseminado na cultura jurídica brasileira, o recurso à palavra higidez – talvez, até mesmo, em razão de uma saudosa herança do desenvolvimento proporcionado ao conceito de higidez físico-psíquica do Direito Penal tradicional – pouco acrescenta a delimitação dos contornos do ilícito. Pois, ao fim, permanece duvidoso o que, em termos econômicos, deveria ser entendido rigorosamente por saúde da gestão. Ainda mais árduo seria avaliar, com exatidão, se, efetivamente e em que grau, a conduta teria sido ofensiva ao bem de definição incerta.

(2) Já uma segunda hipótese, agora, com titularidade imediata e exclusiva do Estado-administração, inicia-se por um sentido extremamente dilatado que – embora não cumpra as finalidades de delimitação penal – ressalta algo verdadeiro e importante no que concerne ao espaço de reconhecimento e à imprescindibilidade do valor tutelado no ilícito. Conforme tal entendimento, seria a "ordem econômica" o bem jurídico protegido na Lei dos Crimes Contra o Sistema Financeiro Nacional.[314]

A proposta de tutela da ordem econômica como um todo indica – para além da intensa fragilização dos efeitos orientadores e garantidores do bem jurídico – uma informação que já era conhecida, antes mesmo do início do processo de investigação. A simples observação empírica ou a leitura do texto constitucional não pode deixar de constatar que o Sistema Financeiro Nacional pertence à ordem econômica.[315] E, aliás, não se nega

---

[312] PRADO, Luiz Regis. *Direito Penal Econômico*. São Paulo: Revista dos Tribunais, 2004, p. 226.

[313] Idem, p. 228.

[314] CASTILHO, Ela Wiecko de. *O Controle Penal nos Crimes contra o Sistema Financeiro Nacional. (Lei 7492, de 16 de junho de 1986)*. Belo Horizonte: Del Rey, 1998, p. 81; No mesmo sentido, SILVA, Antônio Rodrigues da. *Crimes de Colarinho Branco: comentários à Lei nº 7492 de 16 de junho de 1986*. Brasília: Brasília Jurídica, 1999, p. 47.

[315] O título VII da Constituição da República Federativa do Brasil tem a denominação de Ordem Econômica e Financeira, o qual abrange, dentre outros assuntos, o capítulo IV dedicado especificamente ao tratamento do Sistema Financeiro Nacional no artigo 192.

que, de alguma forma, ainda que indireta ou reflexa, a ordem econômica também estará sendo protegida com a criminalização das condutas atentatórias àquele sistema. Ocorre que tal proposição não observa a natureza fragmentária conformadora do Direito Penal, se é defeso oferecer tutela integral ao sistema financeiro, entendido como um todo, menos ainda sentido faria fazê-lo com relação à ordem econômica, uma vez que as dimensões são mais amplas e complexas.[316]

O mesmo poderia, ainda, ser dito de outra forma, a condição fragmentária de intervenção do Direito Penal é o fundamento que, ao mesmo tempo, o segmenta do resto do ordenamento e o conforma como ciência, portanto a dignidade penal somente alcança valores indubitavelmente caros aos contextos de sua inserção.[317] E, por isso, jamais áreas inteiras da vida podem ser erigidas à natureza de bens jurídico-penais. Nesse quadro, o suposto objeto de tutela não seria simplesmente um valor e, sim, um "sistema de valores".[318] Sistema de valores esse arquitetado sob um dinâmico relacionamento operatório de oposição, adequação, intensificação, ponderação, regulação e, até mesmo, proteção de diversificados bens. Isso, por si só, o impede de cumprir com as funções categoriais esperadas do bem jurídico, assim como normativamente delimitar materialmente o ilícito-típico. Ou seja, a ordem econômica como o nome já indica não pode ser tutelada penalmente na sua totalidade, pois antes de tudo já é regramento e legislação, é uma ordem, uma conformação, uma organização jurídica, uma disposição dada por normativas de Estado ao mundo econômico.

(3) Segundo o terceiro entendimento, o objeto de proteção da norma penal do art. 4º, *caput*, seria a "boa execução da política econômica do governo federal",[319] de modo que muito do que fora referido no segundo ponto também a este se aplica.

Se foi dito que diante de uma tutela integral da ordem econômica o Direito Penal estaria renegado à condição de mero sancionador da nor-

---

[316] COSTA, José de Faria. O Direito Penal, a informática e a reserva da Vida Privada. *Direito Penal da Comunicação: alguns escritos*. Coimbra: Coimbra Editora, 1998, p. 64.

[317] Idem, p. 63-64.

[318] Assim, Tulio Padovani, no mesmo sentido já sinalizado por Cesare Pedrazzi, destaca que nem o sistema financeiro, nem o mercado financeiro pode ser objeto de tutela penal na sua amplitude máxima, pois, em verdade, se trata de objeto de disciplina jurídica (PADOVANI, Tulio. Diritto Penale della Prevenzione e Mercato Finanzario. *Rivista Italiana di Diritto e Procedura Penale*. Milão: Giuffè, 1995. fasc. 3, p. 640-641).

[319] Assim em, PIMENTEL, Manoel Pedro. *Crimes contra o Sistema Financeiro Nacional: comentários à Lei 7492*. São Paulo: Revista dos Tribunais, 1987, p. 50; COSTA JUNIOR, Paulo José; QUEIJO, Maria Elizabeth; MACHADO, Charles Marcildes. *Crimes de Colarinho Branco*. São Paulo: Saraiva, 2000, p. 76; SILVA, Paulo Cezar da. *Crimes contra o Sistema Financeiro Nacional. Aspectos Penais e processuais da lei 7.492/86*. São Paulo: Quartier Latin, 2006, p. 110.

matividade de outras áreas do ordenamento, aqui seria o caso de uso da intimidação criminal a serviço da boa consecução do plano administrativo-burocrático do governo. E mesmo que não se trate, propriamente, da execução das propostas políticas do governo por intermédio do Direito Penal, ainda assim, não deixaria de ser a pretensão de garantia da qualidade da gestão ou da execução dessas propostas por meio penal.

Isso não pode ser correto, ao menos, por duas razões fundamentais: (a) uma filosófica ou, especificamente, axiológica que reporta à liberdade e (b) outra antitotalitária relacionada à juridicidade democrática ou – da mesma forma e sem perder em riqueza de sentido –, poder-se-ia dizer, à Ciência Política.

(a) O valor liberdade é experienciado comunitariamente, independente de qualquer alusão normativa teórica ou reconhecimento técnico-jurídico decorrente da intervenção estatal. A liberdade existe independente da ideia de Estado e isso não significa o mesmo que dizer que não possa haver limites e garantias legitimamente adstritas à liberdade. Desse modo, associar as carências materiais do indivíduo e da coletividade como sendo supridas, ou somente podendo ser suprimidas pelo Estado, não é certo, de modo que por melhor intencionado que seja o plano político-econômico do governo sempre implicará a restrição no valor liberdade de alguns, mesmo que em proveito do interesse político de muitos.

(b) Os direitos e interesses do Estado ou do governo e os direitos dos indivíduos não coincidem e, de maneira alguma, se sobrepõem. A prova histórica disso não deixa de ser vista no exercício por parte dos variados governos totalitários da modernidade em apresentar e fundamentar as atrocidades cometidas pelas suas administrações no interesse dos seus povos, e não, puramente, dos seus Estados. E se, ainda, alguma vez referido o interesse do Estado, apenas nos casos específicos dos Estados populares, entendidos como as supostas representações legítimas do povo.

A pretensão de tutela penal da boa execução de políticas públicas, naturalmente, só pode estar em oposição ao que o constitucionalismo democrático do último quartel do século passado difundiu por meio da distinção jurídica entre os direitos e os interesses do Estado e àqueles pertencentes à sociedade e aos particulares. Não se nega que, muitas vezes, os interesses e os direitos de uma coletividade possam ser representados ou refletidos nos interesses do Estado. Mesmo assim, como já afirmado no tópico anterior, não há necessidade de atribuição da titularidade ao Estado.[320]

Da mesma forma, não se dúvida que o bom funcionamento do sistema financeiro de diversas maneiras – direta ou indiretamente, essencial

---

[320] Ver tópico 3.2.2

ou acessoriamente – contribui para a boa execução da política econômica do governo federal. Mas não só. Sobretudo, também não se dúvida que a boa execução da política econômica não está sujeita exclusivamente à realidade financeira nacional. Muito pelo contrário, a bondade da execução depende da conjugação de uma gama de fatores, talvez, tão complexa quanto aqueles que confluem e são necessários para a criação do plano de governo a ser executado. Por exemplo, um dos elementos fundamentais seria a correta e diligente ação dos executores dessa política, ou seja, a atividade administrativa dos órgãos públicos. Sendo assim, não parece razoável a criminalização de uma conduta que tem como objeto de tutela não um valor, mas sim uma função que, além de ser dificilmente auferível, mostra-se suscetível de ofensa por uma vasta complexidade de condutas, que não aquelas estritamente relacionadas ao sistema financeiro e aos limites do tipo penal.

Se, por um lado, se constata a impropriedade para fins de tutela tanto da "ordem econômica", quanto da função "boa execução da política econômica do governo federal", por outro, percebe-se serem ideias resultantes do esforço discursivo em ressaltar a característica complexa do objeto de proteção da norma. Complexidade incapaz de ser esgotada na individualidade dos interessados imediatos na regularidade da instituição financeira específica, haja vista que sua condição realística, bem como a sua dinâmica operatória o conduzem para além da mera conjunção de individualidades, de maneira a indicar o significativo caráter supraindividual do bem jurídico.

(4) A quarta proposta consistiria na salvaguarda de valores reconhecidamente importantes em termos econômicos, todavia dotados de tamanha vagueza semântica. O "equilíbrio" e a "regularidade" do sistema financeiro são elementos com baixa determinação dos limites conceituais, ou seja, se apresentam, praticamente, como bens jurídicos espiritualizados. E isso se deve – pelo menos, em uma boa parte – ao fato de serem substantivos que acabaram desfigurados pelo massivo emprego em hipóteses materialmente distintas.

O equilíbrio remete à ideia de um ponto ou, ao menos, de uma faixa de equilíbrio financeiro que, por si só, representa um valor como situação econômico-positiva. É por isso que se questiona: seria possível, na faticidade da vida econômica, tutelar juridicamente o equilíbrio do sistema financeiro entendendo-o como um ponto ou instante de equilíbrio com seus limites circulares perenes, estáticos e bem delimitados? Ou, melhor indicado que a rigidez demarcatória pontual, seria o caso da percepção de uma de uma faixa ou espaço de equilíbrio capaz de flexibilidade, mobilidade e adequação? E, portanto, se o equilíbrio seria um espaço de constante dinamismo, continuaria assim mesmo apropriado para tutela penal e além disso apto ao cumprimento normativo dos limites e fins de dogmaticamente atribuídos ao bem jurídico?

Não há invariavelmente como afastar das respostas a essas perguntas argumentação dirigida no tópico 3.1.2, ou seja, o campo financeiro é uma área econômica marcada pela constante incerteza e pela mobilidade das condições. E por isso resulta pouco ajustada ou proveitosa à pretensão de intervir penalmente para tutelar o equilíbrio do mundo financeiro. Até mesmo, conforme se verá, não necessariamente uma conduta fraudulenta deve colocar em perigo o equilíbrio do sistema financeiro

No atinente à regularidade, destaca-se, especialmente, a necessidade de delimitação de qual sentido específico deveria ser tutelada pela lei penal. Poderia ser uma regularidade concebível por linhas de uma acepção ampla, ou seja, a apreensão das pessoas a respeito do modo costumeiro de execução das atividades – e, por isso, aproximada da ideia de confiança guardada por todos e por cada um na sua individualidade –, cuja fundamentalidade a coletividade reconhece e protege como expectativa comunitária? Ou poderia ser ainda outra regularidade de feitio formal-legalista, adstrita à observância do ordenamento jurídico em geral?

Parece que pouco valeria a regularidade do sistema por si só, se essa não fosse reconhecida e, comunitariamente, digna de confiança, pois, ao fim, o que mais interessa é a apreciação mantida pelos usuários acerca da credibilidade do sistema financeiro. Não se pode negar, todavia, que o equilíbrio e a regularidade do sistema são importantes referenciais – ainda que incapazes de serem erigidos à condição de bem jurídico-penal – para a construção do sentido o qual o ilícito-típico de gestão fraudulenta pretende proteger.

(5) O quinto entendimento a merecer destaque seria a ideia notavelmente disseminada de "estabilidade e higidez do Sistema Financeiro Nacional", a qual também indicaria o Estado como sujeito passivo do crime.[321] O uso comum e afastado do rigorismo terminológico das Ciências Econômicas tem referido a estabilidade dos mercados como algo possível, atingível e constatável com grande concretude e determinabilidade. No entanto a utilização da expressão não satisfaz as exigências técnico-jurídicas, em face da imprecisão do seu significado ou a dificuldade de identificação de elementos mínimos comuns no universo científico-econômico. Ademais, ao mesmo tempo que se reconhece a dificuldade de precisão do específico sentido representado pela ideia de estabilidade para a economia – enquanto contexto de intervenção penal nitidamente instável –, não resta dúvida sobre a dificuldade e a complexidade de preservação de

---

[321] TÓRTIMA, José Carlos. *Crimes contra o Sistema Financeiro Nacional. Uma contribuição ao estudo da Lei nº 7492/86.* 2ª ed. Rio de Janeiro: Lumen Juris, 2002, p. 30

tal condição por meio das medidas governamentais de ajuste financeiro-econômico.[322] Isso leva a perceber ser idealista a pretensão de manutenção desse estado por meio do Direito Penal. E, ainda, quanto ao valor higidez, remete-se ao já manifestado no primeiro ponto.

Reforça-se, por fim, que não se pode confundir e, menos ainda, associar o conceito de "interesse da União"[323] apto a determinar a competência do processamento das acusações relativas aos chamados crimes de competência federal com a titularidade do bem jurídico ofendido no crime imputado. Enquanto o "interesse da União" é um critério jurídico-constitucional de partilhamento da jurisdição com efeitos eminentemente processuais, o bem jurídico-penal – e não interesse penal – tutelado na norma proibitiva de direito material é o reconhecimento pela ordem jurídica de parcela da realidade comunitária, dotada de conteúdo axiológico, de modo que sua existência tem valor discursivo e referencial de maior de densidade e amplitude. Não é efetivamente uma criação jurídica, menos ainda, jurídico-criminal. A sua existência transcende ao ordenamento penal, razão pela qual não é de provocar surpresa que a sua função sistemática ou aglutinadora e hermenêutica sejam vistas tanto no direito material, quanto processual.

3.2.4. Compreensão da lealdade informacional como valor tutelado

O quarto modelo, preocupado com a honestidade das relações empresariais mantidas no âmbito do sistema financeiro, vislumbra a lealdade informacional da empresa na condição de valor tutelado. Lealdade informacional que poderia ser compreendida a partir de duas perspectivas: (a) uma primeira que o reconheceria como um bem jurídico individual de titularidade dos proprietários do patrimônio social e investidores; (b) uma segunda trabalharia com feições não tão estritas – tendo em vista a relevância da confiança para a regularidade das operações –, de maneira a reconhecer um bem jurídico supraindividual, no qual os usuários em geral do sistema financeiro seriam os titulares.

(a) Trata-se, em grandes linhas, da priorização dos interesses da sociedade sobre os interesses particulares do administrador e de outra pessoa da sua proximidade, razão pela qual o dever de lealdade do gestor

---

[322] Para avançar no estudo sobre a intervenção do Direito Penal Secundário em contextos complexos marcados pela instabilidade das condições que o constituem, ver D'AVILA, Fabio Roberto. *Ofensividade e Crimes Omissivos Próprios. Contributo à compreensão do crime como ofensa ao bem jurídico*, Studia Iuridica n.85. Coimbra: Coimbra Editora, 2005, p. 384-389.

[323] Conforme constou no HC 93.733/RJ STF como "interesses da União na higidez e na legalidade do Sistema Financeiro Nacional" (Rel. Min. Carlos Britto, 1º T, 17/06/2008. Publicação DJe-64, divulgação 02.04.2009).

ultrapassa os impedimentos ou vedações trabalhados na doutrina norte-americana segundo a ideia de lealdade ou correção (*fairness*).[324] Para além da dimensão negativa de abstenção de aproveitamento de oportunidades de negócios surgidas à empresa ou ao uso em benefícios de terceiros ou abstenção de aquisição bem ou direito que sabe necessário ou procurado pela companhia – dispostos no art. 155, I e III, da Lei das Sociedades Anônimas (Lei 6404/76) –, também existe uma dimensão positiva. Embora o texto denomine vedações, de fato, o que está em causa é feição afirmativa no sentido de promover ou levar a empresa a aproveitar as oportunidades comerciais surgidas (art. 155, II).[325] Casos em que a inobservância de qualquer uma dessas determinações enseja a responsabilização civil do administrador perante à sociedade, o que não se duvida ser de perfeita aplicação às instituições financeiras privadas, uma vez que devem ser constituídas como sociedades anônimas (art. 25 da Lei 4.595/64).

Ocorre que a concepção do dever de lealdade como sendo a outra face do direito individual dos sócios à proteção do patrimônio social, não apresenta uma perfeita adequação para fins penais. Pelo contrário, careceria de melhor identificação e detalhamento acerca dos valores abrangidos na denominação dever de lealdade e, sendo assim, quando muito, poderiam ser recepcionados os interesses político-criminais de tutela desse espaço pelo Direito Penal Societário, e não, propriamente, o Direito Penal do sistema financeiro como se trata no presente caso.

(b) Uma segunda perspectiva trabalharia com feições não tão estritas – tendo em vista a relevância da confiança para a regularidade das operações –, de maneira a reconhecer um bem jurídico supraindividual, no qual os usuários em geral do sistema financeiro seriam os titulares.

Se é correto afirmar que ambas as concepções têm um duplo mérito, tanto no realce da importância reitora da confiança na conformação dos mercados, quanto na identificação de um valor concreto de dimensões delimitadas, o mesmo não se estende à titularidade do bem jurídico. Apenas a segunda formulação parece oferecer um acertamento apropriado para o reconhecimento e o cumprimento da atividade categorial que se espera.

A confiança no funcionamento regular do sistema financeiro não pode ser entendida como algo valioso apenas para as pessoas diretamen-

---

[324] ABREU, João Manoel Coutinho. *Deveres de cuidado e de lealdade dos administradores e interesse social*. Reforma do código das sociedades. Coimbra: Almedina, 2007, p. 23.

[325] No mesmo sentido, há disposições em outras legislações contemporâneas, *v.g* a redação, após 2006, do art. 64 do Código das Sociedades Comerciais português e a redação, após 2003, dos artigos 127*bis* a 127*quatér* Lei das Sociedades Anônimas espanhola (ABREU, João Manoel Coutinho. *Deveres de cuidado e de lealdade dos administradores e interesse social*. Reforma do código das sociedades. Coimbra: Almedina, 2007, p. 21-23).

te ligadas à sociedade empresarial, uma vez que, inegavelmente, o âmbito de interessados tende a exceder os limites desse pequeno grupamento. Embora a supraindividualidade seja um ponto de acerto de tal compreensão, o exaurimento dos limites de proteção do ilícito-típico apenas na identificação de um único bem, nomeadamente a lealdade informacional da empresa resta insuficiente. E essa constatação de incompletude não significa diretamente a negação da relevância de tal valor. Muito pelo contrário. Sua importância deve ser reconhecida, entre outras razões, porque seria demasiadamente severa a moldura penal prevista no crime de gestão fraudulenta para a punição indistinta de toda e qualquer fraude perpetrada na gestão de uma instituição financeira.

3.3. Proposta de identificação da concretude dos bens jurídicos supraindividuais tutelados no crime de gestão fraudulenta

Realizada a análise individualizada dos possíveis entendimentos acerca do bem jurídico previsto no ilícito típico de gestão fraudulenta, é momento de enfrentar qual seria o mais adequado, tanto por denotar ostensivamente merecimento de tutela penal,[326] quanto por cumprir os compromissos metodológicos de acertamento dos contornos do ilícito. Aqui, chega-se à proposta de contribuição deste trabalho a respeito do bem jurídico objeto de tutela. E, para tanto, dever-se-á trilhar um caminho vagamente sinalizado por uma parcela sensível da doutrina[327] e com alguma refração na jurisprudência do Superior Tribunal de Justiça.[328]

Para isso, destaca-se a origem da ideia de supraindividualidade no conteúdo ontológico que consta encoberto na formulação: a relevância socioeconômica ínsita à proteção da "credibilidade do sistema" e a evitação do "prejuízo patrimonial para os aplicadores".[329] Embora a ideia tenha sido concebida remetendo a titularidade, em um primeiro momento, ao Estado e, em um segundo, aos individualizáveis aplicadores,[330] pretende-se levá-la mais longe. O objetivo consiste em desvelar o que persiste pressuposto no cerne desse entendimento. Muito breve: reconhecer a confiança como um valor matricial de proteção jurídica imprescindível ao

---

[326] Sobre o conceito, ver 2.2.

[327] Assim em MAIA, Rodolfo Tigre. *Dos Crimes contra o Sistema Financeiro Nacional. Anotações à Lei Federal nº 7492/86*. São Paulo: Malheiros, 1996, p. 59; BALTAZAR JUNIOR, José Paulo. *Crimes Federais*. Porto Alegre: Livraria do Advogado, 2006, p. 276.

[328] "O art. 4º da Lei 7.492/86 descreve o crime de gestão fraudulenta de instituição financeira, tutelando o Sistema Financeiro Nacional e sua credibilidade pública" (STJ REsp 585770/RS. Min. GILSON DIPP, 5ª T, 07/10/2004. Publicação DJ 16.11.2004 p. 313; RT vol. 833, p. 503).

[329] MAIA, Rodolfo Tigre. *Op. cit.*, p. 54.

[330] Idem, p. 54 e 59.

âmbito financeiro. No que diz respeito à tutela penal específica em cada ilícito, os elementos de conformação e de distinção do invulgar significado social desta parte do ordenamento exigem a seleção do sentido mais fundamental encontrado na ideia de confiança. Ou seja, o valor adquire concretude e determinabilidade quando entendido associado à proteção do patrimônio.

A lealdade da gestão – compreendida não como uma lealdade iniciada e acabada no estrito interesse dos sócios e investidores – é tratada aqui na condição de um valor de contornos mais amplos no qual as consequências de sua violação atingem uma gama de pessoas de difícil circunscrição.[331] E isso decorre, em grande parte, do caráter altamente interligado e volátil do sistema, o que possibilita a propagação de fenômenos de retração financeiro-econômica, originados na desconfiança e na superestima dos riscos. As condutas ofensivas ao patrimônio – ainda que na forma de situação perigosa – afetam, indiscriminadamente e em diferentes níveis, todos os membros da comunidade econômica.[332] O sentido da ofensa, aliás, comporta oscilações de dimensão e de intensidade, tendo em vista ser a própria ideia de confiança um elemento inexato e variável. Mas não só. Sobretudo, oscilações da confiança de acordo com o grau de conhecimentos das informações relevantes para a conformação do mercado.

Portanto, o crime de gestão fraudulenta tutela um bem jurídico dúplice supraindividual e de titularidade difusa, formado pela união de dois valores socioeconômicos penalmente dignos, de um lado, a verdade[333] e

---

[331] Sobre isso PEDRAZZI, Cesare. O Direito Penal das Sociedades e o Direito Penal Comum. *Revista Brasileira de Criminologia e Direito Penal*. Rio de Janeiro: Instituto de Criminologia do Estado da Guanabara, 1965. v. 9, p. 130,; FOFFANI, Luigi. L'infedeltà patrimoniale verso una nuova Fattispecie Penale. *Rivista Trimestrale de Diritto Penale dell'economia*. Padova: Cedam, 1995. a. 8. n° 2-3. Aprile – settembre, p. 460. Em sentido semelhante, na doutrina espanhola, defende Bernado del Rosal Blasco a proteção do patrimônio societário, dos sócios e de terceiros – distintos da sociedade e dos sócios – pelo crime de gestão desleal do art. 295 do Código Penal Espanhol (ROSAL BLASCO, Bernardo del. Algunas reflexiones sobre el Delito de Administración Societaria Desleal del artículo 295 del Codigo Penal de 1995. *El nuevo Derecho Penal Español. Estudios Penales en memoria del profesor Jose Manuel Vale Muñiz*. Navarra: Editorial Aranzandi, 2001, p. 1255).

[332] A título de exemplo, a argumentação desenvolvida em COSTA, José de Faria; RAMOS, Maria Elisabete. *O Crime de Abuso de Informação Privilegiada (Insider Trading). A informação enquanto Problema Jurídico-penal*. Coimbra: Coimbra Editora, 2006, p. 38. nota 88.

[333] Aqui não se tem a pretensão e nem, ao menos, este trabalho comportaria uma discussão filosófico-epistemológica exaustiva acerca do conceito de verdade. A intenção consiste apenas em destacar a imperiosa necessidade de acatamento da ideia de verdade como elemento fundamental e impreterível para o reconhecimento de outros tantos valores. Questão que uma vez negada traz como consequência lógica não só a impossibilidade de legitimação dos crimes de fraudes, de falsidades e de simulações do Código Penal, como também a inexistência de um pressuposto imprescindível – independentemente da orientação ou do ideal que se apresente em concreto – para a concepção, fundamentação e realização do Direito como prática cultural de afirmação da justiça.

a transparência[334] e, de outro, o patrimônio. Afirma-se a impossibilidade de parcialização do objeto de proteção do crime, levando em consideração que esse não se restringe ou se perfectibiliza na simples proteção da verdade como um valor em si mesmo. É o espaço caracterizado pela veracidade e pela transparência da gestão do patrimônio como problema jurídico-penal de proteção da confiança no sistema financeiro. Ou seja, é significativamente nítida a importância da veracidade das informações transmitidas pelas instituições financeiras.

Ainda assim, desde logo, há dúvidas a respeito do eventual benefício que poderia advir de uma exacerbação do conteúdo ético e simbólico da repressão nesse campo do ordenamento, em similitude ao sustentado em outros espaços como no Direito Penal Tributário.[335] No sistema financeiro – a exemplo do referido sobre a transitividade do verbo confiar que somente se perfectibiliza axiologicamente quando entendido como confiança na proteção do patrimônio – os valores componentes do bem jurídico são merecedores de tutela penal apenas em situações nas quais se encontrem sob o raio de ação conduta ofensiva. Sustenta-se que tão somente existirá deslealdade na gestão nos casos em que a prática de fraudes, atentatórias contra o valor verdade e transparência sejam capazes de, pelo menos, colocar em perigo a proteção do patrimônio.[336]

Diferente do que ocorre com as divergentes opiniões sobre a descrição do bem objeto de tutela, é chegado um ponto próximo da consonância doutrinária, isto é, o reconhecimento da pluriofensividade da conduta.[337] Pluriofensividade caracterizada pelo reconhecimento do valor jurídico-comunitário verdade e transparência, situado topograficamente entre a

---

[334] A ideia da verdade e da transparência conjuntamente trabalhada aparece em DIAS, Jorge de Figueiredo; ANDRADE, Manuel da Costa. O Crime de Fraude Fiscal no novo Direito Penal Tributário português (considerações sobre a factualidade típica e o concurso de infrações). *Revista Brasileira de Ciências Criminais*. São Paulo: Revista dos Tribunais, 1996. a. 4. n. 13, p. 62. Sobre a importância do valor transparência para o regular funcionamento das empresas, ver, ainda, SOUSA, Susana Aires. Direito Penal das Sociedades Comerciais. Qual o bem jurídico? *Revista Portuguesa de Ciência Criminal*. Coimbra: Coimbra Editora, 1994. a. 12. fasc. 1, p. 72-73.

[335] Sobretudo, RODRIGUES, Anabela Miranda. Contributo para a fundamentação de um Discurso Punitivo em matéria Penal Fiscal. *Temas de Direito Penal Econômico*. São Paulo: Revista dos Tribunais, 2000, p. 181-191. Ainda, em comentário, DIAS, Jorge de Figueiredo; ANDRADE, Manuel da Costa. O Crime de Fraude Fiscal no novo Direito Penal Tributário português (considerações sobre a factualidade típica e o concurso de infrações). *Revista Brasileira de Ciências Criminais*. São Paulo: Revista dos Tribunais, 1996. a. 4. n. 13, p. 56.

[336] O aprofundamento desta questão será trabalhado mais adiante, neste mesmo Capítulo 5º, especificamente, no tópico 5.1.

[337] Já em PIMENTEL, Manoel Pedro. *Crimes contra o Sistema Financeiro Nacional: comentários à Lei 7492*. São Paulo: Revista dos Tribunais, 1987, p. 50; MAZLOUM, Ali. *Crimes de Colarinho Branco: objeto jurídico, provas ilícitas*. Porto Alegre: Síntese, 1999, p. 63; COSTA JUNIOR, Paulo José; QUEIJO, Maria Elizabeth; MACHADO, Charles Marcildes. *Crimes de Colarinho Branco*. São Paulo: Saraiva, 2000, p. 76; SILVA, Antônio Rodrigues da. *Crimes de Colarinho Branco: comentários à Lei nº 7492 de 16 de junho de 1986*. Brasília: Brasília Jurídica, 1999, p. 47.

amplitude do valor confiança e a determinada proteção contra danos ao patrimônio, de modo que se trata de um meio de adiantamento da proteção.[338] Dessa forma, o bem verdade e transparência, ao mesmo tempo, figura como concretização do valor confiança e, em termos teleológico e político-criminal, representa a antecipação do âmbito de tutela do patrimônio. Para a ocorrência do crime é necessária conjuntamente a lesão daquelas e apenas a colocação do patrimônio em insuportável situação de perigo.

Embora entendam alguns como um âmbito de tutela do patrimônio característico de um *Vorfeldschutz*,[339] em verdade a conduta ofensiva somente adquire relevância penal quando efetivamente afeta o patrimônio, de modo que não se pode falar em antecipação da proteção em relação à ocorrência da ofensa ao bem jurídico e, sim, com mais propriedade, de uma ofensa de pôr-em-perigo.[340] Trata-se de indicativo do intencional comprometimento de tutela jurídico-constitucional no sentido de evitar a transmissão reflexiva das consequências desvaliosas, provenientes da afetação do patrimônio, a uma vasta gama de usuários do Sistema Financeiro Nacional.

O movimento contemporâneo de abertura do capital das instituições financeiras de grande porte vem consolidar a importância da informação,[341] razão pela qual – a seguir aos efeitos econômicos diretos aos usuários relacionados à instituição financeira específica, *v.g.*, sócios, acionistas, investidores, correntistas – identifica-se o prejuízo coletivo decorrente de uma perda da confiabilidade no sistema financeiro como um todo. É por isso que a *ratio legis*, num segundo momento, pretende evitar os fenômenos de retração econômico-financeira em cadeia, ocasionados por estados de excessiva cautela e superestima do risco. Nesse sentido, não é exagerado pensar em uma tutela do patrimônio de titularidade difusa, ou

---

[338] DIAS, Jorge de Figueiredo; ANDRADE, Manuel da Costa. O Crime de Fraude Fiscal no novo Direito Penal Tributário português (considerações sobre a factualidade típica e o concurso de infrações). *Revista Brasileira de Ciências Criminais*. São Paulo: Revista dos Tribunais, 1996. a. 4. n. 13, p. 68.

[339] Idem,.ibidem.

[340] D'AVILA, Fabio Roberto. *Ofensividade e Crimes Omissivos Próprios. Contributo à compreensão do crime como ofensa ao bem jurídico*, Studia Iuridica n.85. Coimbra: Coimbra Editora, 2005, p. 381-382, nota 217.

[341] A questão problemática do uso da informação privilegiada assume contornos próprios nos delitos de *insider trader*. Temática que, por si só, implica em uma série de questões e desdobramento, que os limites desse trabalho impossibilitam avançar. Na doutrina comparada, sobretudo, COSTA, José de Faria; RAMOS, Maria Elisabete. *O Crime de Abuso de Informação Privilegiada (Insider Trading). A informação enquanto Problema Jurídico-penal*. Coimbra: Coimbra Editora, 2006. E, no Brasil, sobre manipulação de mercado de capitais, recentemente, ver CORSETTI, Michelangelo Cervi. *Insider Trading: o crime de uso indevido de informação privilegiada no mercado de capitais*. Dissertação de Mestrado em Ciências Criminais – Pontifícia Universidade Católica do Rio Grande do Sul. Faculdade de Direito, 2009.

seja, sem a exata delimitação da singularidade de cada um dos titulares nessa coletividade.

Algo bastante próximo, a título de exemplo, tem sido fundamentado e defendido na Itália. Posto que naquele país inexista previsão específica para os crimes perpetrados contra o sistema financeiro – condição que, em linhas gerais, tem levado as condutas a serem subsumíveis ao Direito Penal Societário –, a doutrina tem proposto uma reconsideração da problemática do crime de infidelidade patrimonial. Observa-se que as consequências prejudiciais à economia fruto da prática de crimes financeiros, geralmente, superam o âmbito do próprio sistema financeiro.[342] Portanto, a contemporânea realidade das finanças tem suscitado a tutela de um interesse de duplo nível: por um lado, um âmbito interno relativo ao gestor da empresa e a própria sociedade, por outro, situações externas e distintas da relação direta da instituição financeira e a sua clientela.[343] E, assim, sustentam a concepção de *risparmio* (poupança "nacional") como o bem-jurídico patrimonial tutelado nos crimes societários, o "que não se fragmenta em uma multiplicidade de posições individuais bem distintas",[344] mas, pelo contrário, é difundido a uma dispersão de riqueza coletiva na economia do país.[345]

Para adensar a compreensão acerca dos valores tutelados, uma última nota. Não se pode entender "verdade e transparência" em um sentido exasperador que, por sua vez, levaria a limpidez transparente à completa vitrificação.[346] Existem informações que pertencem à comunicação fechada, e por mais acessíveis e claras que sejam a um observador atento, não podem vir a ser expostas ao conhecimento geral, pois dizem respeito aos dados particulares da empresa. E, como não se pode negar, as sociedades empresariais somente sobrevivem se "forem capazes de armazenar informação utilizável pelos seus membros".[347] Entre as instituições financeiras, algumas informações – *v.g.*, opções de investimento, segredos de

---

[342] MARINUCCI, Giorgio; DOLCINI, Emilio. Derecho Penal "mínimo" y nuevas formas de Criminalidad. *Revista de Derecho Penal y Criminologia*. Madrid: Marcial Pons, 2002. 2º época. n. 9, p. 161.

[343] FOFFANI, Luigi. L'infedeltà patrimoniale verso una nuova Fattispecie Penale. *Rivista Trimestrale de Diritto Penale dell'economia*. Padova: Cedam, 1995. a. 8. nº 2-3. Aprile – settembre, p. 460).

[344] Em conjunto ao *risparmio*, Marinucci e Dolcini destacam também a importância de tutelar a confiança e a transparência como valores imprescindíveis para o correto funcionamento do mercado financeiro (MARINUCCI, Giorgio; DOLCINI, Emilio. *Corso di Diritto Penale Le Norme Penali: fonti e limiti di applicabilità. Il reato: nozione, struttura e sistematica*. 3ª ed. Milano: Giuffrè, 2001. v.1, p. 550).

[345] PEDRAZZI, Cesare. O Direito Penal das Sociedades e o Direito Penal Comum. *Revista Brasileira de Criminologia e Direito Penal*. Rio de Janeiro: Instituto de Criminologia do Estado da Guanabara, 1965. v. 9, p. 130.

[346] COSTA, José de Faria. O Direito Penal, a informática e a reserva da Vida Privada. *Direito Penal da Comunicação: alguns escritos*. Coimbra: Coimbra Editora, 1998, p. 68.

[347] Idem, p. 67.

mercados, configuração de produtos, etc. – podem constituir o chamado *know-how* societário, de forma a servirem como vantagens competitivas em relação à concorrência. Para tanto, é necessário que a informação esteja somente ao acesso de um pequeno grupo,[348] pois a divulgação desses dados ao domínio público faz com que percam o seu especial valor informacional e econômico ínsito a sua invulgaridade. A missão do Direito Penal é tutelar a transparência e a verdade para fins de proteção do patrimônio, de forma que seria um contrassenso permitir a vitrificação das instituições financeiras e, com isso, a eventual perda patrimonial daí decorrente.

---

[348] COSTA, José de Faria. *Op. cit.*, p. 67.

4. Contribuição à compreensão da gestão fraudulenta mediante a recuperação da técnica de tutela do crime de resultado cortado

Descrito o campo de manifestação do bem jurídico-penal protegido no crime de gestão fraudulenta, deve ser esclarecida qual a técnica de tutela empregada na redação do tipo legal, de maneira que, ao fim, por meio da compreensão dos contornos materiais do ilícito, possa ser delimitado o âmbito legítimo da "fatualidade típica".[349] Fatualidade essa que, tão somente, pode ser reconhecida após a identificação do valor tutelado com o crime, que terá a qualidade e, consequentemente, exercerá a função, atribuída pela teoria normativa penal, de cânone hermenêutico do ilícito.[350] O ilícito, por sua vez, central no percurso investigatório aqui desenvolvido, é a razão e o fundamento existencial, não só dos crimes contra o sistema financeiro, como também de toda a estruturação do ordenamento penal.[351] Por dever de coerência, no atual desenvolvimento jurídico-científico, o conteúdo material do ilícito deve assumir a primazia na teoria do delito, anteriormente exercida pelo tipo legal de crime.[352]

---

[349] Expressão utilizada originariamente em CORREIA, Eduardo. *Direito Criminal*. Reimpressão. Coimbra: Coimbra Editora, 2007. v. 1, p. 389. Posteriormente, em DIAS, Jorge de Figueiredo; ANDRADE, Manuel da Costa. O Crime de Fraude Fiscal no novo Direito Penal Tributário Português (considerações sobre a factualidade típica e o concurso de infrações). *Revista Brasileira de Ciências Criminais*. São Paulo: Revista dos Tribunais, 1996. a. 4. n. 13, p. 60 e DIAS, Jorge de Figueiredo. *Direito Penal. Parte Geral. Questões Fundamentais da Doutrina Geral do Crime*. Coimbra: Coimbra Editora, 2004, p. 335.

[350] DIAS, Jorge de Figueiredo. *Direito Penal. Parte Geral. Questões Fundamentais da Doutrina Geral do Crime*. Coimbra: Coimbra Editora, 2004, p. 218; BUSTOS RAMÍREZ, Juan. *Bases críticas de un nuevo Derecho Penal*. Bogotá: Themis, 1982, p. 30.

[351] D'AVILA, Fabio Roberto. Direito Penal e Direito Sancionador. Sobre a identidade do Direito Penal em tempos de indiferença. *Revista Brasileira de Ciências Criminais*. São Paulo: Revista dos Tribunais, 2006. n° 60, p. 24-25. Com maior detalhamento, D'AVILA, Fabio Roberto. *Ofensividade e Crimes Omissivos Próprios. Contributo à compreensão do crime como ofensa ao bem jurídico*, Studia Iuridica n.85. Coimbra: Coimbra Editora, 2005. *passim*; COSTA, José de Faria. Ilícito-típico, resultado e hermenêutica (ou o retorno à limpidez do essencial). *Revista Portuguesa de Ciência Criminal*. Coimbra: Coimbra, 2002. a. 12. f. 1. *passim*; COSTA, José de Faria. *O perigo em Direito Penal*. Coimbra: Coimbra Editora, 1992. *passim*.

[352] D'AVILA, Fabio Roberto. *Ofensividade e Crimes Omissivos Próprios. Contributo à compreensão do crime como ofensa ao bem jurídico*, Studia Iuridica n.85. Coimbra: Coimbra Editora, 2005, p. 41. Conforme

E isso não significa dizer que a forma conferida à descrição do ilícito pelo tipo penal possa ser mitigada, o que indubitavelmente seria a negação ou, no mínimo, o enfraquecimento dos efeitos imanentes do princípio constitucional da legalidade. Muito pelo contrário, o pretendido é a potencialização do aspecto de garantia e de delimitação da lei penal, que deve ser compreendido não apenas como forma, mas, sobretudo, conteúdo. O desvalor social da conduta e o desvalor do resultado encontram-se traduzidos no conteúdo material do conceito de crime; contudo, para que isso ocorra, é necessária a configuração que lhe é dada pelo parâmetro típico.[353] Assim, as categorias ilícito e tipo penal não podem ser compreendidas, satisfatoriamente, em todas as suas qualidades analítico-discursivas quando enfrentadas como elementos dogmáticos autonomizados.

Questiona-se a possibilidade de constituição das categorias normativas, mediante modelos totalmente apartados e posicionados em uma linha temporal na qual a cognição técnica dos conceitos pudesse se dar de modo absolutamente independente. Isto é, na caraterização de uma conduta como criminosa, o tipo indicaria a causa (*prius*), enquanto o ilícito, a consequência (*posteriorus*).[354] Em verdade, o "tipo é só uma emanação de uma ilicitude concretizada que o precede e o fundamenta", decerto ilicitude sem a qual não existiria a própria necessidade e a constituição material do tipo.[355] Por assim dizer, ambos os conceitos somente encontram plenitude de sentido quando entendidos de forma relacional, ou seja, o que se denominou como ilícito-típico ou tipo-de-ilícito.[356] Daí a razão de Faria Costa sintetizar que os elementos do tipo legal de crime representam específicos instrumentais utilizados "para compor e desenhar o desvalor que o juízo de ilicitude material carrega".[357]

O presente objeto de estudo permite – por meio da linha compreensiva adotada e, posteriormente, em razão dos desdobramentos que decor-

---

ensina Figueiredo Dias, o "tipo é só uma emanação de uma ilicitude concretizada que o precede e o fundamenta" sem a qual não existiria a própria necessidade e a constituição do tipo (DIAS, Jorge de Figueiredo. *O problema da consciência da ilicitude em Direito Penal*. 4ª ed. Coimbra: Coimbra Editora, 1995, p. 95).

[353] DIAS, Jorge de Figueiredo. *Direito Penal. Parte Geral. Questões Fundamentais da Doutrina Geral do Crime*. Coimbra: Coimbra Editora, 2004, p. 221.

[354] Idem, p. 219.

[355] DIAS, Jorge de Figueiredo. *O problema da consciência da ilicitude em Direito Penal*. 4ª ed. Coimbra: Coimbra Editora, 1995, p. 95.

[356] *Idem*, p. 222; COSTA, José de Faria. Ilícito-típico, resultado e hermenêutica (ou o retorno à limpidez do essencial). *Revista Portuguesa de Ciência Criminal*. Coimbra: Coimbra, 2002. a. 12. f. 1. *passim*; D'AVILA, Fabio Roberto. *Ofensividade e Crimes Omissivos Próprios. Contributo à compreensão do crime como ofensa ao bem jurídico*, Studia Iuridica n.85. Coimbra: Coimbra Editora, 2005, p. 41. nota 5.

[357] COSTA, José de Faria. Ilícito-típico, resultado e hermenêutica (ou o retorno à limpidez do essencial). *Revista Portuguesa de Ciência Criminal*. Coimbra: Coimbra, 2002. a. 12. f. 1, p. 15-16.

rerão da delimitação material do crime de gestão fraudulenta – ilustrar tal orientação teórica. A doutrina e a jurisprudência, geralmente, têm sustentado que o art. 4º, *caput*, da Lei 7.492/86 seria um crime de perigo de dano – ora na modalidade de perigo concreto,[358] ora perigo abstrato[359] – na tendência político-criminal de ampliação da tutela indicada pelo Direito Penal Econômico.

Entretanto, tais entendimentos parecem não resolver por completo a questão acerca do enquadramento da técnica pelo meio da qual foi oferecida tutela ao bem jurídico dúplice. É por isso que se adota uma perspectiva diferenciada, de maneira a conceder destaque a essa situação, e, portanto, fundar o centro da análise justamente na duplicidade do bem jurídico do crime de gestão fraudulenta. Ou seja, seguir-se-á a orientação proporcionada pela convocação do bem jurídico com o fim de identificar, especificamente, qual a modalidade de ofensa a que está submetido. A partir dos ditames materiais do ilícito, ao tratar-se da tipologia do crime de resultado cortado, assumir-se-á posicionamento significativamente distinto dos comentários à Lei 7.492/86.

4.1. Variações das compreensões doutrinárias a respeito da técnica de tutela do crime de resultado cortado

4.1.1. As origens da nomenclatura "crime de resultado cortado"

Os crimes doutrinariamente chamados de resultado cortado apresentam um relativo esquecimento no quadro das monografias contemporâneas de autoria de penalistas nacionais.[360] Fenômeno que, talvez, em grande parte, possa ser explicado em razão da divergência, existente na literatura nacional e internacional, acerca da legitimidade constitucional

---

[358] MAIA, Rodolfo Tigre. *Dos Crimes contra o Sistema Financeiro Nacional. Anotações à Lei Federal nº 7492/86*. São Paulo: Malheiros, 1996, p. 58.

[359] PRADO, Luiz Regis. *Direito Penal Econômico*. São Paulo: Revista dos Tribunais, 2004, p. 231; BALTAZAR JUNIOR, José Paulo. *Crimes Federais*. Porto Alegre: Livraria do Advogado, 2006, p. 280; SILVA, Antonio Carlos Rodrigues. *Crimes de Colarinho Branco: comentários à Lei nº 7492 de 16 de junho de 1986*. Brasília: Brasília Jurídica, 1999, p. 50; BREDA, Juliano. *Gestão fraudulenta de instituição financeira e dispositivos processuais da Lei 7492/86*. Rio de Janeiro: Renovar, 2002, p. 58; COSTA JUNIOR, Paulo José; QUEIJO, Maria Elizabeth; MACHADO, Charles Marcildes. *Crimes de Colarinho Branco*. São Paulo: Saraiva, 2000, p. 76; MAZLOUM, Ali. *Crimes de Colarinho Branco: objeto jurídico, provas ilícitas*. Porto Alegre: Síntese, 1999, p. 63.

[360] Mesmo assim ainda em TOLEDO, Francisco de Assis. *Princípios Básicos de Direito Penal*. 5ª ed. São Paulo: Saraiva, 2001, p. 151; FRAGOSO, Heleno Claudio. *Lições de Direito Penal. Parte Geral*. 16ª ed. Rio de Janeiro: Forense, 2003, p. 214-215; SANTOS, Juarez Cirino dos. *Direito Penal. Parte Geral*. Curitiba: Lumen Juris, 2006, p. 163-164; BITENCOURT, Cezar Roberto. *Tratado de Direito Penal. Parte Geral*. 10 ed. São Paulo: Saraiva, 2006. v. 1, p. 341-342.

do emprego dessa técnica de tutela. Podem ser encontradas desde opiniões radicais, no sentido da completa rejeição do ilícito, até mesmo virtuosas propostas de reconstrução da sua forma de configuração. Outra eventual causa de esquecimento diria respeito à ausência de consenso em relação à classificação estrutural dos próprios fundamentos de conformação dessa modalidade de redação do tipo. Isto é, a histórica dificuldade normativa de harmonização da intenção do agente com o resultado produzido a partir da ação intencional. Em outras palavras, poder-se-ia mencionar a necessidade de delimitação de qual a importância deveria ser reconhecida ao desvalor da conduta e ao desvalor do resultado. Tal polêmica possui duas compreensões teóricas bem definidas na sua origem.

A partir do conhecimento dos elementos anímicos do tipo penal, a alocação originária do causalismo de Liszt e Mezger – a qual situava a integralidade dos elementos internos ao agente na culpabilidade, ao passo que o ilícito seria apenas a ação externa e objetiva –[361] precisou ser prontamente readequada. Havia se percebido a impossibilidade, em grande parte dos tipos penais, de conceber o ilícito apenas com elementos objetivos, pois determinados sentidos somente poderiam ser conferidos por princípios anímico-subjetivos.[362]

O ponto de partida para tal constatação teria sido fundamentalmente a concepção objetiva de ilicitude do Direito Privado, pelo meio da qual H. A. Fischer, em *Die Rechtswidrigkeit*, no ano de 1911, haveria ressaltado que não caberia ao Direito exercer uma "função de polícia das intenções e dos pensamentos do indivíduo", pois os fins acessórios não deveriam intervir na determinação da antijuridicidade.[363] Mesmo assim, considerando como paradigma o ilícito objetivo, não raras vezes, momentos subjetivos contribuiriam na delimitação da aplicação do direito positivo, tendo em vista que a lei não permite ou proíbe determinada conduta de maneira absoluta. Pelo contrário, em muitas oportunidades, o próprio reconhecimento de um direito subjetivo à vítima dependia de uma decisão capaz de considerar a intenção ou o propósito que guiaram o autor da conduta.[364]

Mais adiante em 1915, deve-se a A. Hegler, na obra *Die Merkmale des Verbrechens*, o estudo do problema dos elementos subjetivos do tipo na

---

[361] MEZGER, Edmund. *Tratado de Derecho Penal*. Madrid: Editorial Revista de Derecho Privado, 1955, p. 347. Nesse sentido, ilustrativa é a lição de Liszt que ensinava ser o dolo a forma mais importante da culpabilidade (LISZT, Franz von. *Tratado de Derecho Penal*. 20ª ed. alemã e 4ª ed. castelhana. Madrid: Editorial Reus, 1999. t. 2, p. 409).

[362] MEZGER, Edmund. *Op. cit.*, p. 347 e ss.; WELZEL, Hans. *Derecho Penal Aleman. Parte Geral*. 11ª ed. alemã e 4ª ed castelhana. Santiago de Chile: Editorial Juridica de Chile, 1997, p. 73.

[363] MEZGER, Edmund. *Op. cit.*, p. 347.

[364] Idem, ibidem.

área específica do Direito Penal.³⁶⁵ Também, partindo de uma concepção objetiva do ilícito, o autor agrega um novo elemento para a compreensão da questão, havia percebido que os momentos subjetivos poderiam acarretar desdobramentos na consideração do "dano social objetivo", resultado da conduta praticada.³⁶⁶ Assim, propõe a denominação de "tendência interna transcendente" a fim de designar especificamente aquela pequena parcela de crimes denominados como "delitos de intenção", no qual a finalidade da pratica da conduta pelo agente vai mais além que a descrição do tipo objetivo.³⁶⁷ Para melhor explicá-los utilizou o exemplo da conduta do furto (*Diebstahl*) – frequentemente repetida pela doutrina posterior –, segundo a qual a finalidade da repressão não é punir a simples subtração de coisa alheia móvel, mas a apenas aquela subtração de coisa alheia móvel em que esteja clara a intenção de apropriação pelo agente (*Zueignungsabsicht*).³⁶⁸ Isto é, a intenção do autor ao praticar a conduta seria um critério indispensável para a perfeita configuração do ilícito e o reconhecimento de seu desvalor, o que retirava a condição axiomática da afirmação dos elementos subjetivos como adstritos exclusivamente à culpabilidade, e os objetivos ao ilícito penal.

Ainda assim, a recepção das novas descobertas pelos causalistas não era sequer preocupante, tendo em vista que, com exceção dos casos de tendência interna transcendente, não haveria "nenhum outro momento subjetivo na fundamentação do ilícito".³⁶⁹ O conceito de ilícito mantinha-se como "contradição objetiva com as normas do direito", por isso, normalmente, as referências anímicas subjetivas – intenção de atuar contra o Direito e o reconhecimento dos fundamentos fáticos da infração – tinham vez no que concerne a imputação pessoal do ilícito, ou seja, importância apenas para o juízo de culpabilidade.³⁷⁰

---

³⁶⁵ HEGLER, August. Die Merkmale des Verbrechens. *ZeitSchrift für die gesamte Strafrechtwissenschaft.* Berlim,1915. v. 36. p. 19-44.

³⁶⁶ Idem, ibidem.

³⁶⁷ LIFSCHITZ, Sergio Politoff. *Los elementos subjetivos del tipo legal.* 2° ed. Montevideo: Editorial B de f, 2008. p 106.

³⁶⁸ MEZGER, Edmund. *Tratado de Derecho Penal.* Madrid: Editorial Revista de Derecho Privado, 1955, p. 347; JESCHECK, Hans-Heinrich. *Tratado de Derecho Penal. Parte General.* Granada: Comares, 1993, p. 286-287; WELZEL, Hans. *Derecho Penal Aleman. Parte Geral.* 11ª ed. alemã e 4ª ed castelhana. Santiago de Chile: Editorial Juridica de Chile, 1997, p. 73; HAFT, Fritjof. *Strafrecht. Allgemeiner Teil.* 7ª ed. München: Beck, 1996, p. 43-44; KÖHLER, Michael. *Strafrecht Allgemeiner Teil.* Berlin/Heidelberg: Springer Verlag, 1997, p. 175; HAUF, Claus Jürgen. *Strafrecht. Allgemeiner Teil.* 2ª ed. Neuwied; Kriftel: Luchterhand, 2001, p. 28; ROXIN, Claus. *Strafrecht. Allgemeiner Teil. Grundlagen. Op. cit.,* v. I, p. 313, n. 70

³⁶⁹ MEZGER, Edmund.*Op. cit.,* p. 348.

³⁷⁰ Idem, ibidem.

Contudo, a questão não estava perfeitamente resolvida, e exceções à regra geral consistiriam os casos nos quais condutas exteriormente idênticas poderiam "uma vez ser conforme ao direito e outra antijurídica, segundo o sentido que o autor atribua ao seu ato" ou "segundo a situação ou disposição anímica em que se execute a ação".[371] Assim, apenas o direito positivo permitiria indicar em quais casos existiriam os elementos subjetivos, bem como qual a atividade que especificamente desempenhariam na hipótese investigada, ora na condição de elementos anímicos de fundamentação do tipo, ora como elementos anímicos de exclusão da ilicitude da conduta.[372]

Mesmo assim, ressalta Mezger que a lei não poderia prever puros elementos subjetivos de fundamentação do injusto, pois constituiria um abandono da própria estrutura objetiva fundamental do Direito, o que, em outras palavras, seria borrar, esfumaçar, mitigar os limites entre o Direito e a moral.[373] Ademais, o reconhecimento de elementos subjetivos do ilícito pela grande maioria dos penalistas não poderia constituir justificativa para exageros na compreensão do ilícito, uma vez que diziam respeito a esse, mas, sobretudo, ao juízo de culpa.[374]

Com isso, consegue-se perceber o quanto extraordinário consistia o aparecimento dos elementos subjetivos do ilícito para a linha de compreensão causalista, condição que possibilitava suportar doutrinariamente como legítimas hipóteses de crimes cujas condutas ostentavam singular afastamento dos estritos elementos do tipo objetivo. A aceitação de delitos de simples atividade (ou puros delitos de ação ou delitos formais) – caracterizados por um notável desvalor da conduta e a ausência de um resultado externo (desvalor do resultado) – em razão da sua excepcionalidade não colocaria em risco a coerência material do ordenamento penal.[375]

---

[371] MEZGER, Edmund. *Tratado de Derecho Penal*. Madrid: Editorial Revista de Derecho Privado, 1955, p. 348

[372] Idem, p. 349.

[373] Idem, p. 349-350. Mezger explica que "o direito somente pode pretender conseguir o melhoramento interno dos cidadãos tanto quanto seja necessário para o cumprimento de sua missão específica, isto é, de uma legalidade mantida externamente. Quando o direito esquece esta reconhecida autolimitação, seus esforços acabam sempre reconhecendo a própria impotência, pois a espada afiada em demasia se afeta com grande facilidade" (Idem, p. 351).

[374] Idem, p. 351-355.

[375] Idem, p. 176. Vale destacar que Mezger mitiga a relevância normativa da exigência de um resultado em todos os delitos, pois considera que o resultado seria uma questão meramente terminológica. A partir disso aborda a questão dos crimes de simples atividade, segundo o qual a ausência de resultado externo teria conduzido alguns a uma postura excessiva. Excesso que seria caracterizado pela confusão entre a falta de um resultado externo ("modificação do mundo exterior"), oriundo da prática da conduta ("movimento corporal"), com a ausência de um resultado jurídico reconhecível. Mezger destaca a possibilidade de distinção entre a conduta e o seu resultado em contrariedade ao

Posteriormente, seguindo outra orientação, o pensamento jurídico-finalista – responsável pelo desenvolvimento de outra concepção do ilícito, assim como pelo novo enquadramento normativo dos elementos anímicos –[376] não apresentava uma compreensão suficientemente adequada para o acertamento do resultado do ilícito. Por um lado, reconhecia-se que a doutrina causalista havia tido o mérito de destacar a importância do resultado nocivo ao bem jurídico para o Direito Penal.[377] Por outro, Welzel sustentava o entendimento segundo o qual "a lesão do bem jurídico (o desvalor do resultado) tem relevância no Direito Penal somente dentro de uma ação pessoalmente antijurídica (dentro do desvalor da conduta)".[378] Posicionamento que tinha como consequência direta a absoluta impossibilidade do desvalor próprio da lesão ao bem jurídico caracterizar autônoma ou suficientemente a ilicitude do fato.

Ainda, perfeitamente, poderiam existir crimes em que faltasse o desvalor do resultado sem haver qualquer prejuízo relativo à caracterização do desvalor da ação.[379] Paradigmaticamente, o crime era definido como vontade desvaliosa que realiza um fato desvalioso, tendo como "fundamento real de todo delito a objetivação da vontade em um fato externo".[380] De tal sorte, o núcleo objetivo de todo o crime consistiria no conjunto formado pela ação e o seu resultado, este como consequência advinda da própria realização da ação.[381] Por certo, nem toda a realização que se transformasse em uma decisão má poderia ser considerada crime, pois a qualificação da conduta criminosa somente tem vez a partir do momento em que o feito apresenta algum caráter nocivo ao bem jurídico.[382] Mesmo assim, Welzel aceitava a ocorrência de casos especiais, nos quais seria

---

que acreditava Beling. Mesmo assim, não oportuniza uma posição suficientemente clara quando trabalha os crimes de resultado cortado (*Idem*, p. 176-177, notas 16 e 18 e 358).

[376] Enquanto para a doutrina causal da ação os delitos com elemento subjetivo do ilícito (delitos de intenção e delitos de tendência) significam "inconsequências frente ao conceito objetivo fundamental do ilícito" (*Inkonsequenz gegenüber der objektiven Grundlage des Unrechts*), para a doutrina final da ação são na sua maior parte apenas uma consequência na subjetivação decisória do ilícito, assim em SCHMIDHÄUSER, Eberhard. *Strafrecht. Allgemeiner Teil. Lehrbuch*. 2ª ed. Tübingen: J. C. B. Mohr, 1975, p. 216. n. 43. nota 16.

[377] WELZEL, Hans. *Derecho Penal Aleman. Parte Geral*. 11ª ed. alemã e 4ª ed castelhana. Santiago de Chile: Editorial Juridica de Chile, 1997, p. 75.

[378] Idem, ibidem.

[379] Em parte, tal entendimento decorre da aceitação como legítima da punibilidade da tentativa inidônea como premissa limitadora do espaço discursivo teórico e, ainda, solicitante de desenvolvimento dogmático que a jutificasse no ordenamento jurídico-penal alemão. Conforme Welzel, "o desvalor de resultado pode faltar no caso concreto sem que desapareça o desvalor da ação, por exemplo, na tentativa inidônea" (WELZEL, Hans. *Op. cit.*, p. 75).

[380] Idem, ibidem.

[381] Idem, p. 76.

[382] Idem, p. 222.

punível a simples prática de uma conduta prevista como criminosa, em razão da sua intensa reprovabilidade do ponto de vista ético-social.[383] Casos que o notório desvalor emanado da conduta justificaria uma condição de excepcionalidade, o que, por conseguinte, suscitaria como necessária a distinção entre consumação material e formal dos crimes.[384] A consumação normativa do crime, em geral, somente poderia ocorrer com a constatação do resultado lesivo (material), entretanto o Código Penal admitiria hipóteses de exceção a essa regra, nos casos com previsão de especiais elementos subjetivos no tipo penal.[385]

Os elementos subjetivos do tipo foram trabalhados pelo autor sob a denominação de "momentos subjetivos do autor da ação", em razão da forma como compreendia a relação do ilícito penal com aquele o qual o havia realizado (teoria do ilícito pessoal).[386] Welzel, intencionalmente preocupado com a natureza dos elementos subjetivos do autor, destacava que junto com o dolo, entendido como elemento subjetivo-pessoal geral, poderiam ser percebidos outros elementos subjetivo-pessoal especiais, que indicariam o conteúdo ético-social da ação.[387] Ou seja, atuariam no sentido de agregar maior desvalor à conduta do autor e, por isso, daí decorreria uma das razões para a indicação da especialidade ou invulgaridade na denominação da categoria. Suas finalidades específicas possibilitariam conferir novo sentido à ação individual, na forma de uma circunstância do crime, e não propriamente de elementares do delito. Isto é, em alguns casos, não representavam elementos essenciais e permanentes ao tipo delitivo, que poderia existir, independentemente da presença

---

[383] WELZEL, Hans. *Op. cit.*, p. 76.

[384] Se forem aproximados a tentativa de reconhecimento do conceito de crime para condutas desprovidas de um efetivo resultado material e o conceito fundamental de crime sustentado por Welzel, percebe-se a dissonância entre as ideias. Se o crime é a objetivação da vontade de um fato externo, que somente adquire relevância penal, à medida que passa a ser nociva ao bem jurídico (Idem, p. 75 e 222) não se deve falar na possibilidade de punição do simples querer delituoso (*Willestrafrecht*), a medida que somente seria digno de resposta penal o subjetivo que apresentasse um mínimo de objetividade. Objetividade que se deve mostrar como resultado ofensivo ao bem jurídico, isto é, a presunção de idoneidade ofensiva não é capaz de legitimação da incriminação. Mais adiante, todavia, se retornar a presente questão no momento mais apropriado.

[385] WELZEL, Hans. *Op. cit.*, p. 222.

[386] Em relação à teoria do ilícito pessoal de Hans Welzel pode-se aproveitar o elogiável esforço empregado para destacar que cada tipo penal somente poderia ser realizado por um autor concreto e determinado, o qual haveria praticado uma específica intencionalidade típica. Em específico, ao que tange ao crime de gestão fraudulenta de instituição financeira acredita-se ser produtiva tal compreensão. O autor do crime somente poderá ser um daqueles previstos no artigo 25 da Lei 7492/86, mesmo assim é necessário que realize os elementos subjetivos e objetivos requeridos no tipo penal. Sobre o conceito pessoal de ilícito ver WELZEL, Hans. *Op. cit.*, p. 74. E sobre o conceito pessoal de ação ver ROXIN, Claus. *Derecho Penal: Parte General. Fundamentos. La estrutura de la Teoria del Delito*. Madrid: Civitas, 1997. t. 1, p. 252-266.

[387] WELZEL, Hans. *Op. cit.*, p. 93.

do elemento subjetivo especial, como uma conduta de menor desvalor social.[388]

Entre os elementos anímicos especiais, receberia destaque a intenção que ora seria vista como sinônimo de dolo – tanto na forma direta, quanto eventual –, ora lida autonomamente com um significado particular. Particularidade anímica que remeteria à meta ou à finalidade perseguida com a realização da ação típica, algo que, segundo Welzel, poderia ser percebido não efetivamente no conteúdo da ação, mas na visualização global do interesse que domina o fato.[389] A intenção, entendida como tendência interna transcendente, nem sempre precisaria ser o fim último do agente, bastaria que fosse o meio utilizado para a realização de outra finalidade, ainda que posterior a ocorrência do resultado.[390] A consumação do crime, portanto, nem sempre exigiria a realização objetiva do conteúdo da intenção. E isso não deixa de ser um contrassenso quando enfrentado na perspectiva da fundamentação constitucional do direito penal, mais especificamente, em relação à exigência de ofensividade ao bem jurídico tutelado para o reconhecimento do conceito material de ilícito.

Portanto, pode ser percebido que – desde a transposição dogmática das qualidades subjetivas do crime, originariamente situadas na culpa, para o tipo penal – ainda pende de melhor acertamento normativo a posição sistemática a ser ocupada por alguns elementos subjetivos do tipo. Acertamento sistemático que intencionalmente traz consequências diretas quanto à necessidade ou á dispensabilidade de consonância e de identidade com o tipo objetivo, o que reflete nos limites de legitimidade do próprio Direito Penal.

4.1.2. A classificação de Edmund Mezger sobre os tipos subjetivos dos crimes

O estudo da nomenclatura classificatória do direito positivo em relação ao tipo subjetivo aponta que significativa parte da doutrina segue as categorias doutrinárias avançadas por Edmund Mezger.[391] O penalista ale-

---

[388] WELZEL, Hans. *Op. cit.*, p. 93.

[389] Idem, ibidem.

[390] Idem, p. 94.

[391] A título de exemplo, embora não represente a observância ortodoxa da classificação proposta por Edmund Mezger, suas categorias são utilizadas em ROXIN, Claus. *Derecho Penal: Parte General. Fundamentos. La estrutura de la Teoria del Delito*. Madrid: Civitas, 1997. t. 1, p. 316-317; JESCHECK, Hans-Heinrich. *Tratado de Derecho Penal. Parte General*. Granada: Comares, 1993, p. 286-287; MAC IVER, Luis Cousiño. *Derecho Penal Chileno. Parte Geral*. Santiago do Chile: Editorial Juridica de Chile, 1975, p. 585; ZAFFARONI, Eugenio Raul. *Teoria del Delito*. Buenos Aires: Ediar, 1973, p. 316-317. No Brasil, SANTOS, Juarez Cirino dos. *Direito Penal. Parte Geral*. Curitiba: Lumen Juris, 2006, p. 163.

mão, levando em consideração as características dos elementos subjetivos do tipo, teria alocado o crime de resultado cortado (*kupiert Erfolgsdelikt*) como pertencente ao grupo dos "delitos de tendência" (*Tendenzdelikte*).[392] Ao lado dos delitos de tendência, coexistiriam também dois outros agrupamentos: "delitos de intenção" e os "delitos de expressão".[393]

O primeiro grupo seria composto, basicamente, pelos delitos mutilados de dois atos, no qual o evento pretendido pelo agente teria como finalidade possibilitar o meio necessário para a prática de uma nova conduta a ser tomada posteriormente.[394] A fim de ilustrar a descrição, poder-se-ia referir o exemplo do crime de moeda falsa que – não apenas no Brasil, mas também em outros países – é positivado a partir da técnica de tutela do delito mutilado em dois atos.[395] A obtenção da moeda falsificada, resultado ofensivo ao bem jurídico tutelado, não satisfaz plenamente, em termos reais, o interesse final do agente, pois a razão da prática da conduta é utilização do dinheiro fruto da falsificação.

Enquanto isso, no segundo grupo, formado pelos "delitos de expressão", a ação apareceria como a expressão de um processo anímico do agente.[396] Isto é, o interno estado psíquico-intelectivo do autor contrapõe-se ao comportamento o qual ele externaliza, como ocorre na reconhecida hipótese do falso testemunho previsto no Código Penal alemão (StGB) nos §§ 153, 154 e 156. Segundo a teoria subjetiva, haveria crime na hipótese de o agente praticar uma contradição entre a palavra por ele expressada e o conhecimento que mantém sobre o objeto do testemunho.[397]

---

[392] MEZGER, Edmund. *Tratado de Derecho Penal*. Madrid: Editorial Revista de Derecho Privado, 1955, p. 357. No mesmo sentido, ANDRADE, Manuel da Costa. A fraude fiscal – dez anos depois – ainda um "crime de resultado cortado". *Direito penal económico e europeu. Textos doutrinários*. Coimbra: Coimbra Editora, 2009. v. 3, p. 255.

[393] Contemporaneamente aparece na doutrina a sinonímia entre delitos de resultado cortado e delitos de intenção, assim em DIAS, Jorge de Figueiredo. *Direito Penal. Parte Geral. Questões fundamentais da doutrina geral do crime*. 2ª ed. Coimbra: Coimbra Editora, 2007, p. 380, cap. 13º, § 58, e COSTA, José de Faria. *Noções fundamentais de direito penal. Fragmenta iuris poenalis. Introdução*. 2ª ed. Coimbra: Coimbra editora, 2009, p. 221, cap. 8º, §33.

[394] MEZGER, Edmund. *Op. cit.*, p. 357.

[395] Consta no *caput* do artigo 289 do Código Penal "Falsificar, fabricando-a ou alterando-a, moeda metálica ou papel-moeda de curso legal no país ou no estrangeiro". No Chile, seguem a mesma redação os crimes do art. 185 do Código Penal de falsificação de bilhetes de transporte, reuniões ou espetáculos públicos (LIFSCHITZ, Sergio Politoff. *Los elementos subjetivos del tipo legal*. 2° ed. Montevideo: Editorial B de f, 2008, p. 108-109).

[396] Mezger comenta que a existência desse grupo de crimes é duvidada por Goldschmidt; entretanto, defendida por Hegler, a quem lhe concederia especial importância (MEZGER, Edmund. *Op. cit.*, p. 358). Atualmente, reconhecido por grande parte da doutrina, apenas como exemplo ROXIN, Claus. *Derecho Penal: Parte General. Fundamentos. La estructura de la Teoria del Delito*. Madrid: Civitas, 1997. t. 1, p. 317-318; JESCHECK, Hans-Heinrich. *Tratado de Derecho Penal. Parte General*. Granada: Comares, 1993, p. 287.

[397] JESCHECK, Hans-Heinrich. *Op. cit.*, p. 318.

No Código Penal brasileiro, pode-se identificar descrição semelhante em relação à presença e à conformação dos elementos subjetivos do tipo nos crimes de falso testemunho (artigo 342).[398] A bondade da solução oferecida pela doutrina subjetiva alemã não apresenta resultado satisfatório em todos os casos, o que obriga a divisão em dois grupos: (a) o agente julga ser verdadeira a falsa informação que presta e (b) o agente julga ser falsa a verdadeira informação que presta.

(a) No primeiro grupo de casos, o que, de fato, acontece é o erro por parte do agente em relação aos elementos do tipo penal, uma vez que observa e respeita o dever judicial de prestar o testemunho corretamente e, assim, o faz segundo o que imaginava ser o verdadeiro. Ainda que exista uma oposição objetiva do declarado em juízo com a verdade dos fatos, tal situação não é praticada pelo agente de modo doloso e, portanto, inexiste o elemento subjetivo do tipo. A solução da atipicidade da conduta parece mais adequada que o recurso, anteriormente empregado pela doutrina, consistente juízo positivo de tipicidade e negativo de culpabilidade.[399]

(b) No segundo grupo de casos, a intenção de expressar o falso testemunho está presente, todavia o autor, ao colocar tal desígnio em prática, acaba falando a verdade, uma vez que efetivamente não conhecia com exatidão os fatos sobre os quais testemunhava. Por exemplo, a testemunha que com objetivo de inocentar quem ela imagina ser autor da conduta busca referir características de outra pessoa que, posteriormente, veio a se comprovar como o agente do crime. Embora exista, nesse caso, a vontade da testemunha de não referir a verdade no seu depoimento, não é o que realmente acontece, pois objetivamente não há qualquer contradição entre o declarado e a apuração processual da verdade.

Não é diferente a situação testemunha que, imaginando conhecer algo sobre os fatos do processo, opta por calar perante a inquirição judicial e, tempos depois, vem a descobrir que aquilo que acreditava ter ocorrido não era verdadeiro e, portanto, realmente desconhecia o que havia passado.

Se o testemunho não contraria a reconstrução processual dos fatos e, portanto, não prejudica a descoberta da verdade, não se pode falar efetivamente na ocorrência do falso. O fato é que o depoente poderá intencionalmente manifestar seu testemunho contrário àquilo que acreditava ser a verdade e, mesmo assim, não estar falseando a verdade, pois não

---

[398] Consta na redação do *caput* do artigo 342 "fazer afirmação falsa, ou negar ou calar a verdade como testemunha, perito, contador, tradutor ou intérprete em processo judicial, ou administrativo, inquérito policial, ou juízo arbitral".

[399] LIFSCHITZ, Sergio Politoff. *Los elementos subjetivos del tipo legal*. 2ª ed. Montevideo: Editorial B de f, 2008, p. 106.

conhecia o que pensava de fato ter acontecido. Acredita-se que, em razão da linha compreensiva do princípio da ofensividade, não se pode acompanhar integralmente a orientação que reconhece a ocorrência do crime apenas com a manifestação da intenção de não falar a verdade. A ideia de falsidade, para efeitos penais, não pode ter como parâmetro apenas a compreensão subjetiva do agente, o critério de análise deve ser também objetivo.

Pensar na punição da testemunha, levando em consideração apenas a sua intenção em faltar com a verdade, reduz injustificadamente a amplitude do ilícito-típico, de modo a desconsiderar os elementos do tipo penal objetivo. Caso se vislumbrase no crime de falso testemunho um crime de mera desobediência ao mandamento legal, acabar-se-ia por identificá-lo com uma regra de absoluta punição da mentira, independentemente da ofensa ao bem jurídico-penal e das repercussões processuais decorrentes.

Outro exemplo de delito de expressão, no ordenamento brasileiro, é o do crime de omissão de notificação compulsória de doença à autoridade pública do artigo 269 do Código Penal,[400] com estrutura típica, no que se refere aos elementos subjetivos, similar à caraterização da omissão de denúncia de delito grave criminalizada no § 138 do Código Penal alemão (StGB).[401]

Os delitos de tendência, por sua vez, na forma de delitos de resultado cortado caracterizam-se pela conduta de um agente que realiza "algo", de modo que esse "algo" produza uma consequência posterior a qual pretende atingir.[402] O exemplo referido por Mezger seria o do envenenamento, tipificado no § 229 do Código Penal alemão, segundo o qual o autor da conduta com a intenção de atacar a saúde de outrem lhe ministra veneno ou outra substância apropriada para tanto.[403] Outra hipótese que a doutrina alemã, atualmente, refere é o estelionato (*Betrug*) do § 263, no qual o autor induz a vítima a erro com o fim de poder dispor e, consequentemente, se beneficiar do seu patrimônio.[404]

---

[400] Consta na redação do *caput* do artigo 269 "deixar o médico de denunciar à autoridade pública doença cuja notificação é compulsória".

[401] JESCHECK, Hans-Heinrich. *Op. cit.*, p. 287; ROXIN, Claus. *Derecho Penal: Parte General. Fundamentos. La estrutura de la Teoria del Delito.* Madrid: Civitas, 1997. t. 1, p. 318.

[402] MEZGER, Edmund. *Tratado de Derecho Penal.* Madrid: Editorial Revista de Derecho Privado, 1955, p. 357.

[403] Idem, ibidem; ROXIN, Claus. *Derecho Penal: Parte General. Fundamentos. La estrutura de la Teoria del Delito.* Madrid: Civitas, 1997. t. 1, p. 317.

[404] SCHÖNKE, Adolf; SCHÖREDER, Horst. *Strafgesetzbuch Kommentar.* 27ª ed. München: Verlag C.H. Beck, 2006, p. 2186-2187; HAUF, Claus Jürgen. *Strafrecht. Allgemeiner Teil.* 2ª ed. Neuwied; Kriftel: Luchterhand, 2001, p. 28; KÖHLER, Michael. *Strafrecht Allgemeiner Teil.* Berlin/Heidelberg: Springer Verlag, 1997, p. 175; EBERT, Udo. *Strafrecht. Allgemeiner Teil.* 2ª ed. Heidelberg: C. F. Müller Verlag,

4.1.3. Definição e diferenciação categorial e apresentação dos principais problemas dos crimes de resultado cortado

Mesmo diante da ampla aceitação desfrutada pelas categorias classificatórias de Mezger, não é unívoca a denominação do crime de resultado cortado nos manuais de Direito Penal.[405] As múltiplas nomenclaturas, talvez, em muito, se devam à intenção doutrinária de ressaltar diferentes características do mesmo conceito normativo e, com isso, facilitar a afirmação de sua compreensão teórica.

A grande maioria dos autores segue a qualificação do delito como "crime de intenção" (*Absichtsdelikte*),[406] o que coloca em destaque a condição psicológica do agente em tentar a "produção de um resultado que, todavia, não faz parte do tipo legal".[407] Também, se fala em uma "tendência interna transcendente", empregando a expressão divulgada inicialmente por Hegler, nos crimes em que a intenção apresenta uma condição concorrente e autonomizada ao dolo do tipo penal, pois o objetivo perseguido ultrapassa as configurações típicas.[408] No mesmo sentido e com outra conformação normativa, outros concebem um "fim ultratípico", segundo o qual o "autor teria em vista um resultado que não precisa ser alcançado necessariamente" ou, ainda, caso viesse a ser alcançado, a conduta seria

---

1994, p. 57; BOCKELMANN, Paul; VOLK, Claus. *Strafrecht. Allgemeiner Teil.* 4ª ed. München: Beck Verlag, 1987, p. 54.

[405] JAKOBS, Günther. *Derecho Penal: Parte General. Fundamentos y Teoria de la Imputación.* Madrid: Marcial Pons, 1997, p. 215.

[406] Classificação acompanhada por ROXIN, Claus. *Derecho Penal: Parte General. Fundamentos. La estrutura de la Teoria del Delito.* Madrid: Civitas, 1997. t. 1, p. 318; JESCHECK, Hans-Heinrich. *Tratado de Derecho Penal. Parte General.* Granada: Comares, 1993, p. 286-287; WELZEL, Hans. *Derecho Penal Aleman. Parte Geral.* 11ª ed. e 4ª ed castellana. Santiago de Chile: Editorial Juridica de Chile, 1997, p. 94; ZAFFARONI, Eugenio Raul. *Teoria del Delito.* Buenos Aires: Ediar, 1973, p. 316-317; JIMÉNEZ DE ASÚA, Luis. *La Ley y el Delito. Curso de Dogmatica Penal.* Caracas: Editorial Andrés Bello, 1945, p. 327. Diferentemente, Mezger enquadrava os delitos de resultado cortado entre os crimes de tendência, que abarcariam, por sua vez, o grupo dos crimes de intenção (MEZGER, Edmund. *Op. cit.*, 1955, p. 357).

[407] DIAS, Jorge de Figueiredo. *Direito Penal. Parte Geral. Questões Fundamentais da Doutrina Geral do Crime.* Coimbra: Coimbra Editora, 2004, p. 330.

[408] JESCHECK, Hans-Heinrich. *Op. cit.*, p. 286; WESSELS, Johannes. *Direito Penal. Parte Geral (aspectos fundamentais).* Porto Alegre: Sergio Fabris, 1976, p. 34, embora como sinônimo de delito de resultado cortado, assim também em BOCKELMANN, Paul; VOLK, Claus. *Strafrecht. Allgemeiner Teil.* 4ª ed. München: Beck Verlag, 1987, p. 54. A expressão "tendência interna transcendente" foi utilizada originariamente, na obra de Hegler de 1914, com intuito de denominar um pequeno grupo de casos. Mais adiante, o autor modificou seu posicionamento a fim de reconhecer elementos subjetivos como fundamentação típica do ilícito, em hipóteses estruturadas sobre uma "intenção" ou "opinião subjetiva" não transcendente, mas, sobretudo, geograficamente posicionada por trás de uma conduta objetiva, que somente adquiriria a concreção necessária quando vislumbrada em conjunto com aqueles elementos. (MEZGER, Edmund. *Op. cit.*, p. 351, nota 6).

subsumível a outro crime.[409] Seria uma finalidade que, para além do dolo necessário à realização do ilícito-típico, ainda teria uma parcela excedente imprescindível para subsunção da conduta ao tipo penal.[410]

Vejam-se, portanto, alguns dos principais pontos polêmicos, carentes de uma solução satisfatória. Destaca-se a questão que se entende como primordial. Para considerável parte da doutrina, estar-se-ia diante de um tipo penal caracterizado pela incongruência, descontinuidade ou, ainda, a falta de correlação ou de correspondência entre os elementos conformadores do ilícito-típico.[411] Incongruência que seria descrita pela existência de mais elementos no tipo subjetivo que no tipo objetivo, uma vez que a intenção do autor com a realização da conduta nem sempre precisa redundar na ocorrência de um resultado desvalioso.[412] No Brasil, destaca Assis Toledo que seriam crimes "em que o agente quer e persegue um resultado que não necessita ser alcançado de fato para a consumação do crime (tipos incongruentes)".[413]

Daí decorreria o segundo ponto, nomeadamente a ausência de um resultado material como elemento fundamental para a consumação delitiva. Jakobs fala no reconhecimento da consumação como conceito normativo formal, tendo em vista que o crime pode ser considerado consumado antes mesmo da lesão ao bem jurídico.[414] Como consequência, tem-se a denominação *resultado cortado*, devido à opção do legislador em prescindir, "cortar" parte da descrição do desenvolvimento da conduta necessária para a configuração da afetação ao bem jurídico.[415] O resultado seria apenas formal e, portanto, passível de consumação antecipada a provo-

---

[409] ZAFFARONI, Eugenio Raúl. *Op. cit.*, p. 316.

[410] Idem, p. 317.

[411] JACOBS, Walter. *Die kupierten Erfolgsdelikte in ihrer dogmatischen Grundlage*. Göttingen: RNB, 1932, p. 12; MAURACH, Reinhart; ZIPF, Heinz. *Derecho Penal. Parte Geral*. Buenos Aires: Editorial Astrea, 1994. v. 1, p. 356; posteriormente, sendo este seguido por TOLEDO, Francisco de Assis. *Princípios Básicos de Direito Penal*. 5ª ed. São Paulo: Saraiva, 2001, p. 151. Na atualidade, STRATENWERTH, Günther; KUHLEN, Lothar. *Strafrecht Allgemeiner Teil I. Die Straftat*, 5ª ed, Köln: Carl Heymanns Verlag, 2004, p. 130-131, n. 133 e 136; JAKOBS, Günther. *Derecho Penal. Parte General. Fundamentos y Teoria de la Imputación*. 2ª ed. Madrid: Marcial Pons, 1997, p. 215; DIAS, Jorge de Figueiredo. *Direito Penal. Parte Geral. Questões Fundamentais da Doutrina Geral do Crime*. Coimbra: Coimbra Editora, 2004, p. 329; COSTA, Antônio Manuel de Almeida. *Comentários ao crime de burla. Comentário Conimbricense ao Código Penal*. Coimbra: Coimbra Editora, 1999. t. 2, p. 277.

[412] JAKOBS, Günther. *Derecho Penal. Parte General. Fundamentos y Teoria de la Imputación*. 2ª ed. Madrid: Marcial Pons, 1997, p. 215.

[413] TOLEDO, Francisco de Assis. *Op. cit.*, p. 151.

[414] JAKOBS, Günther. *Op. cit.*, p. 215. Sobre isso já antes, JACOBS, Walter. *Die kupierten Erfolgsdelikte in ihrer dogmatischen Grundlage*. Göttingen: RNB, 1932, p. 12

[415] JAKOBS, Günther. *Op. cit.*, p. 215

cação do dano ao objeto de tutela penal.[416] Em outras palavras, significa dizer que, a partir da realização da ação, a conduta passaria a ser punível independente da verificação da tipicidade material.

Isso seria fruto da própria dinâmica natural dos elementos subjetivos especiais, que, especificamente, marcariam a técnica de tutela do crime de resultado cortado pela presença de uma finalidade, interesse ou intenção do agente transcendente à dimensão objetiva do tipo penal. E aqui se percebe a razão do uso da expressão crimes com "tendência interna transcendente",[417] o que levaria alguns, até mesmo, a adotarem compreensões radicais. Zaffaroni, por exemplo, defende a ideia de um fim ultratípico, no qual o autor teria a intenção de atingir um resultado, que não precisaria ser efetivamente alcançado para a consumação do delito, tendo em vista que, em alguns casos, se assim acontecesse, a conduta passaria a receber enquadramento em outro tipo penal.[418] Assim, a função do prefixo *ultra* seria designar que a ocorrência do resultado pretendido está mais além ou, ainda, seria exterior à própria descrição típica.

E, aliás, é justamente a condição de exterioridade ou de alheamento do interesse do agente – diga-se com a realização da conduta – em relação ao tipo objetivo, que consiste, por sua vez, o último problema para o encaminhamento de uma eventual proposta de recuperação constitucional da tipologia dos crimes de resultado cortado. Ou seja, a conduta criminosa seria intencionalmente praticada com a finalidade de atingir um determinado resultado sem a presença necessária de qualquer referência ao substrato material no tipo penal.

Roxin, nessa linha, leva a tal ponto o entendimento de que a intenção subjetiva do autor é dirigida para um resultado além do tipo, que afirma ocorrer, nos crimes de resultado cortado, um resultado posterior independente da realização de uma nova ação típica.[419] No mesmo sentido, Jescheck ensina que "a ação típica se complementa com a persecução de um resultado externo que vai mais além do tipo objetivo e deve produzir-se *por si mesmo* depois do fato, isto é, sem intervenção do autor".[420] Ambos os entendimentos, invariavelmente, criam consideráveis problemas relativos à possibilidade de reconhecimento do desvalor da conduta, in-

---

[416] JAKOBS, Günther. *Op. cit.*, p. 215; BUSTOS RAMÍREZ, Juan. *Manual de Derecho Penal Español. Parte General*. Barcelona: Editorial Ariel, 1984, p. 217.

[417] JESCHECK, Hans-Heinrich. *Op. cit.*, p. 286.

[418] ZAFFARONI, Eugenio Raul. *Op. cit.*, p. 316; BUSTOS RAMÍREZ, Juan. *Op. cit.*, p. 216.

[419] ROXIN, Claus. *Derecho Penal: Parte General. Fundamentos. La estrutura de la Teoria del Delito*. Madrid: Civitas, 1997. t. 1, p. 317.

[420] JESCHECK, Hans-Heinrich. *Op. cit.*, p. 286-287. (Itálico do autor).

tencionalmente realizada pelo agente, à medida que o segundo resultado não seria fruto da ofensividade da conduta, mas, sim, apenas decorrência do primeiro resultado.

4.1.4. Enfrentamento das divergências teóricas apresentadas

Cabe um balanço das ideias apresentadas, reconhecendo-se que, embora possam apresentar alguma similitude com a visão aqui desenvolvida, nenhuma delas é merecedora de concordância plena e irrestrita. Desde já, se destaca que se a pretensão de sustentar uma proposta reconstrutiva do ilícito pressupõe que a alegada incongruência dos elementos do tipo não possa ser mais que apenas uma aparência. Caso contrário, se eventualmente os elementos subjetivos do tipo extrapolassem os limites da objetividade e, por assim dizer, não tivessem correlação com os elementos objetivos, tratar-se-ia de uma espécie de crime em que a preocupação material seria tão somente parcial, pois a primazia do exercício do juízo material – ao ater-se até certo momento de inscrição da figura típica – não abrangeria a integralidade do crime.

Isto é, somente enquanto a correlação entre elementos anímicos e a respectiva tradução material em termos de objetividade jurídica estivesse presente ter-se-ia um crime fundamentado sob a égide do desvalor de resultado. E, portanto, ao ser iniciado o espaço de incongruência dos elementos subjetivos especiais, em maior extensão no tipo penal, com a previsão objetiva da conduta, os critérios de fundamentação do ilícito-típico sofreriam uma transposição do desvalor do resultado para o desvalor da conduta. Dessa forma, ao final, se teria um crime, preponderantemente, orientado pela proposta de punição da manifestação da intenção desvaliosa do agente – ou, em outras palavras, no desvalor da conduta –, independente da ocorrência e da constatação de um resultado ofensivo, digno de desvalor, ao bem jurídico tutelado. E isso significa o mesmo que conceber o crime de resultado cortado – em uma visão descomprometida com a exigência constitucional de ofensividade ao bem jurídico – como um ilícito de mero descumprimento de dever legal.

Por isso, não é possível concordar com a afirmação de Jakobs, quanto à consumação delitiva ser entendida estritamente como um conceito normativo formal. Ainda que não seja necessária a ocorrência do resultado dano/violação ao bem jurídico, a colocação do bem jurídico em perigo não deixa de ser imprescindível para a consumação do delito, pois o conceito de ofensa não pode ser exageradamente vinculado à ideia de dano/violação,[421] como posteriormente se terá a oportunidade de retomar, detalhadamente, no último capítulo.[422]

Sobre a afirmação da existência de uma finalidade extra ou ultratípica, imprescindível para a realização do ilícito, por certo, não se pode corroborar tal posicionamento. A exigência de fiel observância da regra constitucional de legalidade constitui, formal e materialmente, tanto a legislação quanto as categorias normativas do Direito Penal. E, portanto, em linhas gerais, os elementos subjetivos especiais têm alocação e perfeito significado normativo no parâmetro estabelecido pelo tipo penal. A intenção do agente na prática da conduta não pode ser nem "extratípica", nem "ultratípica", pois sua relevância jurídico-penal, designante do desvalor da conduta, somente pode existir como desvalor típico. Falar em uma intencionalidade exterior ao ilícito-típico, em rigor, é o mesmo que defender um elemento subjetivo especial do tipo que, de fato, seria extravagante à própria descrição típica. O que, sem dúvida alguma, seria um contrassenso.

Em relação às teses segundo as quais o crime de resultado cortado teria como ponto caraterístico a ocorrência de um resultado posterior independente de uma nova ação é preciso detalhar cada um dos entendimentos. Na primeira compreensão, parece que são dois os entendimentos que se pode ter da afirmação de Roxin sobre a ocorrência de um resultado posterior independente da realização de uma nova ação típica:

(a) num primeiro, o único o qual se acredita de viável legitimação, a conduta do agente seria capaz de provocar dois resultados. Poderiam ser ou dois resultados típicos – que na ordem fática seriam cronologicamente imediatos, ocorrendo um e, subsequentemente, o outro – situação na qual ambos teriam reconhecimento de relevância jurídica, ou o primeiro seria fático, típico e, portanto, juridicamente relevante, enquanto o segundo – ocorrido em espaço externo ao tipo penal – seria apenas fático e juridicamente irrelevante. Nessa última hipótese, aliás, não seria possível qualquer valoração jurídica negativa a respeito da ocorrência do segundo resultado, pois, de fato, seria extravagante ao parâmetro do ilícito-típico.

(b) Num outro entendimento, certamente, que não pode ser admitido penalmente, ocorreria a presença de um desvalor de resultado em hipótese na qual o referido resultado não está previsto na lei penal. Não há dúvida que uma conduta desvaliosa poderá perfeitamente realizar dois resultados desvaliosos descritos no mesmo ilícito-típico (crime pluriofensivo). Entretanto, o que não parece correto é que a realização da conduta,

---

[421] D'AVILA, Fabio Roberto. *Ofensividade e Crimes Omissivos Próprios. Contributo à compreensão do crime como ofensa ao bem jurídico*, Studia Iuridica n.85. Coimbra: Coimbra Editora, 2005, p. 92-93.

[422] Idem, ibidem.

apta a realizar apenas um resultado ofensivo ao bem jurídico, dê causa apenas indiretamente a outro resultado, típico e mediato, que apareceria como decorrente da causação do primeiro resultado. Isto é, a conduta do agente acarretaria um resultado delitivo e assim o primeiro resultado, por si só, geraria um segundo resultado novamente com relevância jurídico-penal, o que significa o mesmo que aceitar a ocorrência de resultado penal sem a necessidade de realização de conduta desvaliosa para tanto ou, ainda, em outras palavras, a constatação de resultado penalmente relevante sem, ao menos, a realização da conduta típica.

Já a compreensão de Jescheck de que "a ação típica se complementa com a persecução de um resultado externo que vai mais além do tipo objetivo e deve produzir-se *por si mesmo* depois do fato, isto é, sem intervenção do autor"[423] parece não ser suficientemente clara na delimitação normativa do que, especificamente, consistiria o resultado da conduta. Se se está a tratar de um resultado que, efetivamente, ocorre em um espaço exterior ao tipo penal – ainda que o resultado venha a receber reconhecimento fenomenológico como comunitariamente desvalioso –, categoricamente, não fará parte do mundo jurídico-penal. E, portanto, em razão da sua atipicidade, de modo algum, pode ser um resultado penalmente imputável ou capaz de agravamento da pena prevista para o desvalor do ilícito. Essa conclusão decorre, também, dos fundamentos acerca da observância necessária da regra de legalidade.

4.2. O crime de resultado cortado e a exigência constitucional de ofensividade ao bem jurídico

Após o estudo das variadas compreensões doutrinárias a respeito da técnica de tutela do crime de resultado cortado, tentar-se-á resposta dogmática constitucionalmente satisfatória.

É necessário, para tanto, determinar "se todas as finalidades são relevantes para o Direito ou, se muitas delas são indiferentes" para a realização típica.[424] Isso requer a enumeração, a classificação e a delimitação, não somente dos elementos subjetivos especiais, mas também de sua forma de relação com o elemento subjetivo geral do tipo penal.

E, então, a partir disso, nos tópicos seguintes, avaliar a adequação desse modelo incriminador às exigências constitucionais de garantias, bem como se o resultado da recuperação jurídico-normativa poderia

---

[423] JESCHECK, Hans-Heinrich. *Tratado de Derecho Penal. Parte General*. Granada: Comares, 1993, p. 286-287. (Itálico do autor).

[424] MAC IVER, Luis Cousiño. *Derecho Penal Chileno. Parte Geral*. Santiago de Chile: Ed. Juridica de Chile, 1975. t. 1, p. 593.

apresentar algum significado orientador para o acertamento da aplicação da lei penal. Por fim, determinar qual a verdadeira contribuição que pode ser esperada do desvalor da ação na ordem constitucional brasileira, e se, ainda, no modelo de crime de resultado cortado, o desvalor da ação apresentaria suficiência dogmática, no sentido prescindir do desvalor do resultado e autonomamente legitimar a constituição do ilícito penal.

A busca pelo esclarecimento das questões propostas permite a retomada e adensamento de alguns pontos. Se as coisas são bem vistas, não pode existir finalidade ou qualquer outro elemento subjetivo especial do tipo com conteúdo ou significado irrelevante ou desnecessário na ordem jurídico-penal democrática. Isso decorre de uma razão elementar: sob a égide do princípio da legalidade, não há como se falar em imputação da responsabilidade penal dissociada do referencial típico. Em outras palavras, todos os elementos introduzidos no ilícito-típico são essenciais para a delimitação do conceito de crime.

Pode ser dito que se, por um lado, é verdade que a maioria da doutrina identifica a insegurança criada pelo crime de resultado cortado, caso arquitetado sobre uma descrição em que o elemento subjetivo especial não encontra perfeita correspondência no tipo objetivo, por outro, também é correto afirmar que tem sido pequeno ou insuficiente o destaque doutrinário dedicado ao reconhecimento da função garantidora desempenhada pelos elementos subjetivos especiais na especificação do tipo legal e determinação das características do comportamento passível de cominação da pena criminal.

É preciso destacar que, além do dolo, entendido como elemento subjetivo geral dos crimes dolosos, outras características psíquicas têm sido utilizadas para precisar a imagem do crime ou para qualificar ou privilegiar certas formas básicas de descrição do ilícito-típico.[425] Atualmente, após a cessação dos questionamentos teóricos a respeito da existência desses elementos, o problema doutrinário tem versado apenas sobre qual seria a melhor inserção normativo-sistemática das categorias.[426] De um lado, autores que enquadram as características anímicas tanto no tipo subjetivo, quanto no tipo de culpa ou culpabilidade, e, de outro, autores que as alocam exclusivamente no tipo subjetivo.[427] Entre as categoriais pertencentes aos especiais elementos subjetivos do tipo, a doutrina cos-

---

[425] SANTOS, Juarez Cirino dos. *Direito Penal. Parte Geral*. Curitiba: Lumen Juris, 2006, p. 161.

[426] ROXIN, Claus. *Strafrecht. Allgemeiner Teil. Grundlagen. Op. cit.*, v. I, p. 313, Cap. 3, § 10, n. 71; SANTOS, Juarez Cirino dos. *Op. cit.*, p. 161.

[427] Sobre os diferentes entendimentos doutrinários, ver SANTOS, Juarez Cirino dos. *Op. cit.*, p. 162 e ss.

tuma reconhecer as intenções, motivos, impulsos afetivos e característica da atitude interna.[428]

Figueiredo Dias ensina que, não raras vezes, tais elementos são utilizados "não para fundamentar (ou agravar) a ilicitude da acção, mas para caracterizar a censurabilidade (ou o grau de censurabilidade) da actuação do agente: nesta medida devem ser imputados ao tipo de culpa, antes que ao tipo subjectivo de ilícito".[429] Seria exatamente isso que aconteceria com as hipóteses referentes ao motivo do crime, *v.g.*, motivo fútil e torpe, característicos de maior censurabilidade no crime de homicídio qualificado (art. 121, § 2°, I e II, CP) em relação ao que ocorre com o homicídio simples (art. 121, *caput*, CP).

Em outros casos, os elementos subjetivos devem ser imputados, desde logo, ao ilícito-típico, pois a lei penal exige a sua presença para a configuração de determinado crime. Espaço no qual se inauguram novas dúvidas e que, ao mesmo tempo, é, aqui mais interessante, em virtude da distinção entre motivos do crime e intenção do agente que se pretende encaminhar. O problema ocorreria quando o motivo do crime fosse de tal forma determinante e atuante na condução e orientação da ação criminosa que poderia ser confundido com a finalidade da conduta, na medida em que exerceria papel similar ao desempenhado pela intenção típica.[430] Assim, tornar-se-ia tarefa árdua a distinção dos dois conceitos, o que, por sua vez, acabaria por esfumaçar os limites entre as categorias de ilicitude e culpa, além de dificultar a identificação, na prática, dos elementos perante um caso penal em concreto.[431] Esse problema dificilmente teria solução, caso se mantivesse a investigação restrita à leitura possibilitada pela doutrina tradicional, a qual concebe como admissível a incongruência entre os elementos típicos.

Todavia se acredita que a qualidade democrática material do Direito Penal, assim como qualquer proposta de recuperação do modelo de crime de resultado cortado, não se esgota na exigência formal do princípio-regra da legalidade. Assim, após ter sido mencionada a individualidade dos elementos subjetivos especiais do tipo, é momento oportuno para a retomada da questão inicial. Retomada que, intencionalmente direcionada ao adensamento normativo, procura a melhor leitura que o parâmetro

---

[428] DIAS, Jorge de Figueiredo. *Direito Penal. Parte Geral. Questões Fundamentais da Doutrina Geral do Crime*. Coimbra: Coimbra Editora, 2004, p. 331; SANTOS, Juarez Cirino dos. *Op. cit.*, p. 132.

[429] Idem, p. 331.

[430] Figueiredo Dias enumera esta segunda forma de elementos subjetivos – passíveis de confusão com a intencionalidade da conduta do agente – como uma outra modalidade ou conformação dos motivos do crime (Idem, p. 331).

[431] Idem, p. 332.

constitucional pode oferecer à atividade delimitadora desempenhada dos elementos subjetivos do crime.

A busca pelo traço distintivo das condutas penalmente relevantes não pode ser levada a bom termo, caso não se investigue a existência de ofensa ao bem jurídico tutelado, o que se trata de um corolário do princípio constitucional da ofensividade.[432] É por isso que se tem como verdadeiro que no encontro dos elementos anímicos com o lume do princípio constitucional da ofensividade tais categorias normativas adquirem uma renovada capacidade normativa capaz de contribuir para a delimitação da ilicitude material. Ou seja, as finalidades típicas somente adquirem relevância jurídico-penal quando apresentarem alguma possibilidade de produção de um desvalor de resultado. E aqui está a ligação do tipo subjetivo com os elementos objetivos do tipo na forma de ofensa ao bem jurídico-penal tutelado.

4.2.1. Concentrado aclaramento da distinção entre os motivos e a intenção do crime

Sobre parâmetros dogmáticos mais seguros, pode ser proposto o aclaramento distintivo entre os motivos e a intenção de cometimento do crime, que, se não resulta decidido, ao menos, é melhor delimitado. O fato é que se o critério de definição categorial a ser adotado pretende se fundar em elementos materias deve procurar a concretização em cada crime específico, e, portanto, não pode se satisfazer ou se identificar com a genérica classificação doutrinal dos elementos dos tipos penais.[433]

Entende-se por motivo do crime exclusivamente a atitude interna e pessoal do agente, assim como os sentimentos, as convicções e modos de pensar. O elemento subjetivo posto na lei, a fim de dimensionar a censurabilidade da conduta do agente,[434] o que acarreta uma relação primeira com o juízo de culpabilidade da conduta, e, apenas, posteriormente, com o tipo subjetivo de ilícito propriamente dito.[435] Constam previstos nas modalidades qualificadas (art. 121, § 2°, I e II), majoradas (arts. 122, parágrafo único, I, 149, § 2°, II) ou privilegiadas (arts. 121, § 1°, 129, § 4°) da descrição típica do crime comum, na parte especial do Código Penal e nas

---

[432] Sobre o princípio constitucional da ofensividade *Vide supra*, 2° Capítulo, tópico 2.4.2.

[433] Com maiores detalhes, ROXIN, Claus. *Strafrecht. Allgemeiner Teil. Grundlagen. Op. cit.*, v. I, p. 315, §§ 73, 74.

[434] Idem, p. 314, § 71, depois DIAS, Jorge de Figueiredo. *Direito Penal. Parte Geral. Questões fundamentais da doutrina geral do crime*. 2ª ed. Coimbra: Coimbra Editora, 2007, p. 558, §47.

[435] Lifschitz destaca que mesmo os defensores do dolo específico consideram que os motivos do crime remetem, normalmente, a uma questão acerca do juízo de culpabilidade (LIFSCHITZ, Sergio Politoff. *Los elementos subjetivos del tipo legal*. 2° ed. Montevideo: Editorial B de f, 2008. p 91).

agravantes e atenuantes, respectivamente nos artigos 62, II, *a*, e 65, III, *a*, da parte geral do Código Penal. Quando integrado à descrição típica, na condição de elemento normativo instrumentalizador do desvalor social, o motivo precisa da determinação de critérios jurídicos de imputação, e não propriamente – o que consistiria um temerário procedimento – o recurso a métodos de recomposição psicológica das condições psíquicas do agente no momento de realização do delito.[436]

O motivo de cometimento da conduta criminosa – mesmo quando não perfeitamente reconhecido pelo próprio agente – necessariamente antecede a ação,[437] de modo que quando decide realizar o crime, o procedimento de motivação já se deu por encerrado. Por designar a razão, pode ser investigado por meio da pergunta acerca do "porquê" da realização da conduta. Nota-se perfeitamente no exemplo do homicídio qualificado tanto por "motivo torpe" (art. 121, § 2º, I, segunda parte do CP), quanto pelo cometimento "mediante paga ou promessa de recompensa" (art. 121, § 2º, I, primeria parte do CP) haver a intensificação da reprovação penal em relação ao homicídio simples devido à diferença ética entre as condutas comparadas.[438]

Já por intenção compreende-se o elemento que confere sentido à realização dolosa do tipo penal e, ao mesmo tempo, somente pode ser reconhecido, à medida que a finalidade do agente oferece alguma ofensividade ao bem jurídico-penal tutelado. Em outras palavras, a intencionalidade tem relevância penal, a partir do momento que transcende a estrita condição subjetiva para resultar impactado na tipicidade objetivo-material.[439] Por certo, o conteúdo subjetivo que permanece apenas no âmbito interno do agente – sem qualquer manifestação exterior em termos de ofensividade – não pode justificar a imputação penal, sob pena de alargar o conceito constitucional de crime, entendido como ofensa a bens jurídicos, de maneira a abarcar condutas inofensivas ao bem tutelado. E, aqui, tem-se perfectibilizado a função garantidora de especificação da conduta ilícita desempenhada pelo tipo subjetivo.

---

[436] DÍEZ RIPOLLÉS, José Luis. *Los elementos subjetivos del delito. Bases metodológicas*. 2ª ed. Montevideo, 2007, p. 66, 153 e 156.

[437] LIFSCHITZ, Sergio Politoff. *Los elementos subjetivos del tipo legal*. 2ª ed. Montevideo: Editorial B de f, 2008. p 93.

[438] É por isso que, na Alemanha, Köhler menciona uma diferençação ética no direito penal no homicídio maldoso (*böswillig* § 223b, StGB) e no cruel (*grausam* §211, StGB) (KÖHLER, Michael. *Strafrecht Allgemeiner Teil*. Berlin/Heidelberg: Springer Verlag, 1997, p. 170)

[439] Assim em CAEIRO, Pedro. Comentário ao Crime de Sabotagem. *Comentários Conimbricense do Código Penal*. Coimbra: Coimbra Editora, 2001. t. III, p. 236-237; COSTA, Antônio Manuel de Almeida. Comentários ao Crime de Burla. *Comentário Conimbricense ao Código Penal*. Coimbra: Coimbra Editora, 1999. t. 2, p. 309.

Não se pode deixar de diferenciar tecnicamente o sentido normativo da finalidade ou intenção de cometimento do crime do seu motivo no que diz respeito ao fato daquela ser uma avaliação prática de interesse ou utilidade da conduta, enquanto este representa um juízo valorativo. Isto é, o caminho para identificar da intenção do agente passa pela resposta ao questionamento acerca do "para quê" do cometimento do crime. A partir da conceituação exposta, exemplifica-se com duas situações.

(1) O motorista que encontra seu vizinho correndo perigo de vida, vítima de um ataque cardíaco, junto à calçada, decide levá-lo ao hospital, tem a nítida intenção de possibilitar o pronto atendimento à saúde e afastar o perigo de morte, todavia, se desconhece a razão que o levou a agir assim. Em meio às variadas possibilidades, considera-se que o motivo possa ser: cordialidade, solidariedade, civilidade, retribuição de algo já recebido, interesse na percepção de benefício posterior, observância do dever penal de socorro ou um qualquer dever ético.

(2) O mesmo vale dizer para o tipo penal de gestão fraudulenta, ainda que o ilícito-típico não requeira a existência de uma especial intenção do crime, como se verá no decorrer do trabalho. O gerente que realiza uma manobra fraudulenta na administração de um banco a fim de ilicitamente obter benefício econômico para a sua amante, age de modo que, embora seja possível reconhecer a sua intenção, não se conhece o motivo para a prática da conduta. Isso eventualmente poderia remeter a: necessidade financeira urgente, paixão enlouquecida, desconhecimento das repercussões comunitárias da conduta, desconfiança no sistema de fiscalização e controle bancário, crença na impunidade, vontade de viver uma vida perigosa, etc.

Há casos em que um mesmo elemento subjetivo poderá representar tanto caracterizador e delimitador do ilícito (elemento do ilícito-típico), quanto uma expressão ou fundamento para a reprovação da conduta do agente (elemento do tipo de culpa),[440] como é o exemplo da "influência do estado puerperal" no infanticídio (art. 123 do CP).

4.2.2. A distinção entre dolo e a intenção ou finalidade da prática do crime

Após ter sido diferenciado o que deve ser entendido por motivo e intenção do crime, é a vez de enfocar o traço aproximativo ou distintivo entre o dolo do tipo e a intenção ou finalidade típica. Ou seja, se eventualmente categorias normativas distintas, qual a relação mantida entre ambas? Seria correto afirmar a sinonímia ou identidade absoluta e permanente entre o dolo e a finalidade do crime?

---

[440] DIAS, Jorge de Figueiredo. *Direito Penal. Parte Geral. Questões fundamentais da doutrina geral do crime*. 2ª ed. Coimbra: Coimbra Editora, 2007, p. 559, §48.

Segundo Maurach, nem todos os elementos subjetivos especiais podem ser considerados "formas qualificadas de dolo",[441] pois se dividem em dois grupos: (a) aquele com características situadas fora do dolo (aspirações, motivos ou tendências), no qual não haveria exigência de congruência com o plano objetivo; e (b) aquele com características de especiais qualificações do tipo objetivo, responsável por uma invulgar modalidade dolosa, no qual existiria o dever de congruência com o tipo objetivo.[442]

Em que pese não se concordar com a classificação e a fundamentação oferecida – especificamente, como já referido, no que tange à previsão de elementos subjetivos em condição desencontrada ou sem qualquer correspondência com o tipo objetivo – acompanha-se a conclusão de que a intenção do agente não pode ser sempre considerada como uma modalidade qualificada de dolo. Pode-se afirmar que não é possível a identidade absoluta entre os elementos. São conceitos distintos, sendo cada um designado por uma nomenclatura relativa ao grau de importância apresentado no plano dos elementos subjetivos. Mesmo assim, algumas vezes, o conceito de intenção poderá se apresentar como uma das formas do aspecto volitivo do dolo, assim chamado de dolo intencional.[443]

Aparecerá, outras vezes, na condição que mais interessa aqui, como elemento apartado do dolo, denotando uma autonomia capaz de conferir delimitação e significado ao ilícito-típico, o que levaria a investigar se a relação mantida entre ambos seria de adição, superação ou abrangência. Considerando a natureza jurídica das categorias, somente uma das alternativas pode estar correta e tal posição parte da própria classificação dos elementos anímicos. O dolo é o elemento subjetivo geral do tipo, por isso abrange a intenção ou finalidade do agente com a realização do crime, ou seja, o elemento subjetivo especial do tipo.

A qualificação especial não é utilizada em vão, por certo, sua razão diz respeito a dois sentidos igualmente importantes. Por um lado, refere-se à natureza jurídica da intenção do agente na realização da conduta e, por outro, à função que desempenha quanto à indicação, no plano dogmático, do juízo de desvalor do crime cometido. No primeiro sentido, a ideia de especialidade designa a relação de acessoriedade mantida com o elemento subjetivo principal, segundo a qual a lei penal poderá prever um ilícito-típico sem mencionar, ou nem mesmo existir, algum elemento subjetivo especial, ao passo que, normativamente, não restará algu-

---

[441] MAURACH, Reinhart. *Tratado de Derecho Penal*. Barcelona: Ediciones Ariel, 1962, p. 328.

[442] Idem, ibidem. Sobre as formas da intenção, ver STRATENWERTH, Günther; KUHLEN, Lothar. *Strafrecht Allgemeiner Teil I. Die Straftat*, 5. ed, Köln: Carl Heymanns Verlag, 2004, p. 130-131, n. 131, 133 e 139.

[443] DIAS, Jorge de Figueiredo. *Op. cit.*, p. 329. Da mesma forma, WELZEL, Hans. *Derecho Penal Aleman. Parte Geral*. 11ª ed. e 4ª ed castellana. Santiago de Chile: Editorial Juridica de Chile, 1997, p. 93.

ma hipótese válida de criação de um tipo penal desprovido de elemento subjetivo geral. Isto é, de fato, todo crime deve ser doloso ou culposo. O segundo sentido remete à indicação do invulgar ou especial desvalor da conduta, que configura no ilícito – estruturado prioritariamente sobre os fundamentos do desvalor do resultado ao bem jurídico –, uma composição conjugada.[444]

Por isso, é correto dizer que a melhor forma de entender a relação mantida entre o dolo e a intencionalidade típica, no momento de realização da conduta, é mediante uma relação de abrangência. Os elementos anímicos, ainda que metodologicamente autonomizados, para a consumação delitiva, devem se apresentar em uma situação na qual a intencionalidade do agente se encontre compreendida pelo dolo do tipo, ou seja, os elementos subjetivos especiais precisam estar inclusos no espaço de manifestação do elemento subjetivo geral, pois, não se duvida que, nos crimes de resultado cortado, o que o agente pretende, mais do que qualquer outra coisa, é a realização objetiva da sua intencionalidade psíquica com a prática da conduta. Muito breve: intenciona o agente atingir a sua finalidade.

4.2.3. Exemplos pontuais de acertamento dos crimes de resultado cortado no direito português

Próximo ao que até aqui se encaminhou tem sido sustentado – pontualmente em comentários doutrinários a crimes configurados sob a técnica de tutela do resultado cortado – por penalistas portugueses. É o caso do crime de burla, do artigo 217 do Código Penal português,[445] no qual consumação somente se dá quando comprovado o "empobrecimento da vítima" ou "prejuízo patrimonial da vítima". Isto é, a observância ao princípio da ofensividade impõe determinada conformação ao ilícito que exige refração direta da intencionalidade do agente, na obtenção do enriquecimento ilegítimo, no tipo objetivo para a existência de crime.[446]

---

[444] Aqui, trabalha-se com as categorias desvalor da conduta e desvalor do resultado que se tornaram corrente na literatura penal internacional após as investigações dogmáticas da concepção finalista da ação, principalmente, na escrita de Hans Welzel. Nesse sentido, comentam DIAS, Jorge de Figueiredo. *Direito Penal. Parte Geral. Questões fundamentais da doutrina geral do crime.* Coimbra: Coimbra Editora, 2004, p. 269 e ROXIN, Claus. *Derecho Penal: Parte General. Fundamentos. La estrutura de la Teoria del Delito.* Madrid: Civitas, 1997. t. 1, p. 320.

[445] Artigo 217º do Código Penal português: "Quem, com intenção de obter para si ou para terceiro enriquecimento ilegítimo, por meio de erro ou engano sobre factos que astuciosamente provocou, determinar outrem à pratica de actos que lhe causem, ou causem a outra pessoa, prejuízo patrimonial é punido com pena de prisão de até 3 anos ou com pena de multa".

[446] COSTA, Antônio Manuel de Almeida. *Comentários ao Crime de Burla. Comentário Conimbricense ao Código Penal.* Coimbra: Coimbra Editora, 1999. t. 2, p. 277 e 309.

É sustentado, com mais detalhes, nos comentários ao crime de sabotagem do artigo 329 do Código Penal português.[447] Diz-se "a exigência de que o agente actue com intenção de destruir, alterar ou subverter o Estado de direito tem implicações particulares no plano do tipo objectivo, nomeadamente no que diz respeito aos limiares mínimos de ofensividade requeridos".[448] Completa Pedro Caeiro que a destruição dos meios ou vias de comunicação "só preencherá o tipo (ao menos na forma consumada) se, no caso concreto e atendendo a todas as circunstâncias que o envolvem, for de molde a pôr em perigo o Estado de Direito".[449]

A interrupção de uma estrada florestal que apresenta um tráfego muito escasso, ainda quando praticado com a intenção de "destruir, alterar ou subverter o Estado de Direito constitucionalmente estabelecido", não realiza perfeitamente o tipo do crime de sabotagem,[450] situação que se deve ao fato de a "ligação da conduta do agente à ofensa ao bem jurídico" se fazer precisamente por meio da intenção típica.[451] Por isso, não resta dúvida de que ela deva se refletir em parâmetros ofensivos, pois, caso contrário, se trataria de uma hipótese de tentativa impossível.

Assim, devido à exigência constitucional de ofensividade da conduta – requisito imprescindível para a legitimação constitucional da técnica do crime de resultado cortado –, é possível perceber que a suposta incongruência típica não pode ser mais que uma mera aparência. A ausência de correlação entre o tipo subjetivo e o tipo objetivo não é um dado concreto, que arrancaria da redação legal fadado a se consolidar no momento hermenêutico-aplicativo. Muito pelo contrário, o contemporâneo avanço normativo da ciência do Direito Penal indica outros caminhos, aptos a orientarem a melhor conformação constitucional a ser ofertada ao ilícito-típico de resultado cortado. Todavia, por mais interessante que a temática se apresente, momentaneamente, não se avançará no seu estudo, de modo a preservar a programação inicial de acertamento do relacionamento normativo entre os elementos subjetivos gerais e especiais do tipo penal.

---

[447] Artigo 329º do Código Penal português: "Quem destruir, impossibilitar o funcionamento ou desviar dos seus fins normais, definitiva ou temporariamente, total ou parcialmente, meios ou vias de comunicação, instalações de serviços públicos ou destinadas ao abastecimento e satisfação de necessidades vitais da população, com intenção de destruir, alterar ou subverter o Estado de direito constitucionalmente estabelecido, é punido com pena de prisão de 3 a 10 anos".

[448] CAEIRO, Pedro. Comentário ao Crime de Sabotagem. *Comentários Conimbricense do Código Penal.* Coimbra: Coimbra Editora, 2001. t. III, p. 234.

[449] Idem, ibidem.

[450] Idem, ibidem.

[451] Idem, ibidem.

4.2.4. Sobre a identificação da intenção do agente na redação do ilícito de resultado cortado

Uma exitosa proposta de recuperação da técnica de tutela do crime de resultado cortado – capaz de ajustar a parte subjetiva com a exigência de materialidade da dimensão objetiva do tipo – pode contribuir para uma melhor distinção entre as hipóteses efetivamente ofensivas e aquelas, rigorosamente, incapazes de afetação ao bem jurídico. Tarefa essa com significativa relevância normativa e político-criminal, já que o crime de resultado cortado se encontra plenamente integrado ao ordenamento positivo jurídico-penal de vários países latino-americanos e europeus,[452] bem como ao direito penal internacional.

Para isso serão utilizados dois grandes modelos descritivos e explicativos aplicáveis à legislação em geral dedicados a demonstrar como a intencionalidade do agente é inserida no tipo penal: (a) um primeiro correspondente à grande maioria dos casos e (b) um segundo para os casos excepcionais.

(a) A redação do ilícito de resultado cortado, via de regra, nas mais variadas legislações tanto no Direito Penal Tradiconal quanto no secundário, segue a configuração paradigmática, na qual o agente realiza uma conduta com a intenção de obter um resultado posterior, conforme se observa mediante as expressões tipológicas "com fim de", "a fim de", "para o fim de", "com a finalidade de" e "com intenção de" ou, simplesmente, "para" obter algo.

Como ilustração modelar pode-se referir, no Direito Penal Tradicional, o crime de perigo de contágio de moléstia grave do artigo 131 do Código Penal,[453] no qual o autor deverá realizar um "ato capaz de produzir o contágio" com a finalidade especial de "transmitir a outrem a moléstia

---

[452] A título de breve exemplo, no Brasil, TOLEDO, Francisco de Assis. *Princípios Básicos de Direito Penal*. 5ª ed. São Paulo: Saraiva, 2001, p. 151; FRAGOSO, Heleno Claudio. *Lições de Direito Penal. Parte Geral*. 16ª ed. Rio de Janeiro: Forense, 2003, p. 214-215; SANTOS, Juarez Cirino dos. *Direito Penal. Parte Geral*. Curitiba: Lumen Juris, 2006, p. 163-164. Na Argentina, ZAFFARONI, Eugenio Raúl. *Teoria del Delito*. Buenos Aires: Ediar, 1973, p. 316-317; No Chile, MAC IVER, Luis Cousiño. *Derecho Penal Chileno. Parte geral*. Santiago de Chile: Ed. Juridica de Chile, 1975. t. 1, p. 587. Em Portugal, CAEIRO, Pedro. Comentário ao Crime de Sabotagem. *Comentários Conimbricense do Código Penal*. Coimbra: Coimbra Editora, 2001. t. III, p. 236-237; COSTA, Antônio Manuel de Almeida. Comentários ao Crime de Burla. *Comentário Conimbricense ao Código Penal*. Coimbra: Coimbra Editora, 1999. t. 2, p. 309; ANDRADE, Manuel da Costa. A fraude fiscal – dez anos depois – ainda um "crime de resultado cortado". *Direito penal econômico e europeu. Textos doutrinários*. Coimbra: Coimbra editora, 2009. v. 3, p. 255. Na Alemanha, ROXIN, Claus. *Op. cit*, p. 317-318; JESCHECK, Hans-Heinrich. *Tratado de Derecho Penal. Parte General*. Granada: Comares, 1993, p. 286-287; JAKOBS, Günther. *Derecho Penal: Parte General. Fundamentos y Teoria de la Imputación*. Madrid: Marcial Pons, 1997, p. 215.

[453] Art. 131. Praticar, com o fim de transmitir a outrem moléstia grave de que está contaminado, ato capaz de produzir o contágio: Pena – reclusão, de 1 (um) a 4 (quatro) anos, e multa.

grave de que está contaminado".[454] Caso não estiver contaminado ou, ainda, tiver praticado o ato sem o interesse de transmissão da doença, não estará configurado o ilícito-típico. Semelhante ocorre com o crime de extorsão mediante sequestro do *caput* do artigo 159,[455] no qual a "restrição da liberdade deve ter ocorrido com o fim da obtenção do resgate" e, todavia, "não basta a simples intenção, deve ocorrer, também, a ofensa ao bem jurídico patrimônio, ou seja, deve haver, no mínimo, uma violação de uma relação de cuidado-de-perigo".[456] E isso pouco difere da positivação do crime de abandono de recém-nascido, previsto no *caput* do art. 134,[457] cuja razão da entrega do nenê à orfandade diz respeito necessariamente à intenção de ocultar desonra própria. Em países estrangeiros, poder-se-iam mencionar os crimes de burla (equivalente ao estelionato do Código Penal brasileiro), sabotagem e falsificação de documentos[458] do Código Penal português.

Uma série de outros exemplos não menos caraterísticos também podem ser encontrados no ordenamento penal brasileiro, é o caso, no Direito Penal Secundário, dos crimes: contra a segurança nacional, a ordem política e social (art. 20 da Lei 7.170/83); de atribuição de falsa identidade para realização de operação de câmbio e de evasão de divisas[459] (respectivamente os arts. 21 e 22 da Lei 7.492/86); contra a ordem tributária (art. 1º

---

[454] BITENCOURT, Cezar Roberto. *Tratado de Direito Penal. Parte Geral*. 10ª ed. São Paulo: Saraiva, 2006. v. 1, p. 342. No mesmo sentido, DELMANTO, Celso; DELMANTO JÚNIOR, Roberto; ALMEIDA, Fabio de. *Código penal comentado*. Rio de Janeiro: Editora renovar, 2002, p. 281; JESUS, Damásio de. *Código penal anotado*. 7ª ed. São Paulo: Editora Saraiva, 1997, p. 401; PRADO, Luiz Régis. *Comentários ao código penal*. São Paulo: Editora Revista dos Tribunais, 2006, p. 444; HUNGRIA, Nelson; FRAGOSO, Heleno. *Comentários ao código penal*. 5ª ed. Rio de Janeiro: Forense, 1979. v. 5, p. 441; SILVA FRANCO, Alberto; STOCO, Rui. *Código penal e sua interpretação*. 8ª ed. São Paulo: Editora Revista dos Tribunais, 2007, p. 698; NUCCI, Guilherme de Souza. *Código penal comentado*. 6ª ed. São Paulo: Revista dos Tribunais, 2006, p. 577.

[455] Art. 159. Seqüestrar pessoa com o fim de obter, para si ou para outrem, qualquer vantagem, como condição ou preço do resgate: Pena – reclusão, de oito a quinze anos

[456] MACHADO, Tomás Grings. *O Ilícito Penal nos Crimes de Resultado Cortado*. Monografia de conclusão de curso de graduação em Ciências Jurídicas e Sociais na Faculdade de Direito da UNISINOS, 2005, p. 108. (inédito).

[457] Art. 134. Expor ou abandonar recém-nascido, para ocultar desonra própria: Pena – detenção, de 6 (seis) meses a 2 (dois) anos.

[458] Artigo 256º do Código Penal português, "1. Quem, com intenção de causar prejuízo a outra pessoa ou ao Estado, ou de obter para si ou para outra pessoa benefício ilegítimo: a) fabricar documento falso, falsificar ou alterar documento, ou abusar da assinatura de outra pessoa para falsificar documento falso; b) fizer constar falsamente de documento facto juridicamente relevante; ou c) usar documento a que se referem as alíneas anteriores, fabricado ou falsificado por outra pessoa; é punido com pena de prisão de até 3 anos ou com pena de multa".

[459] No essencial, muito próximo à forma autônoma como aqui se concebe a intenção típica encontra-se na doutrina especializada SCHMIDT, Andrei Zenckner; FELDENS, Luciano. *O crime de evasão de divisas: a tutela penal do sistema financeiro nacional na perspectiva da política cambial brasileira*. Rio de Janeiro: Lumen Juris, 2006, p. 170-171.

Lei 8.137/90);[460] contra a ordem econômica (art. 4º da Lei 8.137/90); contra as relações de consumo (art. 7º da Lei 8.137/90). E, no Direito Penal Internacional internalizado, têm-se os crimes de genocídio e *apartheid* (respectivamente nos arts. 6º e 7º, § 2º, *h*, do Decreto 4.388/2002).

(b) Outro grupo de crimes seria composto por hipóteses típicas que não seguem, rigorosamente, o paradigma anterior, embora, da mesma forma, o ilícito também apresente a mesma estruturação de sentido, assim como imponha a observância metodológica da técnica de redação do resultado cortado. Tem-se, no Brasil, o exemplo do crime de furto do artigo 155 do Código Penal,[461] no qual a intenção de apropriação da coisa furtada é exigível para a configuração do tipo e jamais pode ser confundida com o dolo de subtração da coisa alheia móvel pelo agente do crime.[462] No direito comparado, em Portugal, a mesma situação de distinção da subtração e da apropriação tem maior nitidez na redação apresentada no crime de furto do artigo 203 do Código Penal.[463] Outro exemplo, especificamente no Direito Penal Econômico português, encontra-se na fraude fiscal, contida no artigo 103 da Lei 15 de 2001.[464]

---

[460] No estudo RUIVO, Marcelo Almeida. Criminalidade fiscal e Colarinho Branco: a fuga ao Fisco é uma exclusividade do White-collar? *Direito Penal Especial, Processo Penal e Direitos Fundamentais: Visão Luso-brasileira*. São Paulo: Quartier Latin, 2006, p. 1203 retratou-se a opinião defendida na doutrina nacional a qual concebia a intenção típica como sendo um dolo específico, decerto imprescindível para configuração típica.

[461] Art. 155. Subtrair, para si ou para outrem, coisa alheia móvel: Pena – reclusão, de 1 (um) a 4 (quatro) anos, e multa.

[462] No sentido próximo ao aqui sustentado, Cezar Bitencourt esclarece que "o tomar uma coisa uma coisa alheia é uma atividade dirigida a um fim por imperativo do dolo; no entanto, seu sentido ético-social será inteiramente distinto se aquela atividade tiver como fim o uso passageiro ou se tiver o desígnio de apropriação". (BITENCOURT, Cezar Roberto. *Tratado de Direito Penal. Parte geral*. 10ª ed. São Paulo: Saraiva, 2006. v. 1, p. 341-342).

[463] Artigo 203º do Código Penal português "Quem, com ilegítima intenção de apropriação para si ou para outra pessoa, subtrair coisa móvel alheia, é punido com pena de prisão de até 3 anos ou com pena de multa".

[464] Artigo 103º da Lei 15 de 2001 "1. Constituem fraude fiscal, punível com pena de prisão até três anos ou multa até 360 dias, as condutas ilegítimas tipificadas no presente artigo que visem a não liquidação, entrega ou pagamento de prestação tributária ou a obtenção indevida de benefícios fiscais, reembolsos ou outras vantagens patrimoniais susceptíveis de causarem diminuição das receitas tributárias. A fraude fiscal pode ter lugar por: a) ocultação ou alteração de factos ou valores que devam constar nos livros de contabilidade e escrituração, ou das declarações apresentadas ou prestadas a fim de que a administração fiscal especificamente fiscalize, determine, avalie ou controle a matéria colectável; b)ocultação de factos ou valores não declarados e que devam ser revelados à administração tributária; c) celebração de negócio simulado, quer quanto ao valor, quer quanto à natureza, quer por omissão ou substituição de pessoas". Ademais, vale ressaltar que a antiga redação do crime de fraude fiscal – contido no Regime Jurídico das Infrações Não Aduaneiras (RJFINA), Decreto-lei nº 20-A de 1990 e sua alteração pelo Decreto-lei nº 394 de 1993 – também utilizou a técnica de tutela do resultado cortado. Assim, sobretudo, DIAS, Jorge de Figueiredo; ANDRADE, Manuel da Costa. O crime de Fraude Fiscal no novo Direito Penal Tributário Português (considerações sobre a factualidade típica e o concurso de infrações). *Revista Brasileira de Ciências Criminais*. São Paulo: Revista dos Tribunais, 1996. a. 4. n. 13, p. 54-78.

4.2.5. Proposta final de acertamento da técnica de tutela a partir da ofensividade ao bem jurídico

É chegado o momento derradeiro reservado à retomada de alguns pontos anteriormente adiantados ao longo da exposição. Pergunta-se, portanto, qual a verdadeira contribuição normativa que pode ser esperada do desvalor da ação na ordem constitucional brasileira? Ou, ainda, de outra forma, qual a relevância que a intenção desvaliosa do agente deve apresentar para o seu legítimo reconhecimento e sua integração na ordem jurídico-penal. Salienta-se, desde já, que, nos dias de hoje, não é possível endossar entendimentos radicalizados acerca de qual seria o conteúdo desvalioso – desvalor da conduta ou desvalor do resultado –, que deve fundar e impregnar os elementos componentes do ilícito-típico.

Se, por um lado, após a descoberta e o desenvolvimento dos elementos subjetivos do tipo penal e a estruturação da legislação penal tendo como guia o potencial discursivo que essas categorias permitem, seria incorreto sustentar uma concepção de crime, articulada exclusivamente sobre a égide do desvalor de resultado, como pretendeu a Escola Clássica de Carrara.[465]

Por outro, tampouco seria acertado pretender a radicalização da teoria da ação finalista, sugerindo a fundamentação e construção normativa do fato punível, simplesmente pelo desvalor da conduta.[466] Segundo o entendimento de Zielinski, o ilícito deve ser arquitetado exclusivamente sobre o desvalor da conduta, uma vez que o resultado é apenas o "sucesso juridicamente indesejado" e, por isso mesmo, incapaz de fundamentação autônoma ou independente do delito.[467] O autor chega a tal posicionamento extremado partindo de duas premissas: (a) sob uma perspectiva normológica, a lei penal teria como alcance imperativo do seu comando normativo a proibição da prática de condutas desvaliosas, uma vez que o efetivo impedimento da ocorrência dos resultados sociais não estaria compreendido sob o raio de ação do poder legal; (b) a preocupação em evitar as imputações originadas de resultados apenas fruto do acaso, aconselha tratar como irrelevantes a concreta ocorrência do resultado desvalioso, considerando que poderiam, independente da vontade do

---

[465] DIAS, Jorge de Figueiredo. *Direito Penal. Parte Geral. Questões Fundamentais da Doutrina Geral do Crime*. Coimbra: Coimbra Editora, 2004, p. 225 e 270.

[466] Idem, p. 270-271; ROXIN, Claus. *Derecho Penal: Parte General. Fundamentos. La estrutura de la Teoria del Delito*. Madrid: Civitas, 1997. t. 1, p. 323.

[467] ZIELINSKI, Diethart. El resultado en el concepto final de ilícito. *Doctrina Penal*. Buenos Aires: Editora Depalma, 1988. a.11 n. 41 a 44, p. 283-285.

agente, resultar da ação de um elemento externo e independente, o que chama de fruto do azar.[468]

Contudo, se assim se entendesse, haveria se chegado a uma insustentável posição de estranhamento dogmático, na qual seria necessário igualar o grau de punição dos crimes realizados na forma tentada daqueles consumados. E isso não se dúvida que representaria, além de um contrassenso metodológico e de uma afronta ao direito penal positivo, a renúncia aos ditames da teleologia da norma penal, nomeadamente a proteção de bens jurídicos penais.[469]

A forma de conceber e determinar as razões e limites da ilicitude do crime de resultado cortado, deve levar em consideração os fundamentos constitucionais do Direito Penal, e, neste caso, realizar o trabalho normativo com uma concepção *in via di mezzo*. Isto é, a redação do fato punível deve combinar tanto os contributos de delimitação da conduta imputável, oriundos do desvalor da ação, quanto de aferição da ofensividade da conduta ao bem jurídico, inerentes ao desvalor do resultado.[470] É exatamente isso que ensina Fabio D'Avila que "o bem jurídico como matriz axiológica fundamental não é, por óbvio, a única fonte de valoração do ilícito-típico, contudo é o elemento que faz possível esta conjugação e confere sentido a todos os demais".[471] Por conseguinte, o modelo de crime, como ofensa a bens jurídicos, está longe de reivindicar uma ilicitude penal exclusivamente informada por uma única fonte de desvalor.[472]

Daí a razão de sustentar-se que as virtudes delimitadoras do desvalor da ação devem ser articuladas sob orientação do desvalor do resultado, o que traz importantes consequências para o entendimento dogmático do crime de resultado cortado.[473] As supostas críticas, que concebem o ilícito como portador de uma incongruência típica inafastável – em razão da

---

[468] ZIELINSKI, Diethart. *Op. cit.*, p. 287 e ss.

[469] DIAS, Jorge de Figueiredo. *Op. cit.*, p. 270-271; ROXIN, Claus. *Op. cit.*, p. 323.

[470] Fabio D'Avila explica que a negativa de uma autonomia normativa ao desvalor da ação, capaz de outorgar-lhe condição "de, sem mais, justificar a existência do ilícito penal", não significa, de forma alguma, "excluí-lo de uma convivência não só profícua, mas verdadeiramente necessária" (D'AVILA, Fabio Roberto. *Ofensividade e Crimes Omissivos Próprios. Contributo à compreensão do crime como ofensa ao bem jurídico*, Studia Iuridica n. 85. Coimbra: Coimbra Editora, 2005, p. 43).

[471] *Idem*, p. 304. Marinucci e Dolcini seguem ainda mais adiante ao afirmar que a reprovação ético-social da conduta típica não é um desvalor autônomo, mas apenas o reflexo da incidência da conduta sobre o bem jurídico tutelado na norma penal (MARINUCCI, Giorgio; DOLCINI, Emilio. *Corso di Diritto Penale Le Norme Penali: fonti e limiti di applicabilità. Il reato: nozione, struttura e sistematica.* 3ª ed. Milano: Giuffrè, 2001. v.1, p. 534). Ademais, para uma compreensão dos níveis de valoração da norma penal ver D'AVILA, Fabio Roberto. *Op. cit.*, p. 299 e ss.

[472] D'AVILA, Fabio Roberto. *Op. cit.*, p. 43.

[473] Nesse mesmo sentido, MACHADO, Tomás Grings. *O Ilícito Penal nos Crimes de Resultado Cortado*. Monografia de conclusão de curso de graduação em Ciências Jurídicas e Sociais na Faculdade de Direito da UNISINOS, 2005, p. 97. (inédito).

ausência de correlação entre os elementos objetivos e a intencionalidade anímica excedente –, cujas consequências seriam constatáveis na antecipação do momento consumativo do crime, sem qualquer ofensa ao bem jurídico, não são dignas de aceitação. A imputação da responsabilidade penal nos crimes de resultado cortado somente se torna legítima, a medida que a intencionalidade do agente ultrapassa a mera previsão formal e, portanto, encontra alguma refração material no sentido de ofensividade de cuidado-de-perigo no "âmbito de manifestação do bem jurídico".[474] Caso contrário, a justificação da punição da conduta estaria alicerçada estritamente no desvalor da intenção do agente, o que, sem dúvida alguma, significaria uma indesejável aproximação, em termos de fundamentos, com um Direito Penal orientado estritamente pela repressão da vontade delitiva (*Willenstrafrecht*).[475]

A intencionalidade típica no crime de resultado cortado não precisa apresentar uma modalidade ofensiva ao bem jurídico tutelado de intensidade equivalente ao dano/violação para a ocorrência do crime.[476] A caracterização do ilícito-típico exige, ao menos, que a conduta demonstre um resultado de mínima ofensividade de perigo/violação, designada pela "possibilidade de dano ao bem jurídico", contudo não se trata de uma possibilidade qualquer, mas apenas aquela que possa ser considerada "não insignificante".[477]

Por fim, deve se dizer que, de fato, não se trata nem, propriamente, de uma descrição do ilícito-típico guiada por uma tendência interna transcendente – uma vez que a finalidade do agente na realização da conduta só pode ser imputada enquanto típica, sobretudo, quando ofensiva ao bem jurídico –, nem o resultado do crime ocorre de uma forma cortada. A denominação resultado cortado não é decerto a mais correta para a técnica de tutela que se quer designar – foi e seguirá sendo aqui utilizada por uma questão da massiva referência doutrinal – todavia não se dúvida que, eventualmente, possa induzir o estudioso menos atento ao erro dog-

---

[474] Fabio D'Avila ressalta ser impossível a consagração de um ordenamento jurídico-penal "efetivamente garantista cujo limite de incidência encontre-se restrito ao âmbito formal" (D'AVILA, Fabio Roberto. *Op. cit.*, p. 87). No mesmo sentido, CAEIRO, Pedro. Comentário ao Crime de Sabotagem. *Comentários Conimbricense do Código Penal*. Coimbra: Coimbra Editora, 2001. t. III, p. 236-237; COSTA, Antônio Manuel de Almeida. Comentários ao Crime de Burla. *Comentário Conimbricense ao Código Penal*. Coimbra: Coimbra Editora, 1999. t. 2, p. 309.

[475] D'AVILA, Fabio Roberto. *Op. cit.*, 2005, p. 241.

[476] Sobre o acertamento normativo das modalidades ofensivas, ver *Idem*, p. 160-161. Sobre as categorias apresentadas e estrutura da relação matricial de cuidado-de-perigo, ver COSTA, José de Faria. *O perigo em Direito Penal*. Coimbra: Coimbra Editora, 1992, p. 634 e 642 e ss e, no Brasil, D'AVILA, Fabio Roberto. *Op. cit.*, p. 90 e ss. e 106.

[477] A respeito da autonomia normativa apresentada pelo desvalor do resultado do perigo abstrato, ver *Idem*, p. 171 e ss.

mático. Na perspectiva jurídico-penal não é verdadeiro que exista algum resultado cortado, uma vez que o ilícito só se consuma, em termos de ofensividade aos bens jurídicos tutelados, com a completa realização da descrição típica. Isso não quer dizer que outra não poderia ser a avaliação da propriedade enunciativa do conceito caso se partisse da perspectiva criminológica ou mesmo psicológica, acerca da intenção visada pelo agente com a conduta.

5. Âmbito de proteção do bem jurídico no crime de gestão fraudulenta

É chegado o momento próprio da descrição do âmbito legítimo de punibilidade do crime de gestão fraudulenta, intencionalmente após a delimitação, em termos de teoria normativa penal, da técnica de tutela do crime de resultado cortado. Agora, enfim, se aplicará a arquitetura do tipo objetivo desse modelo de incriminação para a interpretação da redação legal do art. 4º, *caput*, da Lei 7.492/86, com o fim de possibilitar benefícios compreensivos e delimitadores que a fatualidade típica pode desvelar em relação aos parâmetros seguros de leitura do ilícito.

Não, contudo, sem antes considerar muito do que a doutrina tem dito a respeito da existência de condutas indefinidas ou, particularmente, incapazes de ofensa ao bem jurídico-penal tutelado. É momento apropriado para a distinção das condutas juridicamente ofensivas daqueles incapazes de qualquer ofensa e, ainda, dentre as primeiras quais são realmente insuportáveis, de modo a reivindicar a repressão penal.[478] Assim sendo, o ilícito criminal, aparentemente inconstitucional em uma primeira análise,[479] em razão da alegada inobservância da certeza e taxatividade da lei penal,[480] revela seu conteúdo material quando alcançado pelo lume dos referenciais hermenêuticos adequados.

---

[478] DIAS, Jorge de Figueiredo. O papel do Direito Penal na proteção das gerações futuras. *Boletim da Faculdade de Direito*. Coimbra: Coimbra Editora, 2003. n. LXXV, p. 1128-1129.

[479] Sobre a discussão da inconstitucionalidade do crime de gestão fraudulenta, em razão da indeterminação dos verbetes empregados na redação típica, ver REALE JUNIOR, Miguel. O Crime de Gestão Fraudulenta. *Direito Penal Especial, Processo Penal e Direitos* Fundamentais: *Visão Luso-brasileira*. São Paulo: Quartier Latin, 2006, p. 49-56.

[480] PIMENTEL, Manoel Pedro. *Crimes contra o Sistema Financeiro Nacional: comentários à Lei 7492*. São Paulo: Revista dos Tribunais, 1987, p. 49; REALE JUNIOR, Miguel. *Op. cit.*, p. 49 e ss.; SILVA, Paulo Cezar da. *Crimes contra o Sistema Financeiro Nacional. Aspectos Penais e processuais da Lei 7492/86*. São Paulo: Quartier Latin, 2006, p. 116-117; BREDA, Juliano. *Gestão fraudulenta de instituição financeira e dispositivos processuais da Lei 7.492/86*. Rio de Janeiro: Renovar, 2002, p. 49; MAZLOUM, Ali. *Crimes de Colarinho Branco: objeto jurídico, provas ilícitas*. Porto Alegre: Síntese, 1999, p. 64; SILVA, Antonio Carlos Rodrigues. *Crimes de Colarinho Branco: comentários à Lei nº 7492 de 16 de junho de 1986*. Brasilia: Brasilia Jurídica, 1999, p. 41; TÓRTIMA, José Carlos. *Crimes contra o Sistema Financeiro Nacional. Uma contribuição ao estudo da Lei nº 7492/86*. 2ª ed. Rio de Janeiro: Lumen Juris, 2002, p. 31.

Na jurisprudência, acertadamente, o Superior Tribunal de Justiça, ao apreciar a matéria, rejeitou a tese da inconstitucionalidade. Em que pese a decisão seja correta na sua conclusão, não pode ser sufragada na sua integralidade. As razões e os fundamentos dogmáticos ali sustentados – segundo a qual "não há que se falar em inconstitucionalidade do tipo previsto no art. 4º da Lei nº 7.492/86, considerando ser o referido ilícito de mera conduta, ou seja, aquele que descreve apenas o comportamento do agente sem levar em consideração o resultado da ação"[481] – não proporcionam o acertamento material do ilícito-típico que aqui se espera desenvolver. Tal entendimento não atende a totalidade das garantias constitucionais do Direito Penal democrático – nomeadamente o princípio da ofensividade –, uma vez que aceita a existência de crimes estruturados sob a estrita perspectiva do desvalor da ação, sem qualquer preocupação material com a ocorrência de um efetivo desvalor do resultado ao bem jurídico tutelado.

A norma objeto do presente estudo – longe de enquadrar-se no tradicional perfil dos textos legais de precisão descritiva e rigor acadêmico – tem recebido severas críticas por parte daqueles que, à época, vivenciaram os percalços do processo de feitura do texto.[482] Portanto, a fim de possibilitar a delimitação do recorte típico do crime de gestão fraudulenta, far-se-á a análise pormenorizada de algumas questões de dissonância doutrinária e jurisprudencial.

E para isso, o mais indicado é iniciar pela identificação da redação típica:

Art. 4º Gerir fraudulentamente instituição financeira:
Pena – Reclusão, de 3 (três) a 12 (doze) anos, e multa (...).

---

[481] STJ, HC 38.385/RS, Min. Arnaldo Esteves Lima, 5º Turma, Publicação DJ 21/03/2005, p. 411. Ainda, outras decisões de Tribunais Regionais entendendo no mesmo sentido da constitucionalidade do dispositivo, ver TRF 4º, AC 5.170/RS, Fabio Rosa, 7º Turma, Publicação DJ 24/04/02; TRF 3º, ACR 1999.03.99.088279-7/SP, Theotonio Costa, 1º Turma, Publicação DJ 05/06/01 p. 922 e TRF 2º, HC 2000.01.071136-0/RJ, Maria Helena Cisne, Publicação DJ 13/11/2001.

[482] Merece destaque a conjuntura sociopolítica de redemocratização nacional na qual se insere a criação da Lei. O imediatismo simbólico prevaleceu ao acertamento repressivo no espaço da discursividade político-criminal, como se percebe, no momento da sanção pelo Presidente da República, no reconhecimento da insuficiência técnica da legislação e, portanto, na simultânea assunção do compromisso de enviar um novo anteprojeto ao Congresso Nacional. Consta, assim, na Mensagem Presidencial nº 252/86 "as críticas ao resultado dos trabalhos da Comissão de Juristas, feitas por quantos desejarem trazer-lhe aperfeiçoamento, estão em fase final de catalogação e avaliação, para eventual incorporação ao anteprojeto, o qual, tão logo esteja em condições de ser apreciado pelo Congresso Nacional, encaminharei como projeto de lei à apreciação de V.V. Exas.". Infelizmente, se concretizou a indesejável realidade que, vinte anos atrás, temia Manoel Pedro Pimentel, a de tornar "definitivo o que foi feito provisoriamente" (PIMENTEL, Manoel Pedro. *Crimes contra o Sistema Financeiro Nacional*. São Paulo: Revista dos Tribunais, 1987, p. 31). É assim, também, a manifestação de CASTILHO, Ela Wiecko de. *O Controle Penal nos Crimes contra o Sistema Financeiro Nacional. (Lei 7.492, de 16 de junho de 1986)*. Belo Horizonte: Del Rey, 1998, p. 132 e ss.

5.1. Elementos normativos do ilícito-típico objetivo da gestão fraudulenta

Tomar-se-á como tarefa primeira a descrição da parte objetiva do ilícito-típico, atentando, especialmente, para a delimitação teórico-prática dos conceitos de gestão (1) e de agência bancária (2). Passando, posteriormente, para a qualificação da natureza jurídica da fraude e em que ela consiste, bem como quais são suas características para fins da justiça penal (3).

(1) O primeiro enfrentamento diz respeito à definição do conceito de gestão ou à determinação do que consistiria jurídico-penalmente a ideia de administração fraudulenta. Ainda mais específico, a investigação se a gestão necessariamente exigiria reiteração de atos de administração, ou apenas um único ato – desde que carregado de ofensividade – poderia ser suficiente para a caracterização do ilícito-típico. Seria gestão a denominação atribuída a um conjunto de condutas, isoladamente irrelevantes e inofensivas, que só possuem relevância penal quando aparecem como resultado de um procedimento caracterizado pelo acúmulo dessas ações? Ou, ao contrário disso, apenas um único ato realizado pelo gestor dentro de sua esfera de atribuição caracterizaria um exemplo da atividade ou fração do procedimento de gerência e, portanto, seria nada mais do que um próprio ato de gestão?

O verbo gerir designa comandar, ordenar, reger, administrar, dirigir, regular, ou seja, atos de deliberação que "ostentam carga decisória" e "certo grau de definitividade" sobre os negócios da empresa.[483] A partir disso, se tem defendido doutrinariamente, com alguma refração jurisprudencial, que apenas um só ato não realizaria o elemento nuclear do tipo legal de crime.[484] Para a perfectibilização do crime, seria necessária a prova da habitualidade dos atos de gestão fraudulentos, a mera identificação

---

[483] Assim, MAZLOUM, Ali. *Crimes de Colarinho Branco: objeto jurídico, provas ilícitas*. Porto Alegre: Síntese, 1999, p. 66.

[484] Nesse entendimento, Idem, p. 63 e ss; GOMES, Luiz Flávio. Notas Distintivas do Crime de Gestão Fraudulenta: art. 4º da Lei 7492/86. A questão das Contas Fantasmas. *Temas de Direito Penal Econômico*. São Paulo: Revista dos Tribunais, 2000, p. 358; BREDA, Juliano. *Gestão fraudulenta de instituição financeira e dispositivos processuais da Lei 7492/86*. Rio de Janeiro: Renovar, 2002, p. 100; TÓRTIMA, José Carlos. *Crimes contra o Sistema Financeiro Nacional. Uma contribuição ao estudo da Lei nº 7492/86*. 2ª ed. Rio de Janeiro: Lumen Juris, 2002, p. 31-33; SILVA, Antonio Carlos Rodrigues. *Crimes de Colarinho Branco: comentários à Lei nº 7492 de 16 de junho de 1986*. Brasília: Brasília Jurídica, 1999, p. 48; BALTAZAR JUNIOR, José Paulo. *Crimes Federais*. Porto Alegre: Livraria do Advogado, 2006, p. 277-278; PRADO, Luiz Regis. *Direito Penal Econômico*. São Paulo: Revista dos Tribunais, 2004, p. 231, recentemente, BITENCOURT, Cezar Roberto; BREDA, Juliano. *Crimes contra o sistema financeiro nacional & contra o mercado de capitais*. Rio de Janeiro: Lumen Juris editora, 2010, p. 40-42 e, na jurisprudência, TRF 3ª Região, HC 98.03.081133-9, Relator Juiz convocado Oliveira Lima, 1ª Turma, Publicação DJ 15/06/1999, p. 689.

de uma única conduta específica, em meio a um universo de operações regulares, não seria, de forma alguma, qualificável como gestão. O que, aliás, não significaria afirmar a irrelevância penal da conduta, pois, mesmo sendo atípica em relação ao artigo 4º, poderia, ainda, ser subsumível a algum crime autônomo.[485]

Todavia, a compreensão que o verbo "gerir" designaria necessariamente a prática de vários atos de gerência repetidos – e, portanto, a realização de um único ato jamais seria apto a caracterizar o elemento normativo extrajurídico do tipo de gestão fraudulenta – não resulta bem certa. Tal entendimento opera desde uma lógica interpretativa descentrada, o que tende a confundir os conceitos prioritários. Veja-se o seguinte caso. O gerente interino de uma agência bancária, que venha a desempenhar a função ao final do expediente em razão da emergencial hospitalização do efetivo ocupante do cargo, caso realize apenas um único ato de gerência ao decidir e autorizar a concessão de um empréstimo, absolutamente irregular, em benefício da sua esposa, e, no dia seguinte, logo pela manhã, o gerente substituto, designado para a função, assuma a atividade, administrando todas as questões dali para frente, de modo que o interino não volte a praticar ato algum.

Aquela autorização de empréstimo inequivocamente irregular poderá ser compreendida de duas maneiras em termos penais.

(a) Não característica do crime de gestão fraudulenta, afinal a prática de apenas um ato autônomo e isolado não perfaz a exigência do tipo penal do art. 4º, *caput*, à medida em que o significado próprio de gerir, nas Ciências da Administração, pressupõe a realização de uma série de atos. E, paradoxalmente, não se teria o crime realizado, mesmo em hipótese extrema na qual o bem jurídico sofresse ofensa de tamanha magnitude que, para além do perigo previsto na descrição do ilícito, resultasse a definitiva lesão ao bem jurídico-penal, a ponto de levar a própria instituição financeira a insolvência. Isso, sem dúvida, representaria um contrassenso em termos normativos e político-criminais.

(b) A conduta é característica do crime de gestão fraudulenta e, portanto, realizadora da elementar extrajurídica gerir. A realização do ato do gestor de autorizar o empréstimo deve ser visto inserido em um contexto, uma vez que a decisão tomada não está isolada no mundo dos fatos. Muito pelo contrário. A decisão faz parte de uma cadeia causal (procedimental), na qual se apresentam apenas duas hipóteses em relação a conduta do administrador: (1.b) o gestor recebeu a colaboração prévia ou posterior de alguém no desempenho da atividade procedimental para a obten-

---

[485] MAZLOUM, Ali. *Crimes de Colarinho Branco: objeto jurídico, provas ilícitas*. Porto Alegre: Síntese, 1999, p. 63-64.

ção do resultado final – isto é, os atos do procedimento até ali realizados e os que se sucederão após a sua direta intervenção na autorização para a concessão do empréstimo –, e, portanto, o gestor deveria, no mínimo, fiscalizá-los, quando não, dirigi-los ou orientá-los. E, assim, ao invés de um único ato isolado foram praticados pelo administrador, em verdade, ao menos, mais de uma conduta na modalidade omissiva ou comissiva; (2.b) o gestor realizou todas as fases do procedimento sozinho sem receber qualquer participação e, assim, embora não tenha fiscalizado ou dirigido condutas de terceiros, não deixou de realizar vários atos gerenciais à medida que ele próprio – prescindiu da colaboração de terceiros – e praticou por si mesmo, utilizando da sua prerrogativa gerencial, os atos que poderiam ou deveriam ser realizados pelos seus subordinados. Destaca-se que em ambas as situações (1.b e 2.b) o que aparentava ser apenas um ato, em verdade, não é.

Como é sabido o gestor, na administração da empresa, pratica vários e diversificados atos de decisão, controle e administração, que, na sua individualidade, permitem o reconhecimento do sentido do comando o qual ele exerce. Toda atividade que é por ele exercida com carga decisória em relação ao desempenho dos propósitos da empresa, não há dúvida, que se trata de uma atividade de gestão. Ademais, o bem jurídico e a sua respectiva técnica de tutela ocupam o núcleo da questão hermenêutica, portanto somente a partir desses referenciais pode-se determinar seguramente o desvalor jurídico-penal da conduta e do resultado.

O fato é que não se justifica conceber tal delito como habitual, uma vez que não há qualquer elemento especial que leve a se acreditar ser necessária a reiteração da conduta fraudulenta para a caracterização do crime,[486] haja vista que, em termos materiais, não resta dúvida: uma única conduta de gestão pode ser simultaneamente ofensiva aos valores verdade e transparência e ao patrimônio, a ponto de, até mesmo, ameaçar sensivelmente a confiança no Sistema Financeiro Nacional. Situação, portanto, em que nada interessaria a regularidade dos outros atos de gestão para fins de caracterização do crime de gestão fraudulenta. Uma única conduta fraudulenta, aliás, pode caracterizar ofensa mais elevada que a

---

[486] A jurisprudência do Superior Tribunal de Justiça refere um delito habitual impróprio, reconhecendo a capacidade de uma única conduta isolada realizar a elementar do tipo, contudo negando a ocorrência da pluralidade de crimes em hipóteses de reiteração da conduta fraudulenta (STJ HC 39.908, Min. Arnaldo Esteves Lima, 5° T, Publicação RT vol. 851, p. 488 e, mais recente, HC 110767 / RS, Min. Napoleão Nunes Maia Filho, 5°T, Fonte DJe 03/05/2010). E, posteriormente, o Supremo Tribunal Federal referendou o entendimento, ao apreciar o primeiro caso, como crime habitual impróprio ou acidentalmente impróprio, nesse sentido STF HC 89364, Min. Joaquim Barbosa, 2° T, Publicação DJe-70 divulgação 17.04.2008, publicação 18.04.2008, Ement vol. 2315-03 p. 674. Assim, na doutrina, MAIA, Rodolfo Tigre. *Dos Crimes contra o Sistema Financeiro Nacional. Anotações à Lei Federal nº 7492/86*. São Paulo: Malheiros, 1996, p. 58 e BITENCOURT, Cezar Roberto; BREDA, Juliano. *Crimes contra o sistema financeiro nacional & contra o mercado de capitais*. Rio de Janeiro: Lumen Juris, 2010, p. 40-42.

repetição de atos de menor intensidade. Desse modo, ressalte-se, o ato de gestão, em face da capacidade ofensiva da conduta, para a justiça penal, pode e deve ser entendido isoladamente.

O eventual temor da ocorrência de punições, desmesuradas e injustas, a partir da prática de uma única e exclusiva conduta isolada, sem qualquer significado ofensivo em relação a bem jurídico-penal tutelado, não se justifica a medida que não se está a desconsiderar o tipo penal e o Princípio da Legalidade. Muito pelo contrário. Reforça-se o potencial de garantia do tipo penal quando o ilícito é convocado e se afirma que o elemento normativo "gerir" somente apresentará relevância penal quando significativamente ofensivo ao bem jurídico. Também deve ser dito que o reconhecimento da tipicidade da realização de um único fato ofensivo não implica necessariamente a pluralidade de crimes quando os atos fizerem parte de uma cadeia ou de uma manifestação de exercício profissional habitual, conforme a jurisprudência dos tribunais superiores.

(2) Outra questão pontual consiste em saber se o conceito de agência bancária estaria abarcado pelo de instituição financeira referida expressamente no ilícito-típico. Segundo o que se argumenta o artigo 2º, anexo II, da Resolução do Banco Central nº 2.099 teria especificado o significado de agência apenas como a dependência da instituição onde se desempenha a atividade econômica determinada pelo plano de gestão da empresa.[487] Sendo assim, a gestão dar-se-ia como projeto e determinação originária da matriz da instituição financeira, residindo nos seus limites à demarcação do espaço da gestão.

Acredita-se, todavia, tratar de questão meramente interpretativa, inapta a proporcionar maiores problemas normativos. A técnica legislativa empregada, acertadamente como já foi visto, preferiu adotar a forma de uma cláusula geral definitória do conceito de instituição financeira para todo o diploma legal a delegar a singularidade de cada ilícito-típico a redação do rol específico e taxativo dos modelos empresariais submetidos ao respectivo crime. Se fosse de outra maneira, sem sombra de dúvidas, estaria a lei, sem maiores cuidados em relação à adequação da norma à variedade de tipos de empreendimentos financeiros, entregue à ação desatualizadora proporcionada pelo fluir do tempo.[488]

---

[487] "Art. 2º Agência é a dependência de instituições financeiras e demais instituições autorizadas a funcionar pelo Banco Central do Brasil destinada à prática das atividades para as quais a instituição esteja regulamentarmente habilitada". Defendo a impunibilidade dos atos praticados pela agência GOMES, Luiz Flávio. Notas Distintivas do Crime de Gestão Fraudulenta: art. 4º da Lei 7492/86. A questão das Contas-fantasmas. *Temas de Direito Penal Econômico*. São Paulo: Revista dos Tribunais, 2000, p. 359 e ss.

[488] Nesse sentido também, PRADO, Luiz Regis. *Direito Penal Econômico*. São Paulo: Revista dos Tribunais, 2004, p. 226.

Não se pode, portanto, concordar com a compreensão que pretende restringir em demasia a abrangência do ilícito do artigo 4º da Lei 7.492/86. Caso contrário, somente na matriz, sede ou agência central poderia ser cometido o crime, pois toda a representação bancária, nas mais diversas partes do território nacional, se dá por meio de agências. Afinal, a agência não é apenas a *longa manus* ou o representativo bancário da sede de uma instituição financeira localizada em uma grande cidade; para além disso, consiste no elemento por meio do qual os interessados têm acesso e vinculação à dinâmica de funcionamento e de operações oferecidas pela empresa. O conjunto de agências, aliás, é o meio pelo qual o banco é constituído, o que, por certo, indica o âmbito de atuação da atividade gerencial em cada unidade representativa do banco. E isso não quer dizer que as divisões burocráticas de apoio ou de assessoria logístico-estratégica com significativo distanciamento da atividade fim de manuseio com recursos financeiros sejam campos oportunos para a realização da gestão fraudulenta.

Por derradeiro, eventuais problemas relacionados à autoria da conduta de gestão podem encontrar como contributo para a delimitação da responsabilidade penal – entre a gama de gerentes que, normalmente, constam no quadro de empregados de cada agência – a determinação prévia do âmbito de liberdade decisória, veiculada por meio de regulamento ou normativa interna da instituição financeira.

(3) Seguindo a investigação, se for mantida a atenção coerentemente focada na fatualidade típica, torna-se obrigatório o enfrentamento do grande número de problemas suscitados pela amplidão e a vagueza do conceito de fraude. Entende-se, genericamente, por fraude qualquer ato ardiloso, enganoso, de má-fé, com o intuito de lesar ou ludibriar outrem, ou, ainda, de não cumprir determinado dever que lhe é obrigado. Dito isso, deve ser precisada a natureza da fraude especificamente cometida pelo gestor da instituição financeira, referida no ilícito-típico, para, depois, se identificar, com mais propriedade, se essa seria um meio ou um fim pretendido pelo agente do crime.

Inicia-se por uma temática ainda deixada em aberto pela doutrina que consiste na diferenciação da fraude penal de outras fraudes não penais. Para alguns, tomando como base a ilicitude, não haveria "diferença substancial ou ontológica entre o ilícito penal e o ilícito civil", a qual poderia ser expressada apenas por uma questão de grau.[489] Outros alegariam

---

[489] FRAGOSO, Heleno. *Lições de Direito Penal. Parte Especial.* 16ª ed. Rio de Janeiro: Forense, 2006, p. 16. Tal entendimento parte da teoria das normas de Ernest Beling, por meio da qual se defende a tese da unidade de todo o ilícito no ordenamento jurídico (DIAS, Jorge de Figueiredo. Direito Penal. *Parte Geral. Questões Fundamentais da Doutrina Geral do Crime.* Coimbra: Coimbra Editora, 2004, p. 14 e ss); No Brasil, a título de exemplo: BATISTA, Nilo. *Introdução crítica ao direito penal brasileiro.* 11ª ed.

o despropósito dessa delimitação e, assim sendo, bastaria "a presença do ilícito, quer civil, quer penal, consubstanciado em conduta fraudulenta do gestor, para que ocorra a incidência típica".[490] Todavia, tal distinção não só é possível, como, aliás, é necessária.

Acreditar na unidade de sentido de todo o ordenamento jurídico não implica em sustentar ou pressupor a unidade ordenamental do ilícito, o que, ao fim e ao cabo, renegaria ao Direito Penal a ingrata tarefa de ameaçar com pena as condutas reconhecidas como ilícitas em outras partes do ordenamento (caráter meramente sancionador do Direito Penal).[491] É justamente por seguir e levar as últimas consequências o entendimento de que a intervenção jurídica deve ser fragmentária em relação à realidade social e que o direito penal – uma vez que autônomo axiologicamente – não pode ser um mero instrumento secundário, dependente ou acessório, que a intervenção penal obriga-se intencionalmente a ser mais fragmentaria ainda. O crime é uma construção humana destinada a qualificar apenas aquelas condutas – ofensivas a bens jurídicos com dignidade penal – portadoras de um notável desvalor social.[492] E, assim, seria, portanto, a diferença material responsável pela manutenção das linhas limítrofes e dos fundamentos constitutivos de cada uma das áreas do ordenamento.[493]

Mesmo sem adentrar às nítidas particularidades inerente aos direitos adjetivos – quer penal, quer civil – nem ao conteúdo dos princípios que os estruturam e os orientam, nem mesmo a concretização técnico-dogmática desses princípios em âmbito normativo, pode ser reconhecida uma diferença substancial em ambos direitos materiais.[494] Como se

---

Rio de Janeiro: Renavan, 2007; PRADO, Luiz Regis. *Curso de Direito Penal Brasileiro. Parte Especial.* São Paulo: Revista dos Tribunais, 2000. v. 2, p. 507; CAVALIERI FILHO, Sergio. *Programa de Responsabilidade Civil.* 5ª ed. São Paulo: Malheiros, 2003, p. 35-36; NORONHA, Magalhães. *Direito Penal.* São Paulo: Saraiva, 1959. v.2, p. 361. Ver, ainda, DIAS, Eduardo Rocha. *Sanções Administrativas aplicáveis a licitantes e contratados.* São Paulo: Dialética, 1997, p. 17 e ss.

[490] MAIA, Rodolfo Tigre. *Dos Crimes contra o Sistema Financeiro Nacional. Anotações à Lei Federal nº 7492/86.* São Paulo: Malheiros, 1996, p. 56.

[491] COSTA, José de Faria. *O perigo em Direito Penal.* Coimbra: Coimbra Editora, 1992, p. 220-221, nota 32. Também, DIAS, Jorge de Figueiredo. *Op. cit.*, p. 16-17, § 12. Afirmando a descontinuidade da ilicitude penal, ANDRADE, Manuel da Costa. *Direito penal médico. Sida: testes arbitrários, confidencialidade e segredo.* Coimbra: Coimbra Editora, 2004, p. 61.

[492] *Vide supra* Capítulo 2º, tópico 2.1.

[493] D'AVILA, Fabio Roberto. Direito Penal e Direito Sancionador. Sobre a identidade do Direito Penal em tempos de indiferença. *Revista Brasileira de Ciências Criminais.* São Paulo: Revista dos Tribunais, 2006. nº 60, p. 9-35. *passim.*

[494] A distinção material entre a ilicitude jurídica em geral e a ilicitude jurídico-penal não é construção jurídica recente, já se encontrava no Direito Penal brasileiro, em consideração ao interesse preponderantemente tutelado, quer o coletivo no ordenamento penal, quer o individual no civil, em GARCIA, Basileu. *Instituições de Direito Penal.* 4ª ed. São Paulo: Max Limonad, 1971. v.1, t. 1, p. 18 e BRUNO, Anibal. *Direito Penal. Parte Geral.* 4ª ed. Rio de Janeiro: Forense, 1984, p. 39. No Direito Penal italiano,

percebe, a natureza dos ilícitos é distinta, pois – ao partir de pressupostos diversos, tanto na definição dos bens jurídicos protegidos, quanto na escolha da forma tutela – as consequências dali advindas, também, não deixam de assim ser.[495] Enquanto o ilícito penal, dentro do cenário propiciado pela conformação estruturante de orientação e delimitação do Direito Público, exige todo o rigor referido na sua construção, os elementos constitutivos do ilícito civil "não precisam ser fixados legislativamente, pois resultam de toda a violação de um interesse privado tutelado pelo Direito".[496]

A fraude, para efeitos penais, somente existirá quando a conduta for significativamente ofensiva ao bem jurídico de natureza penal. Fraude, portanto, é a conduta destinada a turvar a transparência da gestão da empresa de modo a encobrir a verdade e colocar em situação de significante perigo o patrimônio dos sócios, correntistas, investidores e usuários do sistema financeiro. Por outro lado, a mera constatação de um ilícito civil, tributário, administrativo e trabalhista ainda que tenham como objeto de tutela algum dos bens jurídicos, não apresenta desvalor axiológico suficientemente expressivo para a caracterização do crime de gestão fraudulenta.[497] Se assim não fosse, ter-se-ia chegado ao ponto de entender como crime a prática de um ilícito,[498] incapaz de ofensa aos bens jurídico-penais e que nem mesmo diga respeito a atividade financeira da empresa.

---

no contexto da concreta ilicitude penal, já se dizia que "a ilicitude genérica, distinta da ilicitude penal, não há relevo algum porque o problema da ilicitude é sempre da norma em exame" (NUVOLONE, Pietro. *I limiti taciti della norma penale*. Padova: Cedam, 1972, p. 15), o que remete à doutrina que a "antijuridicidade penal não é um elemento constitutivo do crime, mas em si a sua essência, já que o crime é por sua natureza um torto jurídico-penal, que é um *quid* contrário ao direito penal ou penalmente antijurídico" (DELITALA, Giacomo. *Il 'fatto' nella teoria generale del reato*. Padova: Cedam, 1930, p. 20-21).

[495] Fabio D'Avila, em sentido crítico a uma distinção quantitativa entre os ilícitos penais e os administrativos, destaca que se, de um lado, é possível reconhecer que alguns ilícitos administrativos podem tutelar bens jurídicos de natureza penal, por outro, não há possibilidade de "meros interesses administrativos ou elementos de facilitação do trabalho da administração pública possam corresponder, sem mais, às exigentes regras para o reconhecimento de um bem jurídico-penal" (D'AVILA, Fabio Roberto. Direito Penal e Direito Sancionador. Sobre a identidade do Direito Penal em tempos de indiferença. *Revista Brasileira de Ciências Criminais*. São Paulo: Revista dos Tribunais, 2006. n° 60, p. 29).

[496] GOMES, Orlando. *Obrigações*. 13ª ed. Rio de Janeiro: Forense, 2000, p. 260-261. Assim, também, em Portugal, CARVALHO, Américo Taipa de. *Direito Penal.Parte Geral. Questões fundamentais. Teoria geral do crime*. 2ª ed. Coimbra: Coimbra editora, 2008, p. 105-106, §188.

[497] Além da verificação se a conduta apresenta ofensividade ao bem jurídico-penal tutelado deve ser avaliado se ofensa possui proporções significativas, sob pena de atipicidade da conduta. Nesse sentido, também BREDA, Juliano. *Gestão fraudulenta de instituição financeira e dispositivos processuais da Lei 7492/86*. Rio de Janeiro: Renovar, 2002, p. 58.

[498] Em Portugal, uma distinção acerca do conteúdo tutelado, quer "valores éticos-sociais primários" no ilícito penal, quer "a prossecução de finalidades de ordem policial ou de bem estar social" no ilícito administrativo, já se encontrava em CORREIA, Eduardo. *Direito Criminal*. Reimpressão. Coimbra:

É caso do diretor de uma instituição financeira que ciente do inafastável perigo de insolvência, caso viesse a ter que saldar, em período de expressivo empobrecimento do caixa, a totalidade dos débitos reclamados perante a justiça do trabalho, decide tomar uma manobra ardilosa. Com a pretensão de evitar a ruína do capital patrimonial, informa aos sócios o seu plano de transferência da titularidade dos bens da empresa demanda para uma outra empresa do grupo, como forma de fugir ao pagamento do montante integral da dívida. Não se duvida que a realização da manobra de diminuição do ativo empresarial ocorre tão somente em direto detrimento dos interesses dos reclamantes das ações trabalhistas. Isto é, além dos bens jurídicos tutelados no ilícito-típico não terem sido afetados com a conduta, ainda tiveram sua relevância axiológica reconhecida quando o gestor decidiu pela adoção da fraude a execução civil[499] com objetivo de proteção patrimonial da sociedade. Argumento semelhante, com as devidas adequações, vale em relação a fraudes empregradas pelo diretor do departamento de pessoal contra os direitos trabalhistas dos empregados.

Outra hipótese que não carateriza a gestão fraudulenta – e, logo assim, inexiste concurso formal com o crime tributário – é a ocorrência da fraude fiscal na qual o agente apresenta informações falsas à receita na forma do artigo 1º, I da Lei 8.137/90. Isso se deve ao fato de que embora possa ser sustentado que o crime fiscal tutela a verdade e a transparência das informações prestadas perante à autoridade fazendária, não se trata da mesma verdade-transparência protegida na gestão fraudulenta, uma vez que aquele apresenta como titular a coletividade e Estado-administração enquanto arrecadador, esta remete à coletividade difusa de usuários do sistema financeiro nacional. Além do mais, o patrimônio supraindividual difuso não pode ser confundido com a expectativa arrecadatória do Etado-Administração.[500]

Por fim, em relação à natureza da fraude, mais um ponto que vale ser mencionado diz respeito à fraude grosseira. O procedimento fraudu-

---

Coimbra Editora, 2007. v. 1, p. 28-29 e, atualmente, em COSTA, José de Faria. *Noções fundamentais de direito penal. Fragmenta iuris poenalis. Introdução*. 2ª ed. Coimbra: Coimbra editora, 2009, p. 35-37.

[499] A conduta descrita, ainda que seja juridicamente desvaliosa, não, necessariamente, pode ser considerada de relevância penal. Em rigor, trata-se de atitude caracterizadora do instituto da fraude a execução, previsto no artigo 593 do Código de Processo Civil com a seguinte redação "Considera-se em fraude à execução a alienação ou a oneração de bens: I- quando sobre eles pender ação fundada em direito real; II- quando, ao tempo da alienação ou oneração, corria contra o devedor o devedor demanda capaz de reduzi-lo a insolvência; III- nos demais casos expressos em lei".

[500] Sobre o bem jurídico do crime do art. 1º da lei 8.137/90, ver RUIVO, Marcelo Almeida. Criminalidade Fiscal: Considerações sobre o Tipo-de-ilícito. *Revista Síntese de Direito Penal e Processual Penal*, 2006. v. 37, p. 37-58.

lento sem propriedade alguma de enganar, facilmente identificável pelo exercício regular dos meios normais de fiscalização e controle, *verbi gratia* a tentativa do diretor do banco inserir dados irregulares, no programa de avaliação de risco, com a finalidade de beneficiar um amigo com a liberação de empréstimo para a sua empresa, uma vez que as informações verdadeiras não dariam jus à obtenção do valor. Hipótese na qual a simples alimentação do programa por meio de dados falsos seria insuficiente para a liberação do empréstimo, tendo em vista que toda operação dessa natureza, segundo o procedimento interno do banco, deve necessariamente passar pela avaliação documental do comitê de crédito.

O mesmo pode ser dito com relação as inexitosas tentativas de fraude cujos insucessos decorreram da identificação da irregularidade por meio das mais comezinhas atividades rotineiras, sem demandar a ação dos aparatos de fiscalização e de controle internos do banco. A conduta fraudulenta inexitosa, embora formalmente ilícita, não apresenta algum caráter prejudicial à confiança, a medida que se observa a impossibilidade daquele modo de agir concretizar-se em fraude. Isso, sem dúvidas, inviabiliza a ofensividade ao patrimônio, a verdade e transparência e à confiança. A resposta final é no sentido da atipicidade da conduta, como tem acontecido corretamente nos casos de outras fraudes penais, todavia, ainda assim, o fundamento levantado carece de alguma precisão dogmática.

Duas alternativas alicerçadas sobre parâmetros distintos despontam:

(a) uma voltada ao elemento subjetivo geral do tipo – em uma acepção distinta da aqui sustentada e com expressão na jurisprudência pretérita – entende atípica a conduta, devido à inexistência de dolo capaz de provocar conduta ofensiva ao bem jurídico. O conhecimento e a vontade apresentados pelo agente seriam de um grau mais baixo que o exigido para a perfectibilização do tipo penal, por isso se trataria apenas de uma hipótese de "dolo tolerado";[501]

(b) a outra parte dos elementos objetivos do ilícito-típico, de maneira a sustentar materialmente o caráter inofensivo da conduta. Assim, mesmo que os elementos intelectivo e anímico estivessem presentes de forma plena, o bem jurídico permaneceria em condição segura, em razão da absoluta impropriedade do meio utilizado para atacá-lo. Seria, por certo, um caso de crime impossível (artigo 17 do Código Penal), similar ao tratamento que vem sendo dado pela doutrina aos casos de falsidades

---

[501] TOLEDO, Francisco de Assis. *Princípios Básicos de Direito Penal*. 5ª ed. São Paulo: Saraiva, 2001, p. 11. nota 13.

documentais grosseiras (*ictus oculi*) do Direito Penal Tradicional.[502] Portanto, em que pese a menção sobre a tolerabilidade em relação ao dolo do agente que visou à fraude e apenas a exerceu de forma inofensiva, acredita-se ser a segunda compreensão a que melhor enquadramento oferece à hipótese. Tratar-se-ia de caso de aceitação social do desvalor da conduta, sem qualquer resultado material originado da situação de risco criada.

Outra questão interessante versa sobre a necessidade da prática da fraude na atividade-fim da empresa para realização do crime do artigo 4º, *caput*. Sobre isso pode ser dito que se, eventualmente, for mantido como referencial de análise da ofensividade da conduta a afetação sofrida pelos bens jurídicos tutelados – e a mesmo conclusão também seria obtida partindo da *ratio legis* de intervenção penal no sistema financeiro – não resta dúvida não se tratar de fraude com alguma relevância para o tipo incriminador em questão. De fato, somente aquelas fraudes ocorridas no exercício do empreendimento, ao qual a instituição se destina, seriam aptas a afetar o valor confiança na regularidade do sistema financeiro. Ou seja, as condutas componentes do elenco característico do artigo 1º, nomeadamente: captação, intermediação, aplicação e administração de recursos financeiros de terceiros, em moeda nacional ou estrangeira, ou, ainda, custódia, emissão, distribuição, negociação, intermediação ou administração de valores mobiliários. Pensar de outra maneira, traria o perigo de ampliação do âmbito do tipo de modo a legitimar a punição de situações inofensivas, relativas às questões do cotidiano da empresa ou à vida particular dos gestores.

Nessa linha de entendimento, é oportuno destacar que – mesmo em se tratando de uma irregularidade ou, até mesmo, falsidade na atividade-fim da empresa – não se estaria necessariamente perante uma situação característica de fraude. Poderá ocorrer um simples falso, entendido como aquilo que é contrário à realidade ou à verdade, fictício, enganoso, mentiroso, fingido, feito à semelhança ou à imitação do verdadeiro. E isso não significa que a falsidade não possa ter relevância penal, contudo indica que para o falso adquirir dignidade jurídico-penal, obrigatoriamente deverá ofender algum bem jurídico tutelado nessa área do ordenamento jurídico, sendo assim, subsumível a outro ilícito-típico que não o de gestão fraudulenta.

Nem toda a fraude que ocorra em detrimento do teor normativo contido em resolução, instrução normativa ou regulamento normativo,

---

[502] Nesse sentido, sobre exigência que a fraude seja capaz de enganar, induzir ou manter em erro, ver SILVA, Paulo Cezar da. *Crimes contra o Sistema Financeiro Nacional. Aspectos Penais e processuais da Lei 7492/86*. São Paulo: Quartier Latin, 2006, p. 118.

carta-circular é indicação absoluta da fraude típica,[503] pois impreterivelmente deve colocar em perigo o patrimônio. É o exemplo que tem sido ilustrado pela doutrina como a situação na qual o gerente ou administrador de instituição financeira concorre para a abertura ou movimentação de conta-corrente inscrita sob titularidade de pessoa falsa, de pessoa física ou pessoa jurídica inexistente, ou de pessoa jurídica liquidada de fato ou sem representação para o ato.[504] São os casos das chamadas contas de titularidade "fantasma" ou somente "contas-fantasmas", em que a conta efetivamente existe, mas está inscrita mediante falsa identidade de seus proprietários.

Para isso, específica e posteriormente, o ordenamento legal já indicou o caminho para a solução da questão de subsunção das condutas, determinando que a imputação do gestor deverá ocorrer pelo crime de falsidade, conforme consta no artigo 64 da Lei 8.383, de 1991.[505] Ademais, não obstante a edição da legislação, o Banco Central do Brasil editou a Resolução de n° 2.025, de 1993 – com intuito de promover a alteração e a consolidação das normas relativas à abertura, à manutenção e à movimentação de contas de depósitos – ressaltando, no artigo 3°, §1°, I,[506] a responsabilidade fiscalizatória do gerente na "verificação e conferência dos documentos apresentados pelo proponente". Por certo, trata-se de norteamento legal válido e correto, pois ainda que a conduta descrita de falsidade seja incapaz de afetar os bens jurídicos verdade e transparência da gestão, não deixa de ser adequada a maneira própria como atua o ordenamento administrativo na prevenção da ocorrência de ilícitos axiologicamente mais significativos.

---

[503] Nesse sentido, anteriormente, BREDA, Juliano. *Gestão fraudulenta de instituição financeira e dispositivos processuais da Lei 7.492/86*. Rio de Janeiro: Renovar, 2002, p. 98.

[504] GOMES, Luiz Flávio. Notas Distintivas do Crime de Gestão Fraudulenta: art. 4° da Lei 7492/86. A questão das Contas Fantasmas. *Temas de Direito Penal Econômico*. São Paulo: Revista dos Tribunais, 2000, p. 365-367.

[505] "Art. 64. Responderão como co-autores de crime de falsidade o gerente e o administrador de instituição financeira ou assemelhadas que concorrerem para que seja aberta conta ou movimentados recursos sob nome: I – falso; II – de pessoa física ou de pessoa jurídica inexistente; III – de pessoa jurídica liquidada de fato ou sem representação regular. Parágrafo único. É facultado às instituições financeiras e às assemelhadas, solicitar ao Departamento da Receita Federal a confirmação do número de inscrição no Cadastro de Pessoas Físicas ou no Cadastro Geral de Contribuintes".

[506] "Art. 3° As informações constantes da ficha-proposta, bem como todos os elementos de identificação, deverão ser conferidos à vista da documentação competente. Parágrafo 1° Toda ficha-proposta deverá: I – indicar o nome do funcionário encarregado da abertura da conta e o do gerente responsável pela verificação e conferência dos documentos apresentados pelo proponente; II – conter declaração, firmada pelo gerente referido no inciso anterior, nos seguintes termos: "Responsabilizo-me pela exatidão das informações prestadas à vista dos originais do documento de identidade, do CPF/CGC, e outros comprobatórios dos demais elementos de informação apresentados, sob pena de aplicação do disposto no art. 64 da Lei n° 8.383, de 30.12.91." § 2°. A instituição financeira deverá manter arquivados, junto à ficha-proposta de abertura da conta, cópias legíveis e em bom estado da documentação referida neste artigo" (sic).

Outros exemplos de fraudes, incapazes de caracterizarem o crime de gestão fraudulenta, podem ser retirados da mesma Resolução de n° 2.025. *In casu*, gestor que autoriza fraudulentamente à instituição financeira fornecer talonário de cheques ao depositante, enquanto este se encontra inscrito no Cadastro de Emitentes de Cheque sem Fundo (CCF).[507] Hipótese na qual o agente atuaria em desacordo com a legislação, mesmo reconhecendo que o teor do artigo 16 expressamente adverte que a inobservância na referida resolução "será considerada falta grave para os fins previstos no art. 44 da Lei n° 4.595, de 31.12.64, sem prejuízo das demais sanções cabíveis".[508] Nesse caso, não se trata necessariamente de uma conduta que realize o verbo nuclear do crime, pois – mesmo sem avançar na definição dos elementos subjetivos do tipo – percebe-se que poderão não estar presentes as condições materiais de afetação dos bens jurídicos tutelados pelo ilícito.

Quanto ao objeto material da conduta, que significa o meio pelo qual se deve apurar a ocorrência do resultado fraude, a doutrina tem sido farta ao dizer ser imprescindível o exame dos livros, balanços, contratos de serviços financeiros prestados, registros de operações e dos serviços da empresa.[509] Destaca-se a relevância do Plano Contábil das Instituições do Sistema Financeiro Nacional (COSIF), por meio do qual o Banco Central realiza o primeiro estágio do procedimento de supervisão bancária. Ademais, e não só subsidiariamente, se pode referir as informações dirigidas eletronicamente por intermédio do sistema de dados mantido no Banco Central (SISBACEN).[510] Em particular, as atividades desempenhadas pelas corretoras de valores mobiliários, é importante a avaliação do quadro geral das operações que devem ser enviados diariamente à Comissão de Valores Mobiliários e à Bolsa de Valores.

---

[507] "Art. 10. É facultada à instituição financeira a abertura, manutenção ou encerramento de conta de depósitos à vista cujo titular figure ou tenha figurado no Cadastro de Emitentes de Cheques sem Fundos (CCF). Parágrafo único. É proibido o fornecimento de talonário de cheques ao depositante enquanto figurar no CCF. E, ainda, prescreve o artigo 15 "as instituições financeiras deverão designar, expressamente, um diretor que deverá zelar pelo cumprimento das normas de abertura, manutenção e movimentação das contas de que trata esta Resolução. Parágrafo único. O nome do diretor designado nos termos deste artigo deverá ser informado ao Banco Central do Brasil, no prazo máximo de 30 (trinta) dias da data de publicação desta Resolução".

[508] "Art.16. A inobservância do disposto nesta Resolução, no que se refere à abertura, manutenção, movimentação e verificação das contas mencionadas neste normativo, será considerada falta grave para os fins previstos no art. 44 da Lei n° 4.595, de 31.12.64, sem prejuízo das demais sanções cabíveis".

[509] COSTA JUNIOR, Paulo José; QUEIJO, Maria Elizabeth; MACHADO, Charles Marcildes. *Crimes de Colarinho Branco*. São Paulo: Saraiva, 2000, p. 7; SILVA, Paulo Cezar da. *Crimes contra o Sistema Financeiro Nacional. Aspectos Penais e processuais da Lei 7492/86*. São Paulo: Quartier Latin, 2006, p. 121-122; PIMENTEL, Manoel Pedro. *Crimes contra o Sistema Financeiro Nacional: comentários à Lei 7492*. São Paulo: Revista dos Tribunais, 1987, p. 52.

[510] BREDA, Juliano. *Gestão fraudulenta de instituição financeira e dispositivos processuais da Lei 7492/86*. Rio de Janeiro: Renovar, 2002, p. 62.

5.2. Hipóteses ofensivas legitimamente proibidas pelo crime de gestão fraudulenta

Realizado o esclarecimento acerca da imprescindibilidade da ofensividade da fraude para a caracterização do delito, agora, pode-se enfocar, com maior detalhamento, uma temática de importância central para o acertamento do crime de gestão fraudulenta. Temática que tem provocado controvérsia entre aqueles dedicados ao seu estudo, com divergência de entendimentos não só em relação aos resultados finais, mas também acerca dos fundamentos indicativos da compreensão que se deve ter do ilícito-típico. O ponto refere-se, em termos práticos, à necessidade ou prescindibilidade da comprovação da ocorrência do efetivo dano, perigo concreto de dano, ou, pelo menos, "possibilidade não insignificante" de dano econômico para o enquadramento do crime de gestão fraudulenta.[511]

Questão que pela sua condição estrutural suscita a leitura interessada segundo o princípio da ofensividade, entendido como elemento delimitador e conformador da legitimidade no Direito Penal contemporâneo.[512] Seria possível reconhecer a conduta fraudulenta como ofensiva ao bem jurídico, sem a constatação do resultado material da ação desempenhada? Em outras palavras, o modelo constitucional de crime – como ofensa a bens jurídico-penais – possuiria ou uma capacidade elástica suficiente para abarcar, em seu âmbito de vigência, hipóteses alternativas de incriminação, ou um grau de porosidade tamanho capaz de permitir a existência e a convivência com criminalizações excepcionais sem provocar a sua desnaturação conceitual?

Percebe-se que, para além de um problema carente de acertamento normativo penal, a questão convoca a revisita de alguns pontos relativos aos fundamentos de legitimação da própria adequação constitucional da legislação penal. Mais que saber se é legítima a pretensão de punir supostas condutas de gestão fraudulenta – sem qualquer verificação a respeito da ocorrência do resultado desvalioso –, o maior interesse consiste em avaliar se o modelo constitucional de crime permite ao ilícito-típico de gestão fraudulenta vir a ser aplicado segundo suas estritas delimitações formais. Ou seja, uma interpretação descomprometida com qualquer elemento material de verificação da ocorrência do resultado da ação delitiva

---

[511] A referência à ideia da "possibilidade não insignificante de dano ao bem jurídico" trata do limite mínimo de ofensividade requerido para a legitimação material do desvalor do resultado nos crimes de perigo abstrato. Assim, sobretudo, D'AVILA, Fabio Roberto. *Ofensividade e Crimes Omissivos Próprios. Contributo à compreensão do crime como ofensa ao bem jurídico*, Studia Iuridica n.85. Coimbra: Coimbra Editora, 2005, p. 170.

[512] Assim, em *Idem, passim* e, especialmente, p. 63-70.

para a perfeita configuração do crime. A maioria da doutrina tem sustentado a desnecessidade de um pôr-em-perigo do patrimônio para a consumação do crime, tendo em vista que para a caracterização do ilícito não se exigiria a aferição de qualquer resultado da conduta delitiva.[513]

Essa forma de ver as coisas parte de um pressuposto equivocado que será estudado detalhadamente. Não são poucos os que arrancam sua argumentação de um exercício de recuperação histórica da antiga configuração típica da gestão fraudulenta e temerária. A versão anterior do crime constava na Lei de Economia Popular de nº 1.521, de 1951, especificamente no seu artigo 3º, IX, com a seguinte redação:

> Art. 3º. São também crimes desta natureza:
>
> (...)
>
> IX – *gerir fraudulenta* ou temerariamente bancos ou estabelecimentos bancários, ou de capitalização; sociedades de seguros, pecúlios ou pensões vitalícias; sociedades para empréstimos ou financiamento de construções e de vendas e imóveis a prestações, com ou sem sorteio ou preferência por meio de pontos ou quotas; caixas econômicas; caixas Raiffeisen; caixas mútuas, de beneficência, socorros ou empréstimos; caixas de pecúlios, pensão e aposentadoria; caixas construtoras; cooperativas; sociedades de economia coletiva, *levando-as à falência ou à insolvência, ou não cumprindo qualquer das cláusulas contratuais com prejuízo dos interessados*; (grifo nosso)

Com alguma nitidez e segurança, podem ser percebidas no rol de diferenças existentes entre o texto antigo e a redação atual não só questões relativas à enunciação de quais as empresas poderiam ser consideradas instituições financeiras para fins penais, mas também elementos, sobretudo, de conformação do modelo de ilícito-típico. Por certo, a Lei de Economia Popular previa, no artigo 3º, IX, a gestão fraudulenta descrita como um crime que para a perfectibilização do ilícito era necessário à realização do resultado material. Ou seja, a punição da gestão fraudulenta exigia expressamente a constatação do acontecimento de uma ofensa ao bem jurídico na modalidade dano/violação, identificadas pelas expressões "levando-as à falência ou à insolvência, ou não cumprindo qualquer das cláusulas contratuais com prejuízo dos interessados".

Com o advento da Lei dos Crimes contra o Sistema Financeiro Nacional, a redação do tipo penal, em formulação demasiadamente enxuta,

---

[513] Nesse sentido, COSTA JUNIOR, Paulo José; QUEIJO, Maria Elizabeth; MACHADO, Charles Marcildes. *Crimes de Colarinho Branco*. São Paulo: Saraiva, 2000, p. 78; TÓRTIMA, José Carlos. *Crimes contra o Sistema Financeiro Nacional. Uma contribuição ao estudo da Lei nº 7492/86*. 2ª ed. Rio de Janeiro: Lumen Juris, 2002, p. 37; SILVA, Paulo Cezar da. *Crimes contra o Sistema Financeiro Nacional. Aspectos Penais e processuais da Lei 7492/86*. São Paulo: Quartier Latin, 2006, p. 118; MAIA, Rodolfo Tigre. *Dos Crimes contra o Sistema Financeiro Nacional. Anotações à Lei Federal nº 7492/86*. São Paulo: Malheiros, 1996, p. 58; PRADO, Luiz Regis. *Direito Penal Econômico*. São Paulo: Revista dos Tribunais, 2004, p. 231; BALTAZAR JUNIOR, José Paulo. *Crimes Federais*. Porto Alegre: Livraria do Advogado, 2006, p. 280.

retirou do texto legal as expressões referentes às hipóteses de resultados danosos. O que, sem dúvida alguma, decorre de uma nova orientação político-criminal de configuração da técnica de tutela na inscrição do ilícito-típico. Entretanto isso não quer dizer que seja dogmaticamente correta a interpretação que vem sendo majoritariamente defendida, e, nem mesmo, que sejam acertados os fundamentos invocados pela jurisprudência.[514] A ausência de previsão expressa do resultado do crime na nova redação típica tem levado a doutrina, sem maiores detalhamentos da justificativa, a entender a gestão fraudulenta como um crime formal e de mera desobediência à lei.[515] Compreensão que inafastavelmente leva à confusão categorial entre o conceito de resultado jurídico-material (afetação ao bem jurídico) e de resultado natural-fenomênico (mutação física), o que implica, em certas circunstâncias, a perda de delimitação dos referenciais de aplicação da gestão fraudulenta.

As interpretações doutrinárias do artigo ora o mencionam como um "delito de perigo concreto e formal" que se consuma "com a simples realização da ação típica, independente de qualquer resultado fenomênico ou da causação de efetivo prejuízo às vítimas",[516] ora com os predicados de um crime que "se consuma com a gestão, fraudulenta (...), independente de qualquer resultado (delito de perigo abstrato e de mera atividade)".[517] Ou ainda aduzindo que a caracterização do delito tem como "imprescindível a demonstração da ocorrência da fraude e desnecessária à comprovação do prejuízo".[518] E, por fim, uma última hipótese, notadamente a mais radical de todas, a qual conceberia o crime consumado com "a mera gestão, independentemente da verificação do resultado material", sendo a superveniência de dano ou perigo ao bem jurídico o exaurimento da conduta.[519]

---

[514] Na jurisprudência do Superior Tribunal de Justiça, entendendo ser um crime de mera atividade, ver STJ, HC 38.385/RS, Min. Arnaldo Esteves Lima, 5ª Turma, Publicação DJ 21/03/2005, p. 411. Assim como, nos Tribunais Regionais, TRF 4º, HC 2003.04.01.028039-0/PR, Luiz Fernando Wowk Penteado, 8ª Turma, Publicação DJ 24/09/2003 e TRF 4º, AC 2003.04.01.0246710/PR, Tadaaqui Hirose, 7ª Turma, Publicação DJ 06/04/2004.

[515] Nesse sentido, sustenta Baltazar Junior ser "desnecessária a efetiva ocorrência de dano ou outro resultado material externo à conduta do agente para a sua consumação" (BALTAZAR JUNIOR, José Paulo. Crimes Federais. Porto Alegre: Livraria do Advogado, 2006, p. 280). Da mesma forma, COSTA JUNIOR, Paulo José; QUEIJO, Maria Elizabeth; MACHADO, Charles Marcildes. *Crimes de Colarinho Branco*. São Paulo: Saraiva, 2000, p. 78.

[516] MAIA, Rodolfo Tigre. *Dos Crimes contra o Sistema Financeiro Nacional. Anotações à Lei Federal nº 7492/86*. São Paulo: Malheiros, 1996, p. 58.

[517] PRADO, Luiz Regis. *Direito Penal Econômico*. São Paulo: Revista dos Tribunais, 2004, p. 231.

[518] SILVA, Paulo Cezar da. *Crimes contra o Sistema Financeiro Nacional. Aspectos Penais e processuais da Lei 7492/86*. São Paulo: Quartier Latin, 2006, p. 118.

[519] COSTA JUNIOR, Paulo José; QUEIJO, Maria Elizabeth; MACHADO, Charles Marcildes. *Op. cit.*, 2000, p. 78.

O fato é que leituras preponderantemente formalistas acabam por renunciar teoricamente à busca pelo conteúdo do ilícito, o que, em grossas linhas, significa afirmar a gestão fraudulenta como um crime de mera violação de dever de observância legal. Concepção que, ao entender o crime perfectibilizado simplesmente com a ocorrência da fraude, sem maior investigação acerca do resultado desvalioso, desloca o centro das preocupações da proteção do bem jurídico tutelado para o desvalor da conduta. O que, por um lado, impede o reconhecimento da legitimidade constitucional do ilícito numa perspectiva normativa-substancial, e, por outro, acarreta sérios problemas jurídico-aplicativos no que tange ao momento consumativo do crime. Veja-se quais são as razões.

Retoma-se intencionalmente alguns pontos já trabalhados sobre o princípio constitucional da ofensividade e seus consectários a respeito do modelo constitucional de crime.[520] Se é certo que essa é a orientação axiológica fundamental do ordenamento penal, também é verdadeiro que a dogmática penal reconhece – ou é importante que reconheça – como limites ao seu poder conformador, as balizas indicadas por esse conceito. Isto é, o ilícito penal é forjado fundamentalmente no desvalor expressado ou pela lesão, ou pelo pôr-em-perigo a bens juridicamente protegidos.[521] E aqui se encontra estabelecida a barreira informadora do juízo de oposição à compreensão do ilícito como simples violação subjetiva de dever normativo ou mera desobediência à lei. Não basta um juízo meramente formal a respeito do interesse do autor na realização do crime: a legitimidade constitucional da incriminação, depende do reconhecimento da intencionalidade normativa de proteção ao bem jurídico e das próprias funções do Direito Penal como limites substanciais à compreensão do ilícito.

Em relação às indagações formuladas sobre o crime em estudo, tudo leva a afirmar que o reconhecimento da ofensividade da conduta fraudulenta não é possível de ser presumida a partir da mera ocorrência da fraude. Por certo, a afetação do bem jurídico somente pode ser avaliada, com segurança substancial, no momento no qual se realiza um juízo material destinado ao reconhecimento ou à negação da existência de um resultado juridicamente desvalioso. Caso contrário se caminharia no sentido da criticável admissão legal de condutas desprovidas de qualquer ofensa como adequadas ao espaço de discursividade jurídico-penal, o que, sem dúvida alguma, representaria um alargamento insuportável do modelo constitu-

---

[520] Vide supra, 2º Capítulo, tópico 2.4.2

[521] COSTA JUNIOR, Paulo José; QUEIJO, Maria Elizabeth; MACHADO, Charles Marcildes. *Crimes de Colarinho Branco*. São Paulo: Saraiva, 2000, p. 78

cional de crime. Em síntese, ainda que não se trate de um resultado natural, a ocorrência do resultado jurídico é sempre imprescindível.[522]

Dito isso, encaminha-se outro problema de grande relevo – sobretudo, que somente adquire significado normativo penal quando entendido em decorrência do ajuste previamente realizado acerca da necessária ofensividade da ação. A questão diz respeito à determinação específica de qual modalidade de ofensa ao bem jurídico tutelado seria apta a propiciar um juízo positivo de subsunção da conduta criminosa ao ilícito-típico. Em outras palavras, considerando que a conduta do agente tende – ainda que reconhecidamente não se trate de um axioma, mas, sim, apenas de uma tendência constatada, mesmo na mais comezinha das experiências, – a desempenhar um sentido ofensivo desencadeado na ordem de afetar primeiramente o bem verdade e transparência e, tão somente depois, o patrimônio, qual seria efetivamente o grau de afetação juridicamente relevante em cada um deles? Ou muito breve: a fraude deve atacar o âmbito de manifestação dos bens tutelados em qual intensidade?

Para uma resposta bem delimitada, acredita-se que as categorias de dano/violação e perigo/violação, enquanto formas de perversão da relação matricial onto-antropológica de cuidado-de-perigo, podem conduzir nossa investigação a parâmetros seguros.[523] Em linhas gerais, a relação matricial onto-antropológica de cuidado-de-perigo é o signo indicativo do meio pelo qual a vida em sociedade é organizada, tendo como elementos fundamentais na sua constituição a relação de cuidado do eu-para--com-o-outro e do outro-para-comigo.[524] Relação estruturante disposta a suportar o tensionamento e a distensão, desde que característicos de oscilações condizentes com o âmbito de relação e incapazes de perversão da faixa de admissibilidade.

É justamente com a perversão da relação matricial, em intensidade insuportável que a conduta passa a ostentar desvalor social, o que lhe outorga condição digna de reconhecimento pelo "universo da discursi-

---

[522] D'AVILA, Fabio Roberto. *Ofensividade e Crimes Omissivos Próprios. Contributo à compreensão do crime como ofensa ao bem jurídico*, Studia Iuridica n.85. Coimbra: Coimbra Editora, 2005, p. 40 e D'AVILA, Fabio Roberto. Direito Penal e Direito Sancionador. Sobre a identidade do Direito Penal em tempos de indiferença. *Revista Brasileira de Ciências Criminais*. São Paulo: Revista dos Tribunais, 2006. n° 60, p. 25. Ainda, na doutrina portuguesa, Helena Moniz preocupa-se com a diferenciação entre os sentidos de resultado como "mutação física" e resultado como "afetação do bem jurídico" (MONIZ, Helena. Aspectos do resultado no Direito Penal. *Lieber Discipulorum para Jorge de Figueiredo Dias*. Coimbra: Coimbra Editora, 2003, p. 543).

[523] Sobre as categorias apresentadas e estrutura da relação matricial de cuidado-de-perigo, ver COSTA, José de Faria. *O perigo em Direito Penal*. Coimbra: Coimbra Editora, 1992, p. 642 e ss e, no Brasil, D'AVILA, Fabio Roberto. *Ofensividade, op. cit.*, p. 90 e ss. e 106.

[524] Idem, ibidem; D'AVILA, Fabio Roberto. O inimigo no Direito Penal Contemporâneo. Algumas reflexões sobre o contributo crítico de um Direito Penal de base onto-antropológica. *Sistema Penal e violência*. Rio de Janeiro: Lumen Juris, 2006, p. 100 e ss.

vidade jurídico-penal, através da figura típica".[525] O ilícito-típico, por sua vez, como instrumento de transposição para a normatividade legislativa recebe sua configuração de acordo com a expressão do âmbito de manifestação do bem jurídico e a técnica que se pretende empregar como meio de intervenção protetiva.[526] Isto é, o conteúdo do ilícito-típico é o mesmo indicado pela fatualidade típica, em identidades que acabam por estabelecer a ofensividade típica. Quanto ao bem jurídico, percebe-se que esse não existe como valor jurídico apenas em uma forma concreta e estática, mas, também, sua "esfera de manifestação" indica uma intencionalidade normativa digna de uma "categoria dinâmica".[527] Razão pela qual a tutela jurídico-penal não pode ficar restrita meramente a sua perspectiva de apreensão mais densa, enquanto o reconhecimento social atribuído ao valor atingiria sua feição global. Portanto o resultado de perigo – entendido como a intersecção na esfera de manifestação do bem jurídico, de maneira a retirar sua tranquila expressão – deve ser tido como juridicamente relevante.[528]

5.2.1. Concepções doutrinárias sobre a técnica de tutela do artigo 4º, caput, da Lei 7.492/86

É prudente não avançar no desenvolvimento da concepção a ser aqui defendida, sem antes fazer uma abordagem individualizada de cada uma das compreensões de leitura do ilícito-típico de gestão fraudulenta. O primeiro a ser enfocado é o entendimento amplamente defendido segundo o qual se trataria de um crime de "perigo concreto ao bem jurídico".[529]

Situação que poderia resultar insustentável no plano prático-aplicativo, caso entendida como a técnica de tutela destinada a alguma daquelas hipóteses referidas de bens jurídicos com extrema largueza e de baixa concretude material.[530] Obstáculo à imputação do tipo objetivo que diria

---

[525] D'AVILA, Fabio Roberto. *Ofensividade, op. cit.*, p. 106.

[526] Idem, p. 161 e ss.

[527] Idem, p. 162.

[528] Idem, p. 163 e ss.

[529] Nesse sentido, MAIA, Rodolfo Tigre. *Dos Crimes contra o Sistema Financeiro Nacional. Anotações à Lei Federal nº 7492/86*. São Paulo: Malheiros, 1996, p. 58; TÓRTIMA, José Carlos. *Crimes contra o Sistema Financeiro Nacional. Uma contribuição ao estudo da Lei nº 7492/86*. 2ª ed. Rio de Janeiro: Lumen Juris, 2002, p. 37; MAZLOUM, Ali. *Crimes de Colarinho Branco: objeto jurídico, provas ilícitas*. Porto Alegre: Síntese, 1999, p. 63, recentemente, BITENCOURT, Cezar Roberto; BREDA, Juliano. *Crimes contra o sistema financeiro nacional & contra o mercado de capitais*. Rio de Janeiro: Lumen Juris, 2010, p. 40-47.

[530] O bem jurídico precisa apresentar um mínimo de concretude e especificidade, de modo que seja possível constar se, realmente, houve ofensa. Nesse sentido, D'AVILA, Fabio Roberto. Direito Penal e Direito Sancionador. Sobre a identidade do Direito Penal em tempos de indiferença. *Revista Brasileira de Ciências Criminais*. São Paulo: Revista dos Tribunais, 2006. nº 60, p. 28-29; MARINUCCI, Giorgio;

respeito a extrema dificuldade normativa para a satisfatória comprovação da ocorrência do efetivo perigo ao bem jurídico, o que poderia resultar – ao que aparenta, em direta contrariedade ao intento de ampliação da tutela penal manifestado pelo legislador de 1986 – numa injusta causa de impunidade pelo não cumprimento das exigências legais.

Isto é, muito além da dificuldade adstrita ao campo teórico de fundamentação do critério de acertamento do resultado, as complicações práticas de tal entender podem ser mais bem compreendidas considerando o quanto custoso pode ser a tarefa de comprovar, em termos experienciais, que a perpetração de uma fraude qualquer foi capaz de colocar em perigo concreto o bem jurídico, *v.g.* "estabilidade e a higidez do Sistema Financeiro Nacional".[531] Contudo como, definitivamente, esse não é o bem jurídico o qual deve ser identificado como tutelado no delito, continua-se a análise da técnica de tutela, bem como dos desdobramentos e das implicações práticas, segundo a reflexão sobre os bens que a discursividade aqui sugerida reconhece.

O estudo dos fundamentos dessa compreensão parece indicar mais um recurso interpretativo doutrinário – utilizado a fim de propiciar ganho em determinação jurídico-aplicativa, mesmo que a custas da redução teleológica da intencionalidade típica – do que, propriamente, uma conclusão advinda do sentido proporcionado pela leitura dos elementos normativos do ilícito. Em outros termos, a proposta estaria com seu centro conformador mais próximo de uma boa intenção político-criminal na preservação de garantias do que de uma leitura rigorosa de acordo com os ditames do princípio da legalidade, haja vista que as circunstâncias elementares do tipo, em momento algum, se referem à necessidade de criação de um perigo concreto ao bem. Não se identifica na descrição da conduta proibida o tradicional modelo utilizado pela legislação para a designação dos crimes de perigo concreto.

Como se adiantou no início do tópico, essa proposta hermenêutica do ilícito criaria pesada dificuldade para a comprovação da ofensividade característica de um concreto perigo/violação à verdade e transparência e ao patrimônio, ou seja, em termos práticos, a acusação precisaria demonstrar que a fraude perpetrada teria criado situação de perigo de tamanha amplitude, capaz de cobrir o âmbito de manifestação dos bens jurídicos tutelados. E por essas razões não parece ser a compreensão mais adequada às características do ilícito-típico.

DOLCINI, Emilio. *Corso di Diritto Penale Le Norme Penali: fonti e limiti di applicabilità. Il reato: nozione, struttura e sistematica.* 3ª ed. Milano: Giuffrè Editore, 2001, p. 544-545.

[531] Assim em, TÓRTIMA, José Carlos. *Crimes contra o Sistema Financeiro Nacional. Uma contribuição ao estudo da Lei nº 7492/86.* 2ª ed. Rio de Janeiro: Lumen Juris, 2002, p. 30.

Uma segunda proposta partiria do elogiável ideal de diminuição ou restrição da possibilidade de ocorrência de desarrazoadas condenações penais de ações sem qualquer relevância penal, como é o exemplo da incriminação de "simples ilícitos de natureza civil", muitas vezes, corriqueiros "ao dia-a-dia da atividade bancária".[532] Casos que, sem dúvida alguma, excederiam os limites da legalidade no que diz respeito, especificamente, ao âmbito do tipo incriminador. A sugestão encontrada para tanto seria a combinação de leis penais, ou seja, uma leitura conjunta do artigo 4º, *caput*, da Lei 7.492/86 com a fórmula anterior do mesmo crime, prevista no artigo 3º, IX, da Lei 1.521/51. E, assim, em relação ao dispositivo da lei antiga, seria necessário somente "não considerá-lo derrogado pela nova figura delitiva", o que não traria grande dificuldade argumentativa, segundo o que apresenta o seu defensor, pois a lei nova, além de não ser incompatível com o tipo anterior, nem regulou inteiramente a conduta incriminada, nem expressamente revogou o tipo.[533] Assim sendo, a resposta para o problema dependeria de uma questão típica de teoria da norma e constaria nos §§ 1º e 2º do artigo 2º da Lei de Introdução ao Código Civil (LICC).

Entretanto, por mais bondosas que sejam as intenções apresentadas pela proposta integradora, acredita-se não ser a melhor adequação normativa que pode ser oferecida à aplicação do crime de gestão fraudulenta. A ideia de uma leitura combinada do ilícito poderia auxiliar na compreensão de que algum resultado jurídico perigoso ao bem jurídico é demandado para a perfectibilização do crime. Todavia os benefícios práticos obtidos parecem não superarem os desacertos em termos da teoria da legislação penal. Conforme bem se sabe, o artigo 3º da Lei 1521/51 previa um crime de resultado danoso, portanto restringir a hermenêutica da redação atual apenas aos casos nos quais acontecessem aqueles resultados danosos ou às hipóteses de perigo de ocorrência daqueles resultados danosos,[534] somente pode ser admitido, caso se realize uma leitura em absoluta desatenção ao tipo legal de crime atual.

Não há qualquer menção típica ao dano que o bem jurídico deve ser submetido e, portanto, a proposta combinatória busca elementos exteriores ao tipo penal para chegar ao resultado da sua interpretação. Assim, então, a pretexto de proteger a legalidade da lei penal, ter-se-ia chegado a um resultado ainda mais desastroso a sua literalidade, solução que constitucionalmente não pode agradar.

---

[532] SILVA, Antonio Carlos Rodrigues. *Crimes de Colarinho Branco: comentários à Lei nº 7492 de 16 de junho de 1986*. Brasília: Brasília Jurídica, 1999, p. 45-46.

[533] Idem, p. 46.

[534] Idem, p. 50.

A terceira compreensão do ilícito de gestão fraudulenta quanto à concepção e à fundamentação do perigo que o bem jurídico deve ser submetido concebe-o como sendo um crime de perigo na forma abstrata, que pode ser entendido a partir de duas perspectivas distintas e inconciliáveis.[535] Uma primeira ideia sustenta a completa independência de qualquer resultado jurídico para a realização típica, tendo em vista tratar-se de crime de perigo abstrato e de mera atividade.[536] Embora a classificação utilizada seja de crime de mera atividade, considerando a compreensão segundo a qual não seria necessário a ocorrência de um resultado jurídico para a realização do crime, acredita-se que o tratamento oferecido seria mais propriamente de um crime de mera desobediência à lei do que um crime de mera atividade. Para evitar tautologia em relação aos fundamentos que arrazoam a ilegitimidade constitucional do crime de mera desobediência ao preceito normativo, relembra-se a inadequação de tal concepção formalista ao dever constitucional de ofensividade ao bem jurídico tutelado.

Uma segunda visão da gestão fraudulenta como crime de perigo abstrato fundaria sua linha compreensiva, principalmente, no fato de não existir "a descrição do perigo a ser criado" no tipo, o que, ao mesmo tempo, não significaria o mesmo que não exigir "que a conduta seja apta a produzir perigo ao sistema financeiro, à instituição ou ao investidor".[537] E isso porque "a potencialidade do perigo deve ser comprovada, não a sua ocorrência concreta", sendo que a "ação incriminada deve ser potencialmente capaz de criar nas instituições ou nos investidores uma desconfiança da austeridade, da segurança e da credibilidade do mercado financeiro e de capitais".[538] Essa proposta, embora se acompanhem alguns dos seus encaminhamentos – a exemplo da impossibilidade de leitura do ilícito como crime de perigo concreto por inexistência de previsão do perigo requerido pelo tipo – não se pode concordar com a sua plenitude.

Primeiro, porque exigir a comprovação da potencialidade da conduta "criar nas instituições ou nos investidores uma desconfiança da austeridade, da segurança e da credibilidade do mercado financeiro e de capitais", durante a instrução processual, é uma prova senão apenas árdua, sobretudo, normativamente e jurídico-constitucionalmente inadequada. Como foi desenvolvido com relação à primeira proposta, a confiança dos investidores – enquanto elemento fundamental à conformação

---

[535] Encontram-se elas em PRADO, Luiz Regis. *Direito Penal Econômico*. São Paulo: Revista dos Tribunais, 2004, p. 231 e BREDA, Juliano. *Gestão fraudulenta de instituição financeira e dispositivos processuais da Lei 7492/86*. Rio de Janeiro: Renovar, 2002, p. 58.

[536] PRADO, Luiz Regis. *Op. cit.*, p. 231.

[537] BREDA, Juliano. *Gestão fraudulenta de instituição financeira e dispositivos processuais da Lei 7492/86*. Rio de Janeiro: Renovar, 2002, p. 58.

[538] Idem, ibidem.

do mercado financeiro – possui, além de limites muito amplos e insuficientemente delineados, pouca concreção jurídico-objetiva. É isso, aliás, que impede a sua condição axiológica ser erigida à qualidade de bem jurídico tutelável pela lei penal sem qualquer outra mediação.

Assim como permaneceria a mesma indefinição conceitual e baixa concretude técnico-normativa, caso se tentasse uma aproximação mais estrita da confiança, apenas com as vertentes possibilitadas pela ligação à austeridade, segurança e credibilidade. Conforme já se demonstrou, o valor penalmente tutelado em sentido estrito, especificamente, no crime de gestão fraudulenta não pode ser a confiança,[539] situação que claramente não deixa de ser reconhecida pelo autor.[540]

O fato é que ao ser exigido que a conduta ofenda valores distintos do bem jurídico penalmente tutelado, a avaliação da ofensividade passa a buscar – para além do critério típico – o seu estabelecimento mediante elementos de valoração social, destaque-se, não necessariamente comprometidos com a intencionalidade garantista da objetividade jurídico-penal.[541] Em outras palavras, nesse entendimento, em vez da necessidade de ofensividade da conduta aos valores verdade e transparência e ao patrimônio – como aqui se sustenta – ou a "proteção" e o "perfeito desenvolvimento do sistema financeiro"[542] – como sustenta o seu autor – a conduta deveria afetar a confiança dos investidores. Em síntese, o acertamento da ofensividade da conduta não se daria apenas sob parâmetros materiais do resultado desvalioso, e sim, pela conjugação destes com elementos exteriores ao tipo penal.

Essa proposta compreensiva não representa propriamente uma aproximação a metodologia do Direito Penal soviético no que diz respeito à ofensividade ou à periculosidade social da conduta,[543] como elemento

---

[539] Vide 3º Capítulo, tópico 3.2.

[540] Para Juliano Breda, "o bem jurídico tutelado pela Lei 7.492, genericamente, é o sistema financeiro nacional. Em relação ao delito do art. 4º, tenta-se coibir a perpetração de fraudes nas atividades de gestão das instituições financeiras, buscando a proteção e um perfeito desenvolvimento deste subsistema jurídico que engloba, especialmente, os mercados financeiros e de capitais" (BREDA, Juliano. Op. cit., p. 52).

[541] D'AVILA, Fabio Roberto. Ofensividade, op. cit., p. 42 e ss. Em outra passagem, o mesmo autor destaca que "não é possível conceber uma noção de ofensa que transcenda a particular relação entre a conduta descrita pelo tipo e o bem jurídico tutelado pela norma, em que a ofensa só é percebida fora dos limites relacionais da conduta punível" (D'AVILA, Fabio Roberto. O Ilícito Penal nos Crimes Ambientais. Algumas reflexões sobre a ofensa a bens jurídicos e os Crimes de Perigo Abstrato no âmbito do Direito Penal Ambiental. Revista Brasileira de Ciências Criminais. São Paulo: Revista dos Tribunais, 2007. n. 67, p. 47).

[542] BREDA, Juliano. Op. cit., p. 52.

[543] Sobre a ofensividade social da conduta e a busca de elementos materiais para o ilícito no Direito Penal soviético, ver ZDRAVOMÍSLOV; SCHNEIDER; KÉLINA; RASHKÓVSKAIA. Derecho penal soviético. Parte geral. Bogotá: Editorial Themis, 1970, p. 59-64.

material imprescindível para a caracterização do delito. Mesmo assim, estabelece critérios negativos – distintos do bem jurídico tutelado e exteriores à determinação do tipo penal – para o juízo de imputação penal da conduta. E por isso cria uma exceção normativa a diretiva geral de acertamento da ofensividade das condutas criminosas.[544] Muito breve: o juízo de ofensividade da conduta ao bem jurídico é sempre típico,[545] assim sendo, exceções como essa tendem a violar a igualdade de tratamento dogmático dos crimes de perigo abstrato.

Segundo, não é possível endossar a compreensão que o autor tem do evento perigoso, assim como as consequências daí advindas para a avaliação da ofensividade da conduta. Se, por um lado, se concorda não ser o caso de uma individualização em concreto do perigo que o bem jurídico está submetido na situação descrita no tipo, por outro, acredita-se que a ideia de condenação penal fundada na "potencialidade de perigo" da conduta requer uma melhor análise. Uma coisa significa sustentar a probabilidade de ocorrência de uma ofensa dano/violação à intencionalidade normativa de um concreto e determinado bem jurídico, hipótese na qual estaria caracterizado um concreto pôr-em-perigo.[546] Outra distinta é a ofensa caracterizada pela "mera interferência na esfera de manifestação do bem jurídico", na qual não estaria caracterizado o perigo na forma concreta, mas, sim, o perigo entendido como a retirada da "tranquilidade" da expressão do bem jurídico.[547] Ou, em outros termos, constitui a ofensividade designada pela possibilidade de dano/violação ao bem jurídico, indicativo do reconhecimento da existência do perigo abstrato.

Ocorre que o autor fala de uma "potencialidade de perigo" que vem a ser o equivalente à potencialidade de manifestação do perigo de dano. A punição de uma conduta em razão da suposta "potencialidade de perigo" representa, em termos normativos, o mesmo que condenação de condutas nas quais o perigo ao bem jurídico não ocorre efetivamente, mas sim, apenas a possibilidade de vir a se manifestar. Isto é: o crime de perigo presumido. E isso, pelo que parece, foi atentamente reconhecido pelo autor, quando, nos momentos prévios à exposição da sua compreensão sobre a técnica de tutela empregada na redação típica da gestão fraudulenta, destaca "nos delitos de perigo abstrato, há um certo divórcio

---

[544] D'AVILA, Fabio Roberto. *Ofensividade, op. cit.*, p. 178.
[545] D'AVILA, Fabio Roberto. *O Ilícito Penal, op. cit.* p. 47.
[546] D'AVILA, Fabio Roberto. *Ofensividade, op. cit.*, p. 161.
[547] Idem, ibidem.

entre punição e bem jurídico, relacionando-se mais com a segurança das relações sociais".[548]

Acredita-se, todavia, que a presunção de perigo da conduta possa servir como motivo para a positivação do ilícito na norma penal, mas a mesma motivação, repita-se, suficiente para justificar a criação formal do crime de perigo abstrato, não pode ser mantida e fundar por si só a condenação no momento aplicativo.[549] A prova da acusação deverá mostrar efetivamente a modalidade de perigo à qual foi submetido o bem jurídico pela ação da conduta ofensiva. Ademais, a concepção do crime de perigo abstrato como "potencialidade de perigo" não é digna de legitimidade jurídico-constitucional em termos de garantias, haja vista a ausência de tipicidade material. Muito breve: a presunção do perigo de dano, não é efetivamente o perigo, mas tão somente a sua presunção. Não é outra, portanto, a razão pela qual se sustenta a legitimidade material dos crimes de perigo abstrato no limite objetivo da "possibilidade não insignificante de dano/violação ao bem jurídico".[550]

Por fim, apenas um breve e necessário comentário acerca de dois problemas de imputação da responsabilidade, nomeadamente o crime na forma tentada e na forma omissiva imprópria.

Ao contrário de uma determinada doutrina sobre a viabilidade da punição da tentativa do crime de gestão fraudulenta, não se vê como encontrar na redação típica do crime de perigo abstrato elementos capazes de fundamentar tal pretensão. O princípio constitucional da ofensividade estabelece como regra para todo e qualquer crime que a tentativa somente passa a ser punível, quando, em relação ao tipo objetivo, for praticada ofensa caraterística da possibilidade não insignificante de dano. Isso é o mesmo que dizer que se torna punível a tentativa quando o bem jurídico sofreu, ao menos, a ofensa de perigo na forma abstrata, o que, no crime de gestão fraudulenta, representa o próprio resultado consumativo do ilícito-típico. Caso contrário, se teria, por via oblíqua, legitimada a criminalização de condutas que nem mesmo trazem algum perigo de dano ao bem jurídico apenas e tão somente pelo fato de serem intencionalmente praticadas.

---

[548] BREDA, Juliano. *Op. cit.*, p. 57. E, assim, ou autor continua com a descrição do exemplo de Claus Roxin – já analisado em seus fundamentos no Capítulo 2º, tópico 2.4.1 – sobre o caráter didático-pedagógico dos crimes de trânsito "por exemplo, quando se tipifica a condução de veículo automotor sobre a influência de álcool não se está protegendo propriamente a integridade física dos indivíduos, mas se punindo diretamente, por razões preventivas, uma conduta que o legislador admitiu como contrária aos valores comunitários" (BREDA, Juliano. *Gestão fraudulenta de instituição financeira e dispositivos processuais da Lei 7492/86*. Rio de Janeiro: Renovar, 2002, p. 57-58).

[549] D'AVILA, Fabio Roberto. *Ofensividade, op. cit.*, p. 168.

[550] Idem, ibidem, p. 172 e ss.

Por fim, a responsabilização dos administradores pela gestão fraudulenta na forma omissiva imprópria, embora timidamente explorada na doutrina nacional, parece não apresentar maior obstáculo dogmático. Necessário é definir, no caso específico, a origem do dever de garante dos administradores que poderá ser uma das três modalidades: (a) legal, *v.g.* o art. 155, § 1°, da Lei 6.404/76 para o crime de uso de informação privilegiada do art. 27-D, da Lei 6.385/86 (art. 13, § 2°, *a*, CP); (b) contratual para os administradores profissionais (art. 13, § 2°, *b*, CP); (c) ou ainda por ingerência criadora do risco de ocorrência do resultado perigoso e, portanto, imponente do dever da sua evitação ou afastamento (art. 13, § 2°, *c*, CP). É preciso indicar também o limite de responsabilidade individual a ser imputada na denúncia a cada um dos comparticipantes, tanto aqueles membros de conselhos diretivos, quanto aqueles intervenientes atividades executivas hierárquicas.

5.2.2. *Proposta compreensiva do ilícito e considerações político-criminais "de lege ferenda"*

Para se encaminar o desenvolvimento da compreensão a ser defendida, é preciso voltar a atenção para uma parte do ilícito-típico ainda não trabalhada com suficiente cuidado. Trata-se, por certo, dos elementos subjetivos do tipo. Ou, ainda mais detalhadamente, à delimitação hermenêutica acerca do significado jurídico-penal do crime de gestão fraudulenta.

A estrutura normativa da gestão fraudulenta indica o reconhecimento de uma pretensão de tutela específica do Direito Penal Secundário, no sentido de superar os limites do espaço de intervenção do Direito Penal comum, especificamente, os crimes de apropriação indébita e estelionato, possibilitando uma proteção penal adequada às características e às consequências da conduta desvaliosa.[551] De sorte que se faz necessário atentar para a lição de Cesare Pedrazzi, em relação aos crimes societários, quando ensina que "do ponto de vista puramente objetivo não é possível distinguir o abuso cometido de má-fé, do simples erro de gestão. É do ponto de vista subjetivo do agente que o ato deve ser avaliado. Não bastará verificar que o ato foi intencional: será preciso pesquisar os móveis que o sugeriram, os fins que o agente pretendeu alcançar".[552] Assim,

---

[551] Sobre as preocupações do Direito Penal Econômico em suprir lacunas incriminatórias do Direito Penal Patrimonial codificado, ver PEDRAZZI, Cesare. O Direito Penal das sociedades e o Direito Penal Comum. *Revista Brasileira de Criminologia e Direito Penal*. Rio de Janeiro: Instituto de Criminologia do Estado da Guanabara, 1965. v. 9, p. 133.

[552] Acerca das peculiaridades distintivas das práticas de gestão abusiva e casos de incompetência do administrador, no direito italiano, ver PEDRAZZI, Cesare. *Op. cit.*, p. 136 e ss.

mesmo que, ao final, possa se mostrar inadequado concordar na integralidade com a sugestão de acertamento normativo oferecida por Pedrazzi, a passagem transcrita não deixa de ter significativo valor no sentido de destacar a relevância dogmática dos elementos anímicos do tipo para a compreensão do crime.

Portanto, é inevitável aprofundar o estudo no que tange à possibilidade de reconhecimento da existência de algum elemento subjetivo especial a acompanhar o dolo da conduta e, ainda, posteriormente, caso eventualmente existente, a determinação do conteúdo. Desse modo, questiona-se na busca de resposta que, por meio da aproximação político-criminal, leve diretamente ao centro da intencionalidade típica: seria a fraude um meio pelo qual o agente busca atingir as suas finalidades ou o próprio fim pretendido pelo agente com a realização da conduta?

O caminho delimitado pelo tencionar investigatório chega a um momento no qual a definição da razão fundamental de existência do tipo incriminatório se torna necessária. O perquirir até aqui exposto obriga a realização de breves considerações político-criminais acerca da *ratio legis* para então, somente depois, se retomar os desdobramentos normativos com maior esclarecimento e densificação.

A norma numa dimensão *lato sensu* tem como objetivo contribuir para o resguardo da confiança no Sistema Financeiro Nacional. E, portanto, é correto afirmar que a mudança na redação legal com a passagem do crime de resultado de dano/violação do artigo 3º, IX, da Lei de Economia Popular, de nº 1.521, de 1951[553] para a atual concepção, na qual consta a associação de dois bens jurídicos em momentos e graus ofensivos diversos, positivada no art. 4º, *caput*, da Lei 7.492/86, não implicou a perda do sentido político-criminal de proteção do patrimônio que lá constava expresso como sendo o resultado danoso. Trata-se, no que se refere ao significado mais fundamental –, e, logo, com a devida reserva das pequenas alterações e adaptações do texto legal – da manutenção da mesma lógica e da repressão da mesma conduta, constando atualmente um espaço de proteção mais alargado, haja vista que o legislador considerou relevante penalmente mesmo o perigo ao patrimônio. E, desse modo, ao se perceber a antecipação da técnica de tutela – que não nega, mas, pelo contrário,

---

[553] Lei de Economia Popular, de nº 1.521, de 1951, especificamente no seu artigo 3º, IX, com a seguinte redação: Art. 3º. São também crimes desta natureza: (...) IX – *gerir fraudulenta* ou temerariamente bancos ou estabelecimentos bancários, ou de capitalização; sociedades de seguros, pecúlios ou pensões vitalícias; sociedades para empréstimos ou financiamento de construções e de vendas e imóveis a prestações, com ou sem sorteio ou preferência por meio de pontos ou quotas; caixas econômicas; caixas Raiffeisen; caixas mútuas, de beneficência, socorros ou empréstimos; caixas de pecúlios, pensão e aposentadoria; caixas construtoras; cooperativas; sociedades de economia coletiva, *levando-as à falência ou à insolvência, ou não cumprindo qualquer das cláusulas contratuais com prejuízo dos interessados*; (grifo nosso)

reafirma, a lógica inerente a matriz proposicional anterior – não se pode renunciar o valor de delimitador do tipo subjetivo.

Em sentido ainda mais específico, a finalidade normativa da figura criminosa consiste em evitar o abalo insuportável da relação de cuidado--de-perigo mantida no que diz respeito à proteção do patrimônio de uma titularidade difusa de indivíduos. Assim, o legislador entendeu por bem o adiantamento de maneira a implementar a proteção jurídico-penal que anteriormente constava apenas restrita a repressão da ofensa dano/violação ao bem jurídico patrimônio. Isto é, criou um ilícito-típico pluriofensivo geometricamente articulado de forma a alcançar a proteção ao bem verdade e transparência, na posição mais vulnerável a ofensa, em associação ao bem jurídico patrimônio, em situação de maior resguardo.

Tal medida contemplou de modo mais adequado a intencionalidade primeira do sistema financeiro, no que diz respeito à tutela do dinamismo oscilatório da confiança em padrões aceitáveis. Ao mesmo tempo, em relação à fórmula típica anterior possibilitou o alargamento do âmbito de tutela do patrimônio, reconhecendo outras formas ofensivas distintas do dano/violação. Além de que a conjunção dos dois bens jurídicos permitiu uma melhor delimitação dos critérios de acertamento da ofensividade da fraude.

Pode-se afirmar, sem qualquer dúvida, que criminologicamente a fraude não se trata de um fim em si mesmo. Pelo contrário, o estudo do objetivo almejado e do seu significado econômico possibilita obter um válido contributo à compreensão do sentido dos elementos subjetivos do tipo. Desse modo, alguns tem sustentado – tanto na doutrina, quanto na jurisprudência – em relação à formulação atual do crime que a realização da fraude pelo gestor se daria em razão de uma finalidade: a obtenção de indevida vantagem.[554] Isto é, em conjunto ao dolo – elemento subjetivo geral da conduta fraudulenta – seria vislumbrado um elemento subjetivo especial, indicativo da intenção de obtenção de vantagem, que, no âmbito do sistema financeiro, não poderia deixar de ter conteúdo patrimonial.

Assim, uma vez reconhecido o correto enquadramento normativo da intencionalidade típica, possibilitar-se-ia um diferencial hermenêutico no desvelamento da técnica de tutela. E, portanto, não se teria apenas uma aproximação – para fins de contributo compreensivo da parte objeti-

---

[554] Assim, PIMENTEL, Manoel Pedro. *Crimes contra o Sistema Financeiro Nacional*: comentários à Lei 7492. São Paulo: Revista dos Tribunais, 1987, p. 51; COSTA JUNIOR, Paulo José; QUEIJO, Maria Elizabeth; MACHADO, Charles Marcildes. *Crimes de Colarinho Branco*. São Paulo: Saraiva, 2000, p. 77; MAIA, Rodolfo Tigre. *Dos Crimes contra o Sistema Financeiro Nacional. Anotações à Lei Federal nº 7492/86*. São Paulo: Malheiros, 1996, p. 55. Na jurisprudência, o Des. Federal Ali Mazolum decidiu que para a caracterização da gestão fraudulenta existe a necessidade da prática da fraude tendo como objetivo auferir de vantagem indevida (TRF 3ª Região, HC nº 97.03061736-0, Rel. Ali Mazlum, 2ª Turma).

va como aqui se apresenta – entre o ilícito de gestão fraudulenta e a técnica de tutela do crime de resultado cortado. Muito mais: o crime de gestão fraudulenta passaria a ter sua redação legal conformada pela técnica de tutela do crime do resultado cortado. Ou seja, o ponto característico do crime de resultado cortado é a presença de uma intencionalidade típica que não se consome apenas na afetação do primeiro bem jurídico, pois sua perfeição ofensiva somente vai ocorrer quando do ataque ao segundo bem tutelado.

Para tornar mais límpido e concreto, destacam-se dois casos ilustrativos, com refração na jurisprudência do Supremo Tribunal Federal,[555] *v.g.* o gestor de instituição financeira que, com a pretensão de conceder empréstimo em quantia maior que a autorizada pelas condições financeiras do tomador, decide fraudar os critérios de avaliação de risco da operação. E para isso classifica com o nível "A" situação contábil de empresa que, em verdade, seria digna de uma representação de risco no nível "H", segundo os critérios estabelecidos pelo artigo 2º e pela tabela de classificação do artigo 1º da Resolução nº 2.682 do Banco Central.[556] Ao ocultar o real nível de risco de inadimplência do devedor, consegue liberar um maior limite de valor a ser emprestado. O dolo da conduta consiste na realização da fraude, o que lesaria a verdade e a transparência da comunicação dos dados pela instituição financeira, ao mesmo tempo, a intencionalidade de realização da conduta seria possibilitar o beneficiamento do tomador do empréstimo.

Outro exemplo também a ser referido diz respeito à situação na qual o gestor de um banco, pretendendo melhorar o faturamento da sua agência, resolve aumentar a proporção entre a quantia de dinheiro capaz de ser emprestada em relação à efetiva provisão de ativos do banco. Isto

---

[555] Com a devida ressalva de se tratar apenas de uma decisão de recebimento da denúncia, mesmo assim a tipicidade formal do fato não foi afastada no julgamento pelo tribunal pleno, assim STF, Inq. 2245/MG, Min. Joaquim Barbosa, Tribunal Pleno, Publicação 09/11/2007, p. 38.

[556] A Resolução nº 2.682 do Banco Central destinada a estabelecer "os critérios de classificação das operações de crédito e as regras para constituição de provisão para créditos de liquidação duvidosa", resolve no artigo 1º "Determinar que as instituições financeiras e demais instituições autorizadas a funcionar pelo Banco Central do Brasil devem classificar as operações de crédito, em ordem crescente de risco, os seguintes níveis: I – nível AA; II – nível A; III – nível B; IV – nível C; V – nível D; VI – nível E; VII – nível F; VIII – nível G; IX – nível H". No artigo 2º, estabelece os critérios para a referida classificação: "Art. 2º. A classificação da operação no nível de risco correspondente é de responsabilidade da instituição detentora do crédito e deve ser efetuada com base em critérios consistentes e verificáveis, amparada por informações internas e externas, contemplando, pelo menos, os seguintes aspectos: I – em relação ao devedor e seus garantidores: a) situação econômico-financeira; b) grau de endividamento; c) capacidade de geração de resultados; d) fluxo de caixa; e) administração e qualidade de controles; f) pontualidade e atrasos nos pagamentos; g) contingências; h) setor de atividade econômica; i) limite de crédito; II- em relação à operação: a) natureza e finalidade da transação; b) características das garantias, particularmente quanto à suficiência e liquidez; c) valor. Parágrafo único. A classificação das operações de crédito de titularidade de pessoas físicas deve levar em conta, também, as situações de renda e de patrimônio bem como outras informações cadastrais do devedor".

é, conceder empréstimos num volume de capital superior ao autorizado pelo Banco Central. Diferentemente do primeiro exemplo, não realiza a fraude por meio da inserção de dados incorretos, a fim de obter um melhor nivelamento das operações que realiza com seus clientes. A escolha se dá por fraudar o balanço interno do banco, de modo a fazer constar como resultados positivos "receitas e encargos de qualquer natureza relativos a operações de crédito que apresentem atraso igual ou superior a sessenta dias", o que inequivocamente é vedado pelo artigo 9º da mesma Resolução.[557]

Nesse caso, no mesmo sentido do primeiro exemplo, o dolo da conduta consiste na realização da fraude. Entretanto, a intencionalidade de realização da conduta não é a mesma da obtenção de indevida vantagem para outrem, uma vez que a finalidade da gestão fraudulenta aqui é buscar, ainda que de forma ilícita, maiores lucros ao banco (indevida vantagem para si). Decerto a ilicitude dessa conduta é erigida a partir da situação de perigo ao patrimônio dos sócios e dos investidores, uma vez que o atraso, ou até mesmo, a eventual inadimplência dos tomadores de empréstimo pode acarretar uma situação de dificuldade financeira ao banco. Condição que, sem dúvida alguma, é legitimamente reconhecida como de uma "possibilidade não insignificante de dano/violação ao bem jurídico". Ocorre, todavia, que essa proposta de leitura do ilícito-típico não encontra amparo perfeito na positividade legal, pois inexiste no tipo a presença de um elemento subjetivo especial destacado do dolo. Por isso, para a consumação delitiva, pouco importa a intencionalidade do agente na realização da fraude.

Não há dúvida que se esse elemento subjetivo especial viesse a ser incluído, alcançaria-se normatividade capaz de aclarar a delimitação do âmbito de legitimidade do ilícito de gestão fraudulenta, tornar o crime mais próximo e adequado aos problemas criminológicos que se prentende enfrentar, determinar os critérios vinculativos de imputação da conduta, além de melhorar a diferenciação da contribuição a título de autoria e de participação.[558]

É por seguir nessa linha que se pretende oferecer proposta *de lege ferenda*, a fim de incluir na redação do ilícito-típico passagem relativa à intencionalidade de beneficiamento de terceiro ou do próprio agente no cometimento da fraude. Elemento que, a partir da inclusão, se tornaria

---

[557] "Art. 9º É vedado o reconhecimento no resultado do período de receitas e encargos de qualquer natureza relativos às operações de crédito que apresentem atraso igual ou superior a sessenta dias, no pagamento de parcela de principal ou encargos".

[558] Sobre a especificidade da determinação da autoria nos crimes com elementos subjetivos especiais, ver DIAS, Jorge de Figueiredo. *Direito Penal. Parte Geral. Questões fundamentais da doutrina geral do crime*. 2ª ed. Coimbra: Coimbra Editora, 2007, p. 770.

essencial para a configuração da gestão fraudulenta, de modo que – além da presença do dolo na condição de elemento subjetivo geral do tipo –, também se faria necessário o reconhecimento da intenção do agente em obter vantagem patrimonial – entendido como elemento subjetivo especial – para a constatação da ocorrência do crime. E isso poderia se dar perfeitamente com aproveitamento do texto já existente e apenas fazer incluir a intenção caraterística da técnica de tutela do resultado cortado "Gerir fraudulentamente instituição financeira com a finalidade de obter para si ou para terceiro benefício patrimonial". Ou, ainda, talvez, numa redação mais próxima do modelo utilizado na Alemanha e em Portugal, "Quem realiza a fraude na gestão de instituição financeira com a intenção de obter benefício para si para terceiro benefício patrimonial".

5.3. Esclarecimentos finais em relação ao atual ilícito-típico subjetivo

Uma questão a respeito do alcance teleológico do ilícito carece de maior realce discursivo, desse modo, com intuito de encaminhar as considerações derradeiras, questiona-se: poderá haver juízo positivo de subsunção quando não existir dolo de ofender ao patrimônio na conduta do agente?

A realização da fraude sem a presença do dolo, elemento subjetivo geral requerido pelo tipo, implica necessariamente a atipicidade da conduta em relação ao crime de gestão fraudulenta. Isso não significa, muito pelo contrário, que toda a vez que houver a ocorrência de fraude, movida por algum interesse patrimonial ilegítimo, esteja necessariamente caraterizado um caso de gestão fraudulenta. E se isso é verdade, se realmente existe hipótese de fraudes – diga-se, intencionalmente realizadas – que não são relevantes penalmente,[559] parece claro que o crime não pode ser entendido de mera desobediência ao preceito normativo. Ou seja, o critério distintivo é a necessidade de ocorrência de um resultado material que se vai conjugar ao desvalor da conduta anteriormente estabelecido. Assim, enquanto a fraude não for capaz de afetar o âmbito de proteção criado ao entorno do patrimônio, de modo a persistir a confiança oscilando nos parâmetros razoáveis para o funcionamento do sistema, não há de se falar em crime. A ilicitude não se esgota na mera vontade livre de

---

[559] No caso do crime de estelionato, por exemplo, a mera ocorrência da fraude é incapaz de realizar o delito, necessitando se averiguar se a intenção de obtenção de vantagem ilícita foi atingida ou, pelo menos, causou prejuízo ao patrimônio da vítima. O que, em outras palavras, poderia ser descrito como ofensa ao bem jurídico-penal (PRADO, Luiz Regis. *Curso de Direito Penal Brasileiro. Parte Especial*. São Paulo: Revista dos Tribunais, 2000. v. 2, p.508-509).

realização da fraude, ainda que esta provoque uma ofensa na modalidade dano/violação ao bem jurídico verdade e transparência, uma vez que o desvalor jurídico da conduta, que a identifica e a delimita, somente se perfectibiliza, à medida que os efeitos da fraude produzem ofensividade de resultado de perigo/violação ao bem jurídico patrimonial.

Conclusões

De tudo que foi investigado e desenvolvido, podem-se destacar, ainda que parcialmente, algumas proposições finais:

1. Os movimentos de financeirização e de monetarização da riqueza impõem a necessidade de uma tutela jurídica adequada ao tratamento da complexa e dinâmica questão econômico-financeira. A criminalidade financeira, não raras vezes, tende a produzir reflexos econômicos – quer pela amplitude, quer pela intensidade das consequências – irrestritos ao âmbito no qual foi praticada a conduta.

2. O Sistema Financeiro Nacional encontra ressonância constitucional, no sentido de indicar as diretrizes a serem protegidas, com maior especificidade, pela legislação ordinária. Tutela que adequadamente pode ocorrer por meio da intervenção penal, desde que em consonância com os limites materiais ou fundamentos normativos disciplinares do Direito Penal.

3. Em que pese a destacada relevância político-criminal da intervenção penal no Sistema Financeiro Nacional, tal realidade não justifica a criação de um espaço de exceção nas ordens jurídico-constitucional e jurídico-penal. As linhas de força e de atração entre os dois ordenamentos estabelecem o modelo constitucional de crime como ofensa a bens jurídico-penais. Assim sendo, nem a dificuldade de reconhecer quais são os valores preponderantes, nem o problema de encontrar valores com concretude e especificidade suficientes para ostentar dignidade penal são justificativas plausíveis para a criminalização de condutas por meio de exceções ou de alternativas jurídico-teoréticas.

4. No âmbito do sistema financeiro, a tutela penal de funções socioeconômicas ou de funções governamentais – além de implicar a inobservância do modelo constitucional de crime – não se mostra um recurso necessário, pois é perfeitamente possível o reconhecimento de valores conformadores e estruturantes da sua realidade operatória.

5. A confiança, nessa linha, representa um pressuposto fundamental, que permeia toda e qualquer relação econômica, o que se apresenta

ainda mais notável no dinamismo das práticas financeiras. A confiança no Sistema Financeiro Nacional, mesmo que incapaz de ser protegida em toda a sua amplitude, pode ser tutelada penalmente quando concretizada em bens jurídicos com dignidade penal.

6. A redação do crime de gestão fraudulenta não desfruta de legitimidade constitucional caso entendida como ilícito de mera desobediência à lei ou, em outros termos, ilícito de violação de dever legal e aplicada sem o necessário acertamento material do resultado jurídico da fraude. É imprescindível, portanto, a compreensão hermenêutico-aplicativa do ilícito-típico adequada ao modelo constitucional de crime como ofensa a bem jurídico-penal.

7. O crime de gestão fraudulenta – previsto no artigo 4°, *caput*, da Lei 7.492 – tutela dois bens jurídico-penais supraindividuais associados, ou seja, protege, de um lado, a verdade e a transparência e, de outro, o patrimônio. Valores que devem ser entendidos, na esteira das linhas caracterizadoras do Direito Penal Secundário, como bens jurídicos que extrapolam a singularidade dos indivíduos diretamente ligados à vida da instituição financeira. Isto é, para além do interesse dos sócios, investidores, trabalhadores e credores, identifica-se o bem jurídico supraindividual de titularidade difusa.

8. A controvertida técnica de tutela do crime de resultado cortado – se olhada a partir da exigência constitucional de ofensividade – pode ser normativamente recuperada, e, desse modo, oferecer contribuição significativa à hermenêutica do tipo objetivo do crime de gestão fraudulenta.

9. A dita incongruência típica do ilícito de resultado cortado, alegada por parte da doutrina, não persiste caso seja seguido o referencial do modelo constitucional de crime e, por consequência, a consumação do delito somente ocorrer se a intenção do agente – elemento subjetivo especial do tipo – resultar em ofensa aos bens jurídicos tutelados.

10. Em termos objetivos, o ilícito-típico de resultado cortado decorre da combinação de duas técnicas de tutela para a proteção de bens jurídicos distintos, por isso a conduta deve causar uma "ofensa de dano/violação" a um primeiro bem jurídico e, ainda, uma "ofensa de perigo/violação" a um segundo bem jurídico.

11. A atual redação do ilícito-típico de gestão fraudulenta – em semelhança a estrutura objetiva do crime de resultado cortado – foi arquitetada de maneira a tutelar o patrimônio, em uma condição mais protegida, e o bem jurídico verdade e transparência em uma posição ofensivamente mais vulnerável. Nesse entender, para que a fraude denote relevância penal deve provocar ofensa de dano/violação à verdade e a transparência e, ao menos, ofensa de perigo/violação ao patrimônio.

12. A ofensa de perigo/violação deve ser compreendida como portadora de desvalor de resultado característico do perigo abstrato, o qual tem como designação a interferência desvaliosa da conduta do agente na esfera de manifestação do patrimônio, apresentando acertamento material por meio da categoria "possibilidade não insignificante de dano ao bem jurídico".

13. Uma vez adequadas às exigências constitucionais para o acertamento material do resultado da conduta de gestão fraudulenta, o ilícito-típico adquire plena legitimação normativa e constitucional, tornando-se apto ao desempenho da tarefa político-criminal de tutela de valores imprescindíveis para o Sistema Financeiro Nacional.

14. A título de considerações *de lege ferenda* no sentido de melhorar a determinação da positividade jurídica das condutas que político-criminalmente se pretende evitar, sugere-se a redescrição legal do crime de gestão fraudulenta a fim de introduzir na redação do tipo uma elementar subjetiva especial. A intenção de beneficiamento próprio ou de terceiro por meio da gestão fraudulenta permite distinguir com nitidez, em termos subjetivos, a finalidade de realização da fraude pelos administradores e, logo, elidir a relevância penal de singelos casos de má gestão.

Bibliografia

ABREU, João Manoel Coutinho. *Deveres de cuidado e de lealdade dos administradores e interesse social.* Reforma do código das sociedades. Coimbra: Almedina, 2007. p.17-47.
ALEXY, Robert. *Teoria de los derechos fundamentales.* Madrid: Centro de Estudios Constitucionales, 1997.
ALMEIDA, Custódio Luís Silva de. Hermenêutica e dialética. Hegel na perspectiva de Gadamer. *Hermenêutica filosófica: nas trilhas de Hans-Georg Gadamer.* Porto Alegre: Edipucrs, 2000. p. 61-116.
ALTVATER, Elmar. Uma nova arquitetura financeira ou o bem-público global da estabilidade financeira. *Globalização e justiça II.* Porto Alegre: Edipucrs, 2005. p. 87-117.
ANDRADE, José Carlos Vieira de. *Os direitos fundamentais na constituição portuguesa de 1976.* 3ª ed. Coimbra: Almedina, 2006.
ANDRADE, Manuel da Costa. *A nova lei dos crimes contra a economia (Dec-lei nº 28/84 de 20 de janeiro) à luz do conceito de bem jurídico.* Coimbra: Centro de estudos judiciários. Separata da 1ª edição do ciclo de estudos de direito penal econômico, 1985.
——. *Consentimento e acordo em Direito Penal. Contributo para a fundamentação de um paradigma dualista.* Coimbra: Coimbra Editora, 1991.
——. A "dignidade penal" e a "carência de tutela penal" como referências de uma doutrina teleológico-racional do crime. *Revista Portuguesa de Ciência Criminal.* Lisboa: Editorial Aequitas, 1992. a. 2, f. 2. p. 173-205.
——. Comentário ao artigo 235 do Código Penal. *Comentário Coimbricense ao Código Penal. Parte especial.* Coimbra: Coimbra Editora, 1999. t. II. p. 540-557.
——. A fraude fiscal – dez anos depois – ainda um "crime de resultado cortado". *Direito penal económico e europeu. Textos doutrinários.* Coimbra: Coimbra Editora, 2009. v. 3. p. 255-291.
——. *Direito penal médico. Sida: testes arbitrários, confidencialidade e segredo.* Coimbra: Coimbra Editora, 2004.
ASHWORTH, Andrew. *Principles of criminal law.* 6. Ed. Oxford: University Press, 2009.
ARAÚJO JÚNIOR, João Marcello de. Os crimes contra o sistema financeiro no esboço de nova parte especial do Código Penal de 1994. *Revista Brasileira de Ciências Criminais.* São Paulo: Revista dos Tribunais, 1995. a. 3. n. 11. p. 145-165.
ARIÑO ORTIZ, Gaspar. *Principios de Derecho Publico Economico.* Granada: Comares, 1999.
AVILÁ, Humberto. Repensando o "princípio da supremacia do interesse público sobre o particular". *Revista Trimestral de Direito Público.* São Paulo: Malheiros, 1998. nº 24 p. 159-180.
——. *Teoria dos princípios: da definição a aplicação dos princípios jurídicos.* São Paulo: Malheiros, 2003.
BAJO, Miguel; BACIGALUPO, Silvina. *Derecho Penal Econômico.* Madrid: Editorial Centro de Estúdios Ramón Areces, 2001.
BALTAZAR JUNIOR, José Paulo. *Crimes federais.* Porto Alegre: Livraria do Advogado, 2006.
BARBERO DOS SANTOS, Marino. Los delitos socio-economico en España. *Estudios em homenagem ao prof. Eduardo Correia.* Coimbra: Universidade de Coimbra, 1984. p. 259-287.
BARBOSA, Livia. O antropólogo como consultor organizacional: das tribos exóticas às grandes empresas. *Igualdade e meritocracia. A ética do desempenho nas sociedades modernas.* 2ª ed. São Paulo: Fundação Getúlio Vargas. p. 164-197.
BASTOS, Celso Ribeiro. *Comentários à Constituição do Brasil.* 2ª ed. São Paulo: Saraiva, 2000. v. 7.
BATISTA, Nilo. *Introdução crítica ao direito penal brasileiro.* 11ª ed. Rio de Janeiro: Renavan, 2007.

BAUMER, Franklin. *O Pensamento Europeu Moderno. Séculos XVII e XVIII*. Lisboa: Edições 70, 1977. v. 1.
BECK, Ulrich. *La Sociedad del Riesgo*. Barcelona: Paidós, 1998.
BELEZA, José Manuel Merêa Pizarro. Notas sobre o Direito Penal das sociedades comerciais. *Revista de Direito e Economia*. Coimbra: Instituto Interdisciplinar de Estudos Jurídico-Econômicos, 1977. n. 3. p. 267-295.
BINATO JÚNIOR, Otávio. *O fim das certezas? O Direito Penal na sociedade do risco*. Monografia de conclusão de curso de graduação na Faculdade de Direito da PUCRS, 2004. p. 51-54.
BITENCOURT, Cezar Roberto. *Tratado de Direito Penal. Parte geral*. 10 ed. São Paulo: Saraiva, 2006. v. 1.
——; BREDA, Juliano. *Crimes contra o sistema financeiro nacional & contra o mercado de capitais*. Rio de Janeiro: Lumen Juris, 2010.
BOBBIO, Norberto. *Teoria do Ordenamento Jurídico*. 10ª ed. Brasília: UnB, 1999.
——. *A era dos direitos*. 17ª ed. Rio de Janeiro: Campus, 1992.
BOCKELMANN, Paul; VOLK, Claus. *Strafrecht. Allgemeiner Teil*. 4ª ed. München: Beck Verlag, 1987.
BONAVIDES, Paulo. O princípio constitucional da proporcionalidade e o respeito aos direitos fundamentais. *Revista da Faculdade de Direito da Universidade de Belo Horizonte*. Belo Horizonte, 1994. nº 34. p. 275-291.
BOURDIEU, Pierre. O Campo Econômico. *Revista de Sociologia Política*. Florianópolis: Cidade Futura, 2005. nº 6. p. 15-57.
BREDA, Juliano. *Gestão fraudulenta de instituição financeira e dispositivos processuais da Lei 7492/86*. Rio de Janeiro: Renovar, 2002.
BRONZE, Fernando José. Argumentação Jurídica: O Domínio do Risco ou o Risco Dominado? (tópicos para um diálogo pedagógico). *Boletim da Faculdade de Direito*. Coimbra: Coimbra Editora, 2000. v. LXXVI. p. 13-33.
——. *Lições de Introdução ao Direito*. 2ª ed. Coimbra, Coimbra Editora, 2006.
BRUNO, Anibal. *Direito Penal. Parte Geral*. 4ª ed. Rio de Janeiro: Forense, 1984.
BRÜSEKE, Franz Josef. *A técnica e os riscos da modernidade*. Florianópolis: UFSC, 2001.
BUSTOS RAMÍREZ, Juan. *Bases críticas de un nuevo Derecho Penal*. Bogotá: Themis, 1982.
——. *Manual de Derecho Penal Español. Parte General*. Barcelona: Editorial Ariel, 1984.
CADOPPI, Alberto; VENEZIANI, Paolo. *Elementi di Diritto Penale. Parte Generale*. 2ª ed. Milano: Cedam, 2004.
CAEIRO, Pedro. Comentários ao crime de sabotagem. *Comentários Conimbricense do Código Penal*. Coimbra: Coimbra Editora, 1999. t. 3. p. 232-238.
CAMARGO, Ricardo Antônio Lucas. *Direito Econômico: aplicação e eficácia*. Porto Alegre: Sergio Fabris, 2001.
CANOTILHO, José Joaquim Gomes. Teoria da legislação geral e teoria da legislação penal. *Boletim da Faculdade de Direito de Coimbra*. Coimbra: Coimbra Editora, 1984, p. 827-858.
——. *Direito Constitucional e Teoria da Constituição*. 4ª ed. Coimbra: Almedina, 2000.
——. Os impulsos modernos para uma teoria da legislação. *Legislação.Cadernos de ciência da legislação*. Oeiras, 2001. n.1. p. 7-14.
——. Tomemos a sério os direitos económicos, sociais e culturais. *Estudos sobre direitos fundamentais*. Coimbra: Coimbra Editora, 2004.
——. Dogmática de direitos fundamentais e direito privado. *Estudos de sobre direitos fundamentais*. 2ª ed. Coimbra Editora, 2008, p. 191-215.
——; MOREIRA, Vital. *Constituição da República Portuguesa Anotada*. Coimbra: Coimbra Editora, 1993.
——. *Constituição da República Portuguesa Anotada*. Coimbra: Coimbra Editora, 2004. v. I
CARVALHO, Américo Taipa de. Comentário ao artigo 224. *Comentários conimbricense do Código Penal*. Coimbra: Coimbra Editora, 1999. t. II. p. 362-372.
——. *Direito Penal.Parte Geral. Questões fundamentais. Teoria geral do crime*. 2ª ed. Coimbra: Coimbra Editora, 2008.
CASTILHO, Ela Wiecko de. *O controle penal nos Crimes contra o Sistema Financeiro Nacional. (Lei 7492, de 16 de junho de 1986)*. Belo Horizonte: Del Rey, 1998.
CAVALIERI FILHO, Sergio. *Programa de responsabilidade civil*. 5ª ed. São Paulo: Malheiros, 2003.

CERVINI, Raúl; OLIVEIRA, William Terra de; GOMES, Luiz Flávio. *Lei de lavagem de capitais*. São Paulo: Revista dos Tribunais, 1998.

CHANCELLOR, Edward. *Salve-se quem puder: uma história da especulação financeira*. Trad. Laura Teixeira da Mota. São Paulo: Companhia das Letras, 2001.

CHESNAIS, François. *A mundialização do Capital*. Tradução Silvana Finzi Foá. São Paulo: Xamã Editora, 1996.

CORREIA, Eduardo. Introdução ao Direito Penal Económico. *Revista Direito e Economia*. Coimbra: Coimbra Editora, 1977. n. 3. p. 3-33.

——. *Direito Criminal*. Reimpressão. Coimbra: Coimbra Editora, 2007. v. 1.

CORSETTI, Michelangelo Cervi. *Insider Trading: o crime de uso indevido de informação privilegiada no mercado de capitais*. Dissertação de Mestrado em Ciências Criminais – Pontifícia Universidade Católica do Rio Grande do Sul. Faculdade de Direito, 2009.

COSTA, Antônio Manuel de Almeida. Comentários ao crime de burla. *Comentário conimbricense ao Código Penal*. Coimbra: Coimbra Editora, 1999. t. 2. p. 274-310.

COSTA, José de Faria. *O perigo em Direito Penal*. Coimbra: Coimbra Editora, 1992.

——. Um olhar cruzado entre a constituição e o processo penal. *A justiça dos dois lados do atlântico. Teoria e prática do processo criminal em Portugal e nos Estados Unidos da América*. Lisboa: Fundação Luso-Americana para o Desenvolvimento, 1997. p. 187-208.

——. O Direito Penal, a informática e a reserva da vida privada. *Direito Penal da comunicação: alguns escritos*. Coimbra: Coimbra Editora, 1998. p. 63-82.

——. A responsabilidade jurídico-penal da empresa e dos seus órgãos (ou uma reflexão sobre a alteridade nas pessoas colectivas, à luz do direito penal). *Direito penal económico e europeu. Textos doutrinários*. Coimbra: Coimbra Editora, 1998. v.1. p. 501-517.

——. O direito Penal Econômico e as causas implícitas de exclusão da ilicitude. *Temas de Direito Penal Econômico*. São Paulo: Revista dos Tribunais, 2000. p. 136-157.

——. Ilícito-típico, resultado e hermenêutica (ou o retorno a limpidez do essencial). *Revista Portuguesa de Ciência Criminal*. Coimbra: Coimbra Editora, 2002. a. 12. f. 1. p. 7-23.

——. A globalização e o direito penal (ou o tributo da consonância ao elogio da incompletude). *Revista de Estudos Criminais*. Sapucaia do Sul: Notadez, 2002. a. 2. n. 6. p. 26-34.

——. *Direito Penal Econômico*. Coimbra: Quarteto Editora, 2003.

——. O direito, a fragmentaridade e o nosso tempo. *Linhas de direito penal e de filosofia. Alguns cruzamentos reflexivos*. Coimbra: Coimbra Editora, 2005. p. 9-26.

——. Em redor do nomos. Ou a procura de um novo nomos para o nosso tempo. *Linhas de Direito Penal e de Filosofia. Alguns cruzamentos reflexivos*. Coimbra: Coimbra editora, 2005. p. 191- 203.

——. Poder e Direito Penal (atribulações em torno da liberdade e da segurança). *Revista Científica da Universidade Lusófona do Porto*. Porto, 2006. a.1. n.1. p. 291-305.

——. A criminalidade de um mundo globalizado: ou *plaidoyer* por um direito penal não-securitário. *Direito Penal Especial, Processo Penal e Direitos Fundamentais: Visão Luso-brasileira*. São Paulo: Quartier Latin, 2006. p. 89-99.

——. *Noções fundamentais de direito penal. Fragmenta iuris poenalis. Introdução*. Coimbra: Coimbra Editora, 2007.

——. *Direito Penal Especial. Contributo a uma sistematização dos problemas "especiais" da parte especial*. Coimbra: Coimbra Editora, 2007.

——. *Noções fundamentais de direito penal. Fragmenta iuris poenalis. Introdução*. 2ª ed. Coimbra: Coimbra Editora, 2009.

COSTA, José de Costa; RAMOS, Maria Elisabete. *O crime de abuso de informação privilegiada(insider trading). A informação enquanto problema jurídico-penal*. Coimbra: Coimbra Editora, 2006.

COSTA JUNIOR, Paulo José; QUEIJO, Mària Elizabeth; MACHADO, Charles Marcildes. *Crimes de Colarinho Branco*. São Paulo: Saraiva, 2000.

CRETELLA JUNIOR, José. *Comentários à Constituição brasileira de 1988*. Rio de Janeiro: Forense, 1993. v. VIII.

CUNHA, Maria da Conceição Ferreira da. *Constituição e crime. Uma perspectiva da criminalização e da descriminalização*. Porto: Universidade Católica Portuguesa, 1995.

D'AVILA, Fabio Roberto. *Ofensividade e Crimes Omissivos Próprios (contributo à compreensão do crime como ofensa ao bem jurídico)*, Studia Iuridica n.85. Coimbra: Coimbra Editora, 2005.

———. O inimigo no Direito Penal contemporâneo. Algumas reflexões sobre o contributo crítico de um Direito Penal de base onto-antropológica. *Sistema penal e violência*. Rio de Janeiro: Lumen Juris, 2006. p. 99-103.

———. Direito Penal e Direito Sancionador. Sobre a identidade do Direito Penal em tempos de indiferença. *Revista Brasileira de Ciências Criminais*. São Paulo: Revista dos Tribunais, 2006. n° 60. p. 9-35.

———. O modelo de crime como ofensa a bem jurídico. Elementos para a legitimação do Direito Penal Secundário. *Direito Penal Secundário: Estudos sobre Crimes Econômicos, Ambientais, Informáticos e outras questões*. São Paulo/Coimbra: Editora Revista dos Tribunais/Coimbra Editora, 2006. p. 71-96.

———. O ilícito penal nos Crimes Ambientais. Algumas reflexões sobre a ofensa a bens jurídicos e os Crimes de Perigo Abstrato no âmbito do Direito Penal Ambiental. *Revista Brasileira de Ciências Criminais*. São Paulo: Revista dos Tribunais, 2007. n. 67. p. 29-58.

———. O Direito e a Legislação Penal Brasileiros no séc. XXI. Entre a normatividade e a Política Criminal. *Justiça Penal Portuguesa e Brasileira – tendências de reforma. Colóquio em homenagem ao Instituto Brasileiro de Ciências Criminais*. São Paulo: IBCCRIM, 2008. p. 65-84.

DELITALA, Giacomo. *Il 'fatto' nella teoria generale del reato*. Padova: Cedam, 1930.

DELMANTO, Celso; DELMANTO JÚNIOR, Roberto; ALMEIDA, Fabio de. *Código penal comentado*. Rio de Janeiro: Renovar, 2002.

DERMIGÜÇ-KUNT, Ash; DETRAGIACHE, Enrica. Financial liberalization and financial fragility. *Financial Liberalization: how far? How fast?*. Cambridge: Cambridge University Press, 2001. p. 96--122.

DIAS, Augusto Silva. De que direito penal precisamos nós europeus? Um olhar sobre algumas propostas recentes de constituição de um direito penal comunitário. *Direito Penal Especial, Processo Penal e Direitos Fundamentais: Visão Luso-brasileira*. São Paulo: Quartier Latin, 2006. p. 335-351.

———. Linhas gerais do regime jurídico dos crimes contra os interesses dos consumidores no anteprejecto de código do consumidor. *Direito penal económico e europeu. Textos doutrinários*. Coimbra: Coimbra editora, 2009. v.3. p. 557-575.

DIAS, Eduardo Rocha. *Sanções administrativas aplicáveis a licitantes e contratados*. São Paulo: Dialética, 1997.

DIAS, Jorge de Figueiredo. *O problema da consciência da ilicitude em Direito Penal*. 4ª ed. Coimbra: Coimbra Editora, 1995.

———. *Questões fundamentais do Direito Penal Revisitadas*. São Paulo: Revista dos Tribunais, 1999.

———. Para uma dogmática do Direito Penal Secundário. Um contributo para a reforma do Direito Penal Económico e social português. *Temas de Direito Penal Económico*. São Paulo: Revista dos Tribunais, 2000. p. 11-63.

———. O papel do Direito Penal na proteção das gerações futuras. *Boletim da Faculdade de Direito*. Coimbra: Coimbra Editora, 2003. n. LXXV, p.1123-1138.

———. *Direito Penal. Parte Geral. Questões fundamentais da doutrina geral do crime*. Coimbra: Coimbra Editora, 2004.

———. *Direito Penal. Parte Geral. Questões fundamentais da doutrina geral do crime*. 2ª ed. Coimbra: Coimbra Editora, 2007.

DIAS, Jorge de Figueiredo e ANDRADE, Manuel da Costa. O crime de fraude fiscal no novo Direito Penal Tributário português (considerações sobre a factualidade típica e o concurso de infrações). *Revista Brasileira de Ciências Criminais*. São Paulo: Revista dos Tribunais, 1996. a. 4. n. 13. p. 54-78.

———. Problemática geral das infrações contra a economia nacional. *Temas de Direito Penal Económico*. São Paulo: Revista dos Tribunais, 2000. p. 64-98.

DÍEZ RIPOLLÉS, José Luis. *Los elementos subjetivos del delito. Bases metodológicas*. 2° ed. Montevideo, 2007.

DILGUERIAN, Mirian Gonçalves. Princípio da proporcionalidade e sua implicação no Direito Penal. *Revista de Direito Constitucional e Internacional*. São Paulo: Revistas dos Tribunais, 2003. v. 11. n° 43. p. 168-207.

DOLCINI, Emilio; PALIERO, Carlo Enrico. *O Direito Penal Bancário*. Curitiba: Juruá, 1992.

———; MARINUCCI, Giorgio. Constituição e escolha dos bens jurídicos. *Revista Portuguesa de Ciência Criminal*. Coimbra: Coimbra Editora, 1994. a. 4. fasc. 2. p. 151-198.

DONINI, Massimo. La relación entre derecho penal y politica: método democrático y método científico. *Crítica y justificación del derecho penal en cambio del siglo. El análisis crítico de la escuela de Frankfurt*. Cuenca: Ediciones de la Universidad de Castilla-la-Mancha, 2003.p. 69-97.

DOWNES, John; GOODMAN, Jordand Elliot. *Dicionário de temas financeiros e de investimentos*. Lisboa: Plátano, 1995.

DUPONT, Yves. *Dictionnaire des risques*. Paris: Armand Colin, 2003.

EBERT, Udo. *Strafrecht. Allgemeiner Teil*. 2ª ed. Heidelberg: C. F. Müller Verlag, 1994.

FARALDO CABANA, Patricia. Los negocios de riesgo en el Codigo Penal de 1995. *Estudios penales y criminologicos*. Santiago de Compostela: Servicio de Publicaciones, 1996. nº XIX. p. 165-201.

FELDENS, Luciano. *A Constituição Penal. A dupla face da proporcionalidade no controle de normas penais*. Porto Alegre: Livraria do Advogado, 2005.

FERNANDES, Carla; MARTINS, Antonio. *A teoria financeira tradicional e a psicologia dos investidores: uma síntese*. Coimbra: Gráfica de Coimbra, 2003.

FERNÁNDEZ TERUELO, Javier Gustavo. Comentário al artículo 295. In: COBO DEL ROSAL, Manuel. *Comentarios al código penal*. Madrid: Edersa, 1999. p. 571-594.

FERRAZ JUNIOR, Tércio Sampaio. Prefácio. In: NUSDEO, Fabio. *Curso de economia: introdução ao Direito Econômico*. 4ª ed. São Paulo: Revista dos Tribunais, 2005.

FIORE, Carlo. Il princípio di offensività. *L'indice penale, Padova: Cedam*, 1994. a. 28. n.2. p. 275-288.

FIORELLA, Antonio. *Trattato di Diritto Comerciale e di Diritto Publico dell'economia. Il Diritto Penale dell'impresa*. Milano: Cedam, 2001.

FLICK, Giovanni Maria. Riflessioni sull'evoluzione del diritto penale del credito. *Il diritto penale alla svolta di fine millenio. Atti del Convegnio in ricordo di Franco Bricola*. Torino: G. Giappichelli Editore, 1998, p. 134-138.

FOFFANI, Luigi. L'infedeltà patrimoniale verso una nuova fattispecie penale. *Rivista Trimestrale de Diritto Penale dell'economia*. Padova: Cedam, 1995. a. 8. nº 2-3. Aprile – settembre, p. 457- 477.

FORTUNA, Eduardo. *Mercado Financeiro: produtos e serviços*. 11ª ed. Rio de Janeiro: Qualitymark, 1999.

FRAGOSO, Heleno Claudio. *Lições de Direito Penal. Parte Geral*. 16ª ed. Rio de Janeiro: Forense, 2003.

FRANCO, Alberto Silva. Globalização e criminalidade dos poderosos. *Temas de Direito Penal Econômico*. São Paulo: Revista dos Tribunais, 2000. p. 235-277.

FRANCO, Alberto Silva; STOCO, Rui. *Código penal e sua interpretação*. 8ª ed. São Paulo: Editora Revista dos Tribunais, 2007.

FRIEDMAN, Thomas. *O mundo é plano: uma breve história do século XXI*. Rio de Janeiro: Objetiva, 2005.

GADAMER, Hans-Georg. Da palavra ao conceito. *Hermenêutica filosófica: nas trilhas de Hans-Georg Gadamer*. Porto Alegre: Edipucrs, 2000. p. 13-26.

GARCIA, Basileu. *Instituições de Direito Penal*. 4ª ed. São Paulo: Max Limonad, 1971. v.1, t.1.

GAUER, Ruth Maria Chittó. *A Modernidade Portuguesa e a Reforma Pombalina de 1772*. Porto Alegre: Edipucrs, 1996.

——. *O Reino da Estupidez e o Reino da Razão*. Rio de Janeiro: Lumen Juris, 2006.

GIANSANTI, Roberto. *O desafio do desenvolvimento sustentável*. São Paulo: Atual, 1998.

GIDDENS, Anthony. *As Conseqüências da Modernidade*. São Paulo: UNESP, 1991.

——. *Modernidad y Identidad del yo*. Barcelona: Ediciones Península, 1995.

GIDDENS, Anthony; BECK, Ulrich; LASH, Scott. *Modernização reflexiva. Política, Tradição e Estética na ordem social moderna*. São Paulo: UNESP, 1997.

GOLDBLATT, David. *Teoria Social e Ambiente*. Lisboa: Instituto Piaget, 1996.

GOMES, Luiz Flávio. Notas distintivas do Crime de Gestão Fraudulenta: art. 4º da Lei 7.492/86. A questão das contas-fantasmas. *Temas de Direito Penal Econômico*. São Paulo: Revista dos Tribunais, 2000. p. 356-369.

GOMES, Orlando. *Obrigações*. 13ª ed. Rio de Janeiro: Forense, 2000.

GRASSO, Giovanni. L'anticipazione della tutela penale: i reati di pericolo e reati di attentato. *Rivista Italiana di Diritto e Procedura Penale*. 1986. p. 659-728.

GRAU, Eros Roberto. *A Ordem Econômica na Constituição de 1988*. 8ª ed. São Paulo: Malheiros, 2003.

GRECO, Luís. "Princípio da Ofensividade" e Crimes de Perigo Abstrato – uma introdução ao debate sobre o bem jurídico e as estruturas do delito. *Revista Brasileira de Ciências Criminais*. São Paulo: Revista dos Tribunais, 2004. nº 49. p. 89-147.

GUIRAO, Rafael Alcácer. *Sobre el concepto de delito: lesión del bien jurídico o lesión de deber?* Buenos Aires: Ad-Hoc, 2003.
HAFT, Fritjof. *Strafrecht. Allgemeiner Teil.* 7ª ed. München: Beck, 1996.
HAUF, Claus Jürgen. *Strafrecht. Allgemeiner Teil.* 2ª ed. Neuwied; Kriftel: Luchterhand, 2001.
HASSEMER, Winfried. Lineamentos de uma teoria personal general del bien jurídico. *Doctrina Penal.* Buenos Aires: Depalma, 1989. p. 275-285.
HEGLER, August. Die Merkmale des Verbrechens. *ZeitSchrift für die gesamte Strafrechtwissenschaft.* Berlim, 1915. v. 36. p. 19-44.
HEIDEGGER, Martin. *Serenidade.* Lisboa: Piaget, 2000.
———. Questão da técnica. *Ensaios e Conferências.* Rio de Janeiro: Vozes, 2001.
HESSE, Konrad. *A força normativa da Constituição.* Porto Alegre: Fabris, 1991.
HUNGRIA, Nelson; FRAGOSO, Heleno. *Comentários ao código penal.* 5ª ed. Rio de Janeiro: Forense, 1979. v. 5.
JAKOBS, Günther. *Derecho Penal: Parte General. Fundamentos y teoria de la imputación.* Madrid: Marcial Pons, 1997.
———. *Sociedade, Norma e Pessoa: teoria de um Direito Penal Funcional.* São Paulo: Manole, 2003.
———. O que protege o Direito Penal: o bem jurídico ou a vigência da norma? *Direito Penal e Funcionalismo.* Porto Alegre: Livraria do Advogado, 2005. p. 31-52.
JESCHECK, Hans-Heinrich. *Tratado de Derecho Penal. Parte General.* Trad. Miguel Olmedo Cardenete. Granada: Comares Editorial, 1993.
JESUS, Damásio de. *Código penal anotado.* 7ª ed. São Paulo: Saraiva, 1997.
JIMÉNEZ DE ASÚA, Luis. *La Ley y el Delito. Curso de Dogmatica Penal.* Caracas: Editorial Andrés Bello, 1945.
KÖHLER, Michael. *Strafrecht Allgemeiner Teil.* Berlin/Heidelberg: Springer Verlag, 1997.
LAFER, Celso. *A reconstrução histórica dos Direitos Humanos: um diálogo com o pensamento de Hannah Arendt.* São Paulo: Companhia das Letras, 1988.
LAMPE, Ernst Joachim. Sobre la estructura ontológica del injusto punible. Trad. Carlos Gómez-Jara Díez. *Revista de Estudos Criminais.* São Leopoldo: Nota dez, 2004. a.4, n.16. p. 31-47.
LEAL-HENRIQUES, Manuel; SANTOS, Manuel Simas. Comentário ao artigo 224. *Código Penal comentado.* 3ª ed. Lisboa: Rei dos Livros, 2000. v. II p. 944-946.
LISZT, Franz von. Ueber den Einfluss der soziologischen und anthropologischen Forschungen auf die Grundbegriffe des Strafrechts. *Strafrechtliche Aufsätze und Vorträge.* v. II (1892-1904). Berlim: J. Guttentag, 1905, p. 75-93.
———. *O Brazil na legislação penal comparada. Direito criminal dos estados extra-europeus.* Trad. Jorge Vieira de Araújo e Clovis Bevilaqua. Rio de Janeiro: Imprensa Nacional, 1911.
———. *Tratado de Derecho Penal.* 20ª ed. alemã e 4ª ed. castelhana. Madrid: Editorial Reus, 1999. t. 2.
LYON, David. *Pós-modernidade.* São Paulo: Paulus, 1998.
LYOTARD, Jean-François. *La Posmodernidad explicada a los niños.* Barcelona: Gedisa, 1996.
MACHADO, Carla; AGRA, Cândido. *Insegurança e medo do crime: da ruptura da sociabilidade à reprodução da ordem social.* Coimbra: Coimbra Editora, 2002. a.12. f.1. p.79-101.
MACHADO, Maíra Rocha. Crimes financeiros nos tribunais brasileiros. *Revista brasileira de ciências criminais.* São Paulo: Revista dos Tribunais, 2009. v. 77. p. 58-78.
MACHADO, Tomás Grings. *O ilícito penal nos crimes de resultado cortado.* Monografia de conclusão de curso de graduação em Ciências Jurídicas e Sociais na Faculdade de Direito da UNISINOS, 2005.
MAC IVER, Luis Cousiño. *Derecho Penal chileno. Parte Geral.* Santiago do Chile: Editorial Jurídica de Chile, 1975.
MAIA, Rodolfo Tigre. *Dos crimes contra o Sistema Financeiro Nacional. Anotações à Lei Federal nº 7492/86.* São Paulo: Malheiros, 1996.
MANTOVANI, Ferrando. *Diritto Penale. Parte Generale.* Padova: Cedam, 1971.
MARINUCCI, Giorgio; DOLCINI, Emilio. Derecho Penal "mínimo" y nuevas formas de criminalidad. *Revista de Derecho Penal y Criminologia.* Madrid: Marcial Pons, 2002. 2º época. n. 9. p. 147-167.
———. *Corso di Diritto Penale Le norme penali: fonti e limiti di applicabilità. Il reato: nozione, struttura e sistematica.* 3ª ed. Milano: Giuffrè, 2001. v.1.

——. *Manuale di Diritto Penale. Parte Generale.* 2ª ed. Milano: Giuffrè, 2006.
MARTINS, Guilherme d'Oliveira. A Constituição económica portuguesa – novas perspectivas. *Estudos em homenagem a Cunha Rodrigues.* Coimbra: Coimbra Editora, 2001. p. 325-351.
MARTINS, Rui Cunha. Das fronteiras da Europa às fronteiras da idéia de Europa (o argumento paradigmático e o argumento integrador). *Idéias de Europa: que fronteiras?* Coimbra: Quarteto, 2004. p. 35-42.
MARTOS NUÑEZ, Juan Antonio. *Derecho Penal Económico.* Madrid: Editorial Montecorvo, 1987.
MATA Y MATÍN, Ricardo. Estructura fundamental del delito de administración desleal. *Estudios penales en memoria del profesor Jose Manuel Vale Muñiz.* Navarra: Editorial Aranzandi, 2001. p. 1545- 1564.
MAURACH, Reinhart. *Tratado de Derecho Penal.* Barcelona: Ediciones Ariel, 1962.
——; ZIPF, Heinz. *Derecho Penal. Parte Geral.* Buenos Aires: Editorial Astrea, 1994. v. 1.
MAZLOUM, Ali. *Crimes de Colarinho Branco: objeto jurídico, provas ilícitas.* Porto Alegre: Síntese, 1999.
MELLO, Celso Antonio Bandeira de. *Curso de Direito Administrativo.* 13ª ed. São Paulo: Malheiros, 2000.
MENDOZA BUERGO, Blanca. *El Derecho Penal en la Sociedad de Riesgo.* Madrid: Civitas, 2001.
MERKEL, Adolf. *Derecho penal. Parte general.* Trad. Pedro Dorado Montero. Buenos Aires: B de F, 2006.
MERTON, Robert King. *Sociologia: teoria e estrutura.* São Paulo: Mestre Jou, 1970.
MEZGER, Edmund. *Tratado de Derecho Penal.* Madrid: Editorial Revista de Derecho Privado, 1955.
MINELLA, Ary César. Globalização e as associações de bancos na América Latina. *Civitas: Revista de Ciências Sociais.* Porto Alegre: Edipucrs, 2003. v. 3, n. 2. p. 244-272.
MIRANDA, Jorge. A interpretação da Constituição Económica. *Estudos em homenagem ao professor doutor Afonso Rodrigues Queiró.* Coimbra: Coimbra Editora, 1984. p. 281-291.
——. *Manual de Direito Constitucional.* Coimbra: Coimbra Editora, 2000. v. IV.
——. Os direitos fundamentais e o terrorismo: os fins nunca justificam os meios, nem para um lado, nem para outro. *Direito Penal Especial, Processo Penal e Direitos Fundamentais: Visão Luso-brasileira.* São Paulo: Quartier Latin, 2006. p. 171-185.
MIR PUIG, Santiago. *El Derecho Penal en el Estado Social y Democratico de Derecho.* Barcelona: Ariel, 1994.
MOCCIA, Sergio. De la tutela de bienes a la tutela de funciones: entre ilusiones postmodernas y reflujos liberales. *Política Criminal y nuevo Derecho Penal. Libro en homenaje a Claus Roxin.* Barcelona: Jose Maria Bosch, 1997. p. 113-142.
MOLINA, Sergio. *Turismo y Ecologia.* 6ª ed. Cidade do Mexico: Trillas, 1998.
MONCADA, Luís S. Cabral de. *Direito Económico.* Coimbra: Coimbra Editora, 2003.
MONIZ, Helena. Aspectos do resultado no Direito Penal. *Lieber discipulorum para Jorge de Figueiredo Dias.* Coimbra: Coimbra Editora, 2003. p. 541-572.
MORAES, Alexandre de. *Constituição do Brasil interpretada e legislação constitucional.* 4ª ed. São Paulo: Atlas, 2004.
MARTINEZ, Pedro Soares. Algumas considerações sobre o institucionalismo económico. *Revista da Faculdade de Direito da Universidadade de Lisboa.* Viseu: Tipografia Guerra, 1990. v. XXXVI. p. 185--189.
MÜLLER, Lucia Helena Alves. *Mercado exemplar: um estudo antropológico sobre a bolsa de valores.* Porto Alegre: Zouk, 2006.
MÜSSIG, Bernd. Desmaterialización del bien jurídico y de la política criminal. Sobre las perspectivas los fundamentos de una teoría del bien jurídico critica hacia el sistema. *Revista Ibero-amercicana de Ciências Penais.* Porto Alegre: CEIP, 2001. a. 2, nº 4, p.157-191.
NEVES, Antonio Castanheira. *Metodologia jurídica. Problemas fundamentais. Studia Iuridica 1.* Coimbra: Coimbra Editora, 1993.
——. O papel do jurista no nosso tempo. *Digesta. Escritos acerca do Direito, do pensamento jurídico, da sua metodologia e outros.* Coimbra: Coimbra Editora, 1995. v. 1. p. 9-50.
——. A imagem do homem no universo prático. *Digesta. Escritos acerca do direito, do pensamento jurídico, da sua metodologia e outros.* Coimbra: Coimbra editora, 1995. v.1, p. 311-336.
——. Entre o 'legislador', a 'sociedade' e o 'juiz' ou entre 'sistema', 'função' e 'problema' – os modelos actualmente alternativos de realização jurisdicional do direito. *Boletim da Faculdade de direito.* Coimbra: Coimbra editora, 1998. v. LXXIV p. 1-44.

_____. *A crise actual da filosofia do direito no contexto da crise global da filosofia. Tópicos para a possibilidade de uma reflexiva reabilitação. Studia n. 72.* Coimbra: Coimbra editora, 2003.

_____. *Apontamentos complementares de teoria do direito. Sumários e textos*, Coimbra: policopiado, [s.d],

NORONHA, Magalhães. *Direito Penal*. São Paulo: Saraiva, 1959. v.2.

NOVAIS, Jorge Reis. *As restrições aos direitos fundamentais não expressamente autorizadas pela Constituição*. Coimbra: Coimbra Editora, 2003.

NUVOLONE, Pietro. *I limiti taciti della norma penale*. Padova: Cedam, 1972.

NUCCI, Guilherme de Souza. *Código penal comentado*. 6ª ed. São Paulo: Revista dos Tribunais, 2006.

OLIVEIRA, José Roberto Pimenta. *Os princípios da razoabilidade e da proporcionalidade no Direito Administrativo Brasileiro*. São Paulo: Malheiros, 2006.

ORMEROD, David. *Smith and Hogan Criminal Law*. 12 ed. Oxford: Oxford University Press, 2008.

OST, François. *O Tempo do Direito*. Lisboa: Instituto Piaget, 1999.

PADOVANI, Tulio. Diritto Penale della Prevenzione e Mercato Finanzaro. *Rivista Italiana di Diritto e Procedura Penale*. Milão: Giuffrè, 1995. fasc. 3. p. 634-647.

_____. *Diritto Penale*. 5ª ed. Milano: Giuffrè, 1999.

PALIERO, Carlo Enrico. Il principio di effettività del diritto penale. *Estrato dalla rivista italiana di diritto e procedura penale*. Milano: Giuffrè, 1990. fasc. 2. p. 430-544.

PEDRAZZI, Cesare. O Direito Penal das Sociedades e o Direito Penal Comum. *Revista Brasileira de Criminologia e Direito Penal*. Rio de Janeiro: Instituto de Criminologia do Estado da Guanabara, 1965. v.9. p. 127-138.

PIMENTEL, Manoel Pedro. Tipicidade e Crimes contra o Sistema Financeiro. *Revista da Ordem dos Advogados do Brasil*. Brasília: Editora Brasiliense, 1989. n° 53. p. 35-48.

_____. *Crimes contra o Sistema Financeiro Nacional: comentários à Lei 7492*. São Paulo: Revista dos Tribunais, 1987

PRADO, Luiz Regis. *Curso de Direito Penal Brasileiro. Parte Especial*. São Paulo: Revista dos Tribunais, 2000. v. 2.

_____. *Direito Penal Econômico*. São Paulo: Revista dos Tribunais, 2004.

_____. *Comentários ao código penal*. São Paulo: Revista dos Tribunais, 2006.

PRIETO DEL PINO, Ana Maria. Una contribuición al estudio de la delincuencia: el sistema economico diseñado por la Constitución española. *Revista de Derecho Penal y Criminología*. Madrid: Marcial Pons, 2003. 2° época. n° 12. p. 95-139.

POLANYI, Karl. *A grande transformação. As origens da nossa época*. 5ª ed. Rio de Janeiro: Campus, 2000.

PRITTWITZ, Cornelius. El Derecho Penal alemán: fragmentario? subsidiario? ultima ratio? Reflexiones sobre la razón y límites de los principios limitadores del Derecho Penal. *La insostenible situación del Derecho Penal*. Granada: Universidad Pompeo de Fabra, 2000. p. 427-445.

QUINTERO, Hernando Hernández. Los delitos contra el orden económico social en el nuevo Codigo Penal colombiano. *Derecho Penal y Criminología*. Bogotá: Universidad de Externado de Colombia, 2003. v. XXI, n° 70. p. 35-51.

RAJAN, Raghuran. *Salvando o capitalismo dos capitalistas: acreditando no poder do livre-mercado para criar mais riqueza e ampliar as oportunidades*. Rio de Janeiro: Elsevier, 2004.

REALE JUNIOR, Miguel. O Crime de Gestão Fraudulenta. *Direito Penal Especial, Processo Penal e Direitos Fundamentais: Visão Luso-brasileira*. São Paulo: Quartier Latin, 2006. p. 49-56.

REIS, Eustáquio. A economia brasileira no século XX. *Retratos do Brasil*. Porto Alegre: Edipucrs, 2004. p. 15-38.

RIVERO, Jean; MOUTOUH, Hughes. *Liberdades Públicas*. São Paulo: Martins Fontes, 2006.

RODRIGUES, Anabela Miranda. Contributo para a fundamentação de um discurso punitivo em matéria penal fiscal. *Temas de Direito Penal Econômico*. São Paulo: Revista dos Tribunais, 2000. p. 181-191.

ROSAL BLASCO, Bernardo del. Comentario a los delitos societarios. In:VIVES ANTÓN, Tomás S. (org.). *Comentarios al código penal de 1995*. Valencia: Tirant lo Blanch, 1996.

_____. Algunas reflexiones sobre el delito de administración societaria desleal del artículo 295 del Codigo Penal de 1995. *El nuevo Derecho Penal Español. Estudios penales en memoria del profesor Jose Manuel Vale Muñiz*. Navarra: Editorial Aranzandi, 2001. p. 1249-1270

ROXIN, Claus. *Política criminal y Sistema del Derecho Penal*. Barcelona: Bosch, 1972.

——. Sobre a fundamentação político-criminal do sistema jurídico-penal. *Revista Brasileira de Ciências Criminais*. São Paulo: Revista dos Tribunais, 2001. a. 9. n° 35. p. 13-27.
——. *Derecho Penal: parte general. Fundamentos. La estructura de la teoria del delito*. Madrid: Civitas, 1997. t. 1
——. *Strafrecht. Allgemeiner Teil. Grundlagen. Der Aufbau der Verbrechenlehre*. 4ª ed. München: CH.Beck, 2006. v. I.
RUIVO, Marcelo Almeida. Criminalidade Fiscal: Considerações sobre o Tipo-de-ilícito. *Revista Síntese de Direito Penal e Processual Penal*, 2006. v. 37, p. 37-58.
——. Criminalidade Fiscal e Colarinho Branco: a fuga ao fisco é uma exclusividade do White-collar? *Direito Penal Especial, Processo Penal e Direitos Fundamentais: Visão Luso-brasileira*. São Paulo: Quartier Latin, 2006. p. 1177-1215.
——; BRAGA, Vinicius Gil. O princípio constitucional da proporcionalidade: um instrumento de resistência à expansão do Direito Penal. *Revista Transdisciplinar de Ciências Penitenciárias*. Pelotas: Educat, 2003. v.2. n. 1. p. 179-200.
SANTOS, Antonio Carlos dos; GONÇALVES, Maria Eduarda; MARQUES, Maria Manuel Leitão. *Direito Económico*. 5ª ed. Coimbra: Almedina, 2004.
SANTOS, Boaventura de Sousa. *Um discurso sobre as ciências*. 13ª ed. Porto: Afrontamento, 2002.
——. *Introdução a uma ciência pós-moderna*. Rio de Janeiro: Graal, 1989.
SANTOS, Claudia Cruz. O Crime de Colarinho Branco, a (des)igualdade e o problema dos modelos de controlo. *Temas de Direito Penal Económico*. São Paulo: Revista dos Tribunais, 2000. p. 192-222.
SANTOS, Juarez Cirino dos. *Direito Penal. Parte geral*. Curitiba: Lumen Juris, 2006.
SARLET, Ingo Wolfgang. Constituição e proporcionalidade: o Direito Penal e os Direitos Fundamentais entre proibição de excesso e de insuficiência. *Revista Brasileira de Ciências Criminais*. São Paulo: Revista dos Tribunais, 2004. n. 47. a. 12. p. 60-122.
——. *A eficácia dos Direitos Fundamentais*. 6ª ed. Porto Alegre: Livraria do Advogado, 2006.
——. *Dignidade da Pessoa Humana e Direitos Fundamentais na Constituição Federal de 1988*. 3ª ed. Porto Alegre: Livraria do Advogado, 2006.
SCHMIDHÄUSER, Eberhard. *Strafrecht. Allgemeiner Teil. Lehrbuch*. 2ª ed. Tübingen: J.C.B. Mohr, 1975.
SCHMIDT, Andrei Zenckner; FELDENS, Luciano. *O crime de evasão de divisas: a tutela penal do sistema financeiro nacional na perspectiva da política cambial brasileira*. Rio de Janeiro: Lumen Juris, 2006.
SCHOLLER, Heinrich. O princípio da proporcionalidade no Direito Constitucional e Administrativo da Alemanha. *Revista da Ajuris*. Porto Alegre: Revista da Ajuris, 1999.
SCHÖNKE, Adolf; SCHÖREDER, Horst. *Strafgesetzbuch Kommentar*. 27ª ed. München: Verlag C.H. Beck, 2006.
SILVA, Antônio Rodrigues da. *Crimes de Colarinho Branco: comentários à Lei n° 7.492 de 16 de junho de 1986*. Brasília: Brasília jurídica, 1999.
SILVA, José Afonso da. *Curso de Direito Constitucional positivo*. 18 ª ed. São Paulo: Malheiros, 2000.
——. *Comentário contextual à Constituição*. São Paulo: Malheiros, 2005.
SILVA, Paulo Cezar da. *Crimes contra o Sistema Financeiro Nacional. Aspectos penais e processuais da Lei 7492/86*. São Paulo: Quartier Latin, 2006.
SILVA, Virgílio Afonso. O proporcional e o razoável. *Revista dos Tribunais*. São Paulo: Revista dos Tribunais, 2002. v. 798, p. 23-50.
SILVA SÁNCHEZ, Jesús-María. Reflexiones sobre las bases de la política criminal. *El nuevo código penal. Presupuestos y fundamentos. Libro en homenaje al profesor doctor don ángel torío lópez*. Granada: Comares, 1999. p. 209-217.
——. *A expansão do Direito Penal: aspectos de política criminal nas sociedades pós-industriais*. São Paulo: Revista dos Tribunais, 2002.
SINGER, Paul. *Para entender o mundo financeiro*. 2ª ed. São Paulo: Contexto, 2003.
SOROS, George. *Globalização*. Rio de Janeiro: Campus, 2003.
SOUZA, Paulo Vinicius Sporleder de. *Bem jurídico-penal e engenharia genética humana. Contributo para a compreensão dos bens jurídicos supra-individuais*. São Paulo: Revista dos Tribunais, 2004.
SOUZA, Ricardo Timm de. *Sobre a construção do sentido. O pensar e o agir entre a vida e a filosofia*. São Paulo: Perspectiva, 2004.
SOUZA, Susana Aires de. Direito Penal das Sociedades Comerciais. Qual o bem jurídico? *Revista Portuguesa de Ciência Criminal*. Coimbra: Coimbra Editora, 2002. a. 12. n. 1. p. 49-77.

——. Sobre o bem jurídico-penal protegido nas incriminações fiscais. *Direito Penal Especial, Processo Penal e Direitos Fundamentais: Visão Luso-brasileira*. São Paulo: Quartier Latin, 2006. p. 485-516.

STEIN, Ernildo. A dramaturgia da existência e a dramaturgia da pulsão. *Seis estudos sobre "ser e tempo" (Martin Heidegger)*. Petrópolis: Vozes, 1988.

STRATENWERTH, Günther; KUHLEN, Lothar. *Strafrecht Allgemeiner Teil I. Die Straftat*, 5.ed, Köln: Carl Heymanns Verlag, 2004.

STRECK, Lenio Luiz. Da proibição de excesso (Übermassverbot) à proibição de proteção deficiente (Untermassverbot): de como não há blindagem contra normas penais inconstitucionais. *Revista do Instituto de Hermenêutica Jurídica*. Porto Alegre: Instituto de Hermenêutica Jurídica, 2004. v.1, a. 2. p. 243-284.

SUTHERLAND, Edwin. *White-Collar Crime – The Uncut Version*. New Haven: Yale University Press, 1983.

——. The white collar criminal. *El Delito de Cuello Blanco*. Madrid: La Piqueta, 1999. p. 330-338.

——. La delincuencia de las grandes empresas. *El Delito de Cuello Blanco*. Madrid: La Piqueta, 1999. p. 311-329.

THEMAAT, Pieter ver Loren Van. Algumas reflexões sobre as implicações da queda do muro de Berlin, dois séculos após a Declaração dos Direitos do Homem e do Cidadão de 1789, para o sistema do Direito Económico. *Filosofia do Direito e Direito Económico. Que diálogo?* Lisboa: Instituto Piaget, 1999. p. 581-600.

TIEDEMANN, Klaus. Constitución y Derecho Penal. *Revista Española de Derecho Constitucional*. Madrid, 1991. a. 11. n. 3. p. 154-171.

TOLEDO, Francisco de Assis. *Princípios básicos de Direito Penal*. 5ª ed. São Paulo: Saraiva, 2001.

TORRÃO, Fernando. Os novos campos de aplicação do Direito Penal e o paradigma da mínima intervenção (perspectiva pluridisciplinar). *Lieber discipulorum para Jorge de Figueiredo Dias*. Coimbra: Coimbra Editora, 2003. p. 331- 362.

TÓRTIMA, José Carlos. *Crimes contra o Sistema Financeiro Nacional. Uma contribuição ao estudo da Lei nº 7492/86*. 2ª ed. Rio de Janeiro: Lumen Juris, 2002.

URQIZO OLAECHEA, José. Principio de proporcionalidad penal. *La ciencia del Derecho Penal ante el nuevo siglo. Libro en homenaje al profesor doctor don Jose Cerezo Mir*. Madrid: Editorial Tecnos, 2002. p. 193-210.

VEIGA, Vasco Soares da. *Direito Bancário*. 2ª ed. Coimbra: Almedina, 1997.

WALD, Arnoldo. A Constituição de 1988 e o Sistema Financeiro Nacional. *Revista de Informação Legislativa*. Brasília: Senado Federal, 1990. a. 27. n. 107. p. 43-60.

WELZEL, Hans. *Derecho Penal aleman. Parte Geral*. 11ª ed. alemã e 4ª ed castelhana. Santiago de Chile: Editorial Juridica de Chile, 1997.

WESSELS, Johannes. *Direito Penal. Parte Geral (aspectos fundamentais)*. Porto Alegre: Sergio Fabris, 1976.

ZAFFARONI, Eugenio Raúl. *Teoria del Delito*. Buenos Aires: Ediar, 1973.

ZDRAVOMÍSLOV; SCHNEIDER; KÉLINA; RASHKÓVSKAIA. *Derecho penal soviético. Parte geral*. Bogotá: Editorial Themis, 1970.

ZIELINSKI, Diethart. El resultado en el concepto final de ilícito. *Doctrina Penal*. Buenos Aires: Editora Depalma, 1988. a.11 n. 41 a 44. p. 283-31.